Iris Bahr
Schlampen im Schlafsack

PIPER

Zu diesem Buch

Zum Studium an eine partyfreundliche Elite-Uni, in sicherer Entfernung von der überbesorgten Mutter – verheißungsvoller könnte sich Iris Bahr ihre Zukunft kaum ausmalen. Doch stattdessen bevölkern pubertierende Collegebubis und shoppingsüchtige Kommilitoninnen den Campus. War wohl nichts mit Partys und heißen Affären. Einziger Ausweg: Rucksack packen und auf zu einer dreimonatigen Reise durch Südamerika.

Iris Bahr, geboren in der New Yorker Bronx, zog mit 12 Jahren mit ihrer Mutter nach Israel. Zum Studium kehrte sie in die USA zurück und absolvierte eine Schauspielausbildung in New York. Seit 2000 ist sie regelmäßig in TV-Rollen zu sehen (»King of Queens«, »Friends«). Mit ihrem preisgekrönten Comedy-Soloprogramm »Dai« trat sie bereits am Broadway und vor den Vereinten Nationen auf.
Mehr unter www.irisbahr.com

Iris Bahr

Schlampen im Schlafsack

Von zwei Frauen, die auszogen, sich auszuziehen

Aus dem Englischen von Andrea O' Brien
Mit einer Illustration und drei Karten

Piper München Zürich

Mehr über unsere Autoren und Bücher:
www.piper.de

Nach einer wahren Begebenheit …

MIX
Papier aus verantwortungsvollen Quellen
FSC® C083411
FSC
www.fsc.org

Ungekürzte Taschenbuchausgabe
1. Auflage März 2012

erschienen im Verlagsprogramm Malik unter dem Titel:
»Schlampen im Schlafsack. Auf der Moomlatz-Route durch Südamerika«
Englischer Originaltitel: »Sluts in Fleece«
Umschlag: semper smile, München,
nach einem Entwurf von Birgit Kohlhaas, Egling
Umschlagabbildung: age/mauritius images
Karten: cartomedia, Karlsruhe
Illustration: Samuels Media Design, Hollywood
Satz: Satz für Satz. Barbara Reischmann, Leutkirch
Papier: Munken Print von Arctic Paper Munkedals AB, Schweden
Druck und Bindung: CPI – Clausen & Bosse, Leck
Printed in Germany ISBN 978-3-492-27333-6

Inhalt

Prolog

Providence

Peru

Ecuador

Kolumbien

Prolog
O Käpt'n, mein Käpt'n

Liebe Aufnahmekommission,

ich möchte Ihnen zunächst dazu gratulieren, dass Sie im renommierten, dicken, großen, blauen Guide to American Colleges *mit fünf Sternen in den Kategorien »Akademische Qualität« und »Studentisches Leben« aufwarten können. Ich bin sicher, diese Bewertungen sind wohlverdient.*

Ich bin immer sehr gerne zur Schule gegangen, und wie Sie an meinen Noten erkennen können, habe ich stets fleißig mitgearbeitet. Ihr akademisches Angebot ist der Hauptgrund für meine Entscheidung, mich bei Ihrer bewunderungswürdigen Institution zu bewerben. Außerdem habe ich mich in meinem Leben bisher etwas frustriert und unbehaust gefühlt, was ich zurückführe auf den schmutzigen und verletzenden Scheidungskrieg meiner Eltern, zwei stumpfsinnige Jahre Wehrdienst bei der israelischen Armee, meine Angst vor Männern und die hieraus resultierende jahrelange Unfähigkeit, Verkehr mit dem anderen Geschlecht zu haben. Damit will ich nicht etwa sagen, dass ich erfolgreich Verkehr mit meinen Geschlechtsgenossinnen gehabt hätte. Null Interesse. Nicht, dass ich das verurteilen würde. Laut dem dicken, großen, blauen Studienführer verfügen Sie über mehrere Lesbenclubs und -organisationen, und ich möchte Ihnen auch diesbezüglich mein Lob aussprechen.

Eine besondere Freude ist es mir, berichten zu können, dass ich meine Ängste in Sachen Geschlechtsverkehr dank meiner Abenteuer als Rucksacktouristin in Asien und mithilfe einer länglichen, dicken Gemüsepflanze überwinden konnte und dieser Tage eifrig und regelmäßig mit den verschiedensten willigen Partnern in Tel Aviv und Umgebung kopuliere.

Daher bin ich nun bereit für die nächste Phase der Entwicklung meiner ganz und gar UNKONVENTIONELLEN Weiblichkeit. Ich bin voll und ganz davon überzeugt, dass die Brown University der beste Ort für meine geistige, seelische und vor allem intellektuelle Ausbildung ist.

Danke im Voraus für Ihre positive Antwort. ~~*Glauben Sie mir, so eine wie mich kriegen Sie nicht alle Tage.*~~

Mit freundlichen Grüßen
Iris (Iriehs) Bahr

Meine Aufnahmebestätigung trudelt einige Monate später ein. Ich weiß nicht genau, ob Ima* sich darüber tierisch freut oder zu Tode betrübt ist, denn sie behauptet, glücklich zu sein, rennt dabei aber heulend und schluchzend durch die Wohnung. Irgendwie verstehe ich sie ja. Sie hat die letzten sechs Monate damit zugebracht, meine Rückkehr aus Asien herbeizusehnen, und dann will ich, kaum zurück, erneut das Säcklein schnüren. Ganz richtig, ich plane, sie endgültig zu verlassen. Genauer, ich werde alles hinter mir lassen, und das für eine lange Zeit. Im Gegensatz zu meinen israelischen Kameraden, die ihr Studentenleben an der guten alten Uni von Tel Aviv (garstige Architektur aus den Fünfzigern, kombiniert mit stumpfsinnigen, verbitterten Studenten und ständigen Dozentenstreiks) fristen werden, damit auch die letzten Gehirnzellen zuverlässig

* Ima: Mutter, Aba: Vater, Hypersexualisierte Neurotikerin: ich.

absterben, mache ich mich vom Acker, um eine glänzende akademische Karriere an einer renommierten *Ivy-League*-Universität im idyllischen New England zu machen, wo mir attraktive intellektuelle Pulloverträger zu Füßen liegen und geistreiche Heidegger-Zitate zum Besten geben werden.

Der intelligenteste und zufällig auch noch athletischste Typ unter ihnen wird sich in mich verlieben, mit *Paradise Lost* in der Hand und mir im Arm auf nächtlichen Spaziergängen über den Campus schlendern, ich werde seinen Kaschmirpullover liebkosen, er mich küssen und mir ins Ohr hauchen, wie exotisch und weltgewandt, ja wie viel interessanter als diese langweiligen amerikanischen Mädchen er mich doch fände. Er wird über meine mühsam erworbenen sexuellen Talente staunen, wir werden in Begeisterung über die Wonnen unserer Zweisamkeit schwelgend Stunde um Stunde damit verbringen, zärtliche Blicke auszutauschen, und wenn ich seinen Heiratsantrag angenommen habe, kommt er mit nach Tel Aviv, wo meine Freunde seinen üppigen Haarschopf (die meisten israelischen Männer haben schon mit 25 eine Glatze, daher wimmelt es in unserem Land von Kahlköpfen mit Rückenpelz), seine phantastischen Zähne und sein tugendhaftes Nichtrauchertum bestaunen werden. Wir werden am Strand heiraten, eine Horde blitzgescheiter Kinder in die Welt setzen, und ich werde bis ans Ende meiner Tage zufrieden und von meinen Ängsten befreit mit ihm leben.

Meine Mutter kann mir nicht die Schuld an meiner Nestflucht geben, denn diese ganze *Ivy-League*-Idee entstammt dem Wunschdenken meines Vaters, der fest davon überzeugt ist, seine Tochter schulde es der Welt im Allgemeinen und ihm im Besonderen, das zu tun, »was er nie tun konnte«. Er hatte während seines Studiums sechzehn Nebenjobs und spielte eine tragende Rolle bei der Gründung des Staates Israel. Daher animierte er mich dazu, eine Auszeit von dem enttäuschend lahmen Wehrdienst zu nehmen und mich bei amerikanischen Universitäten zu bewerben. Ich fand die Idee großartig. Warum nicht? Ein Studium in Amerika, das klang doch super. Wo ich doch als Sergeant und frustrierte Pseudojungfrau so viel an Lebensfreude aufzuholen hatte.

Meine Nahentjungferungserfahrung hatte darin bestanden, einem marokkanischen Fallschirmspringer namens Patrick zu gestatten, sein Glied vom Umfang einer Suppendose einzuführen, was ich genau eine Sekunde aushielt und die Verwendung der Bezeichnung »Pseudo« erklären dürfte. Ich steckte deshalb inmitten einer hysterischen Krise epischen Ausmaßes, in der ich mich zwanghaft in potenzielle Begattungssituationen begab, nur um mir immer wieder zu bestätigen, dass ich den dazugehörigen Geschlechtsakt weder körperlich noch emotional vollziehen konnte. Wieso sollte ich etwas dagegen haben, dieses Muster hinter mir zu lassen und in etwas ganz Neues abzutauchen.

Mein Plan war es gewesen, zunächst auf einer Reise nach Asien meinen biologischen Tunnel in exotischer Umgebung freisprengen zu lassen. Direkt danach würde ich in Amerika die Früchte meiner asiatischen Bemühungen ernten und als abgeklärtes Luder mit meinem geistreichen Heideggerianer glücklich werden.

Ich hatte allerdings keine Ahnung, wie ich den zweiten Teil, also das mit meinem Auslandsstudium, bewerkstelligen sollte. Daher eilte ich nach einer besonders sexuell frustrierenden/hysterischen Nachtwache – na gut, eigentlich war sie wie alle anderen –, während der ich über zehn Stunden langweilige Geheimdienstmitteilungen abhörte und mich eine Warnmeldung darüber unterrichtete, dass der Iran wieder einmal Faxen machte, im Schweinsgalopp zum englischen Buchgeschäft in der Innenstadt Tel Avivs, das sich genau neben einer urinparfümierten Gasse befand,* und erwarb einen dicken kobaltblauen Studienführer mit dem vielversprechenden Titel *Guide to American Colleges*.

Aus dem dicken blauen Studienführer erfuhr ich, dass es »Partyschulen« und »Sicherheitsschulen« gab. Einige waren eher konservativ, andere wurden von Jesuiten geleitet, manche verfügten über *frats,* andere über *crew teams* (beides war mir unbekannt, klang aber herrlich proletarisch). Von allen Colleges, mit denen ich mich genauer befasste, hatte allerdings nur eines fünf Sterne für akademische Qualität und fünf Sterne für studentisches Leben erhalten. Laut Studienführer hätten »unkonventionelle« Bewerber an der Brown University größere Chancen als prüde und spießige Internatsschüler, die von den anderen, stockkonservativen Universitäten der *Ivy League* bevorzugt wurden. Sie hatte den Ruf, von allen Elite-Universitäten die Abgefahrenste und Innovativste, Lockerste, Gewagteste, kurzum, ein Paradies auf Erden zu sein. Die Brown University lag im beschaulichen Providence, Rhode Island. Ihr Campus sah echt klasse aus. Die umwerfende Architektur des Hauptgebäudes auf dem Hochglanzfoto erinnerte mich schwer an

---

* Ich kann mit einigem Stolz berichten, dass eine Nase voll des umwerfenden Eau de Pissoir, das einem aus ausgewählten Gassen Tel Avivs entgegenschlägt, ein wahrhaft unvergessliches olfaktorisches Erlebnis ist. Im Gegensatz zu New York, wo die Pissbrise aus den Gassen mit Auszügen von Müll, Abgasen, Rattenkot und den menschlichen Ausdünstungen von Millionen durchsetzt ist, erwischt man in Tel Aviv, einer relativ kleinen, fast schon dorfähnlichen Stadt mit den Vorzügen einer Metropole, den Duft unverfälschter, reiner Harnessenz. Auf Gehwegen, denen die liebevolle Zuwendung eines Gartenschlauchs versagt blieb, entsteht in der feuchtwarmen Luft und sengenden Sonne des Mittleren Ostens ein besonders scharfer, beißender Gestank. Ich hoffe, die Stadt wird wegen dieser Errungenschaft dereinst in die Geschichte eingehen.

eine Szene aus *Der Club der toten Dichter*, wo Robert Sean Leonard nach dem Fiasko bei der Aufführung von *Ein Mittsommernachtstraum* aus dem Fenster springt.

Flugs blätterte ich vor zu der Seite mit den Auswahlkriterien, die mich schlagartig ernüchterten. Zusätzlich zu Bestnoten mussten Bewerber mindestens drei völlig unterschiedliche, ungewöhnliche außerschulische Aktivitäten nachweisen. Was zum Teufel waren bitte außerschulische Aktivitäten? Meine Schule verfügte über keinerlei Zusatzangebote. Das Schulhaus bestand im Wesentlichen aus neun Asbestschuppen und einem Luftschutzbunker, der zugleich als Sporthalle diente. Die aufgelisteten Beispiele klangen allesamt sehr amerikanisch, wie *Cheerleading* (eine für Israelis völlig abwegige Vorstellung), Debattierclubs (Debattieren? Das machen wir auch, aber ohne Regeln und Teams, wir folgen einfach unserem Überlebensinstinkt). Sex war während meiner Schulzeit noch viel zu angstbesetzt, gehörte also damals noch nicht zu meinen außerschulischen Aktivitäten. Ich verbrachte meine Freizeit in einem Punkclub namens *The Penguin* und pflegte eine innige Beziehung zu meiner Freundin Ronit. Ronit und ich hatten als einzige Clubbesucher unsere natürliche Haarfarbe behalten, nahmen keine Drogen und wurden von unseren Müttern gebracht und abgeholt.

Wie sollte ich es nur mit engagiert debattierenden Cheerleadern aufnehmen? Moment mal, ich hatte da doch noch den Wehrdienst im Ärmel! Das war doch eine außerschulische Aktivität, oder? Ich könnte »Soldatin der israelischen Armee« auf dem Bewerbungsbogen angeben. Aber dann halten die mich vielleicht für eine fanatische hypermilitaristische Israeli, die nur davon träumt, einige Busse anzumieten und alle Palästinenser nach Fès oder, schlimmer noch, nach Detroit umzusiedeln. Na gut, manchmal träume ich schon davon.

War ’n Witz!

Na ja …

Nein, wirklich. So was träume ich nie. Ich bin für friedliche Koexistenz. Die Zweistaatenlösung. Für alles, was richtig und gut ist. Außerdem lenkt das nur vom eigentlichen Thema ab, hier geht es nämlich um mich. Und mein Leben. Und den Anfang eines ganz neuen Kapitels darin.

Warum finde ich die Vorstellung, alles hinter mir zu lassen, so aufregend? Und dabei so beruhigend? Die meisten wären doch traurig, ihre Familie, Freunde und Heimat zu verlassen. Ich habe mein Zuhause aber nie als solides Fundament betrachtet, sondern immer nur als Stressfaktor. Wenn das Bekannte einen nur anödet, ist das Unbekannte immer eine Verbesserung.

Providence

1

Eine Stange Kents, bitte

Aba schlägt vor, dass ich mit Ima nach New York fliege und wir von dort alle zusammen mit dem Auto nach Providence fahren. Die Vorstellung, gemeinsam mit meiner Mutter und meinem Vater in einem Auto zu sitzen, bereitet mir großes Unbehagen. Ich erinnere mich noch gut, aber ungern daran, wie ich als Kind auf der Rückbank des riesigen schwarzen Crown Vic meines Vaters saß.* Die mit grauem Stoff bezogenen und mit Brandlöchern übersäten Sitze rochen aus irgendeinem Grund nach Kirschen, meine Eltern rauchten Kents und stritten wie zwei Verrückte. An mehr kann ich mich tatsächlich nicht erinnern. Sie stritten und rauchten. Manchmal rauchten sie auch nur. Doch niemals stritten sie sich, ohne dabei zu rauchen.

Besonders angespannt war die Situation, wenn wir am Wochenende zu meinem geistig schwerbehinderten Bruder fuhren, der in einem Heim auf dem Land untergebracht war. Dann hatte ich nicht nur Angst vor den Streitereien

* Seinerzeit übrigens die größte Limousine am Markt. Den europäischen Lesern, die sich nicht näher mit amerikanischen Automobilen beschäftigt haben, weil sie sich lieber in ihre winzigen Peugeots, Seats, Fiats und wie sie alle heißen, quetschen, diese Spielzeugautos, die man in seiner Küche parken kann, ebendiesen möchte ich erklären, dass der Crown Victoria ein Meisterwerk des amerikanischen Autowahns ist und zur Basisausstattung eines jeden Cops in New York und Umgebung gehört.

meiner Eltern, sondern auch vor dem Treffen mit meinem Bruder. Er war in einem der vielen kleinen Steinhäuschen des Heimes untergebracht. Die Räume waren mit gelbem Linoleum ausgelegt, es roch nach Orangensaft, schmutzigen Windeln und menschlichem Leid. Die Begegnung mit den anderen Kindern seiner Wohneinheit verstörten mich zutiefst. Einige versetzten sich selber brutale Schläge, andere starrten mich mit befremdlichen Blicken an, wieder andere schrien und stöhnten. Mein Bruder ließ nichts davon aus. Genau deshalb musste ich immer weinen. Eigentlich sollte man meinen, mit zunehmendem Alter würde man sich daran gewöhnen und weniger heulen, aber je älter ich wurde, desto mehr Tränen vergoss ich. Vielleicht lag es daran, dass ich reifer wurde und das tragische Ausmaß seiner Situation besser verstehen konnte.

Wenn wir nach richtig nervenzehrenden Besuchen, bei denen mein Bruder mantraartige Schreie ausstieß und weder Ima noch Aba ihn beruhigen konnten, wieder in den Crown Vic stiegen, gingen meine Eltern mit der geballten Ladung Trauer, Wut, Frust, Hilflosigkeit und Schuldgefühle aufeinander los und ließen während der gesamten Fahrt nicht voneinander ab.

Aber wäre es nicht an der Zeit, diese Erinnerungen ein für alle Mal hinter sich zu lassen? Momentan verstehen sich meine Eltern blendend, so blendend, dass es mich total ankotzt. Vielleicht kann mir mal jemand erklären, warum Eltern, die sich während der prägenden Jahre eines Kindes gegenseitig bis aufs Äußerste verletzen, nichts Besseres zu tun haben, als sich zu verzeihen und zu vertragen, sobald dieses Kind der empfindsamen Phase entwachsen und gegen die seelische Grausamkeit derlei elterlicher Zwistigkeiten gefeit ist? Warum werden sie erst dann die dicksten Freunde, ja verbringen sogar ihre Freizeit miteinander und mit ihren jeweiligen neuen Partnern, wenn das Kind bereits völlig gestört ist? Und warum lassen sie es dann zu allem Überfluss mit den seelischen Wunden allein, die sie ihm während der kritischen Jahre zufügten? Wozu mache ich mir also jetzt noch darüber Gedanken? Ich bin doch kein kleines Kind auf der Rückbank mehr.

Ich bin das große Kind auf der Rückbank.

Und leider fährt mein Vater immer noch einen Crown Vic, was unter Umständen einen pawlowschen Reflex auslösen könnte.

Ima und ich sind gerade in Tel Aviv ins Flugzeug gestiegen und kämpfen uns durch den unverhältnismäßig engen Gang zu unseren Sitzen vor, da bricht in meinem Kopf das nächste Erinnerungsgewitter los. Vor zehn Jahren hatten wir beide uns schon einmal in einem ähnlichen Flieger befunden, als wir Amerika verließen und nach Israel auswanderten. Seitdem hat sich vieles verändert. Erstens muss ich nicht mehr in der Raucherabteilung sitzen. Und ich sehe nicht mehr aus wie ein Junge. Damals, vor unserem Neuanfang im Heiligen Land, hatte mich meine Mutter zum Friseur geschickt. Ich bekam höchst selten einen neuen Haarschnitt verpasst, denn meine Haare hatten schon früh beschlossen, nur auf Schulterlänge zu wachsen. Meine Frisur hatte sich seit meinem sechsten Lebensjahr nicht verändert, und deshalb gebot ich Carlo, dem Coiffeur, dessen männliche Geschlechtsteile sich in seiner engen Hose als eindeutig weiblicher Kamelfuß abzeichneten, er solle meine Haare einfach ratzekurz schneiden. Er gehorchte.

Der Tag unserer Abreise war schließlich gekommen, unser Hab und Gut hatte man nach Israel verschifft, eine Wohnung war auch schon hergerichtet. Wir mussten nur noch in den Flieger steigen und heil in der neuen Heimat ankommen. So nahmen ich, Ima und mein Kater Porsche ein Taxi zum Flughafen. Porsche war mindestens genauso begeistert, aus der Bronx herauszukommen, wie ich, vielleicht sogar noch ein bisschen mehr, denn während der letzten Jahre hatte er nicht einmal die rar gesäten Freuden des Katerdaseins, nämlich rumzuliegen und nicht nachzudenken, genießen können. Stattdessen hatte er täglich dieselbe Tortur aushalten müssen, die aus Heulen, Keifen, Aussöhnung mit Umarmung, erneutem Keifen, Tobsuchtsanfällen und ähnlichen Dramen bestand. Er musste außerdem als mein engster Vertrauter, Trostkissen und bester Freund herhalten. Unser Aufbruch kam also keinen Augenblick zu früh – einen Tag länger in der Hölle unseres Familienlebens, und wir hätten ihn, alle viere von sich gestreckt, mit einem Abschiedsbrief im Katzenklo gefunden.

Porsche besaß ein extrem spitz zulaufendes Kinn, einen schlanken Körper und eine erschreckend menschliche Art, sich mitzuteilen. Mit seinem lang gezogenen Miauen klang er wie ein armer Nebbich oder wie Woody Allen nach einem Schlag in die Magengrube.

So entzückt er auch über unseren Aufbruch in ein besseres Leben war, so unglücklich machte ihn sein kleiner Reisekäfig, in dem er den ganzen Weg zum Flughafen vor sich hin jammerte. Endlich angekommen, präsentierte ich ahnungslose Zwölfjährige der Frau am Schalter den Käfig mitsamt Inhalt. Sie erkundigte sich, ob der Kater ein Beruhigungsmittel erhalten habe. Ich verneinte und informierte sie, unser Tierarzt habe uns versichert, darum werde sich das Flughafenpersonal kümmern. Sie beäugte mich, als wäre ich eine Erwachsene. Eine unterbelichtete Erwachsene. Meine Mutter stand rauchend und wild gestikulierend hinter mir. Ich versuchte zwar, sie zu beruhigen, doch im tiefsten Inneren stand ich selber kurz vorm Ausflippen und war daher kaum in der Lage dazu. Die herzlosen Kreaturen von der Fluggesellschaft drohten, Porsche wie ein Gepäckstück zu verstauen, weil sie keine Beruhigungsmittel hatten. Unterdessen schwoll sein klagendes Miauen an und fand schließlich in einem herzzerreißenden Stöhnen seinen Höhepunkt, das jeweils zwanzig Sekunden lang andauerte. Der einzige Ausweg bestand darin, auch für Porsche ein Flugticket zu kaufen. Meine Mutter, die gute Seele, eilte zum Schalter und bezahlte.

Als wir endlich in den Flieger stiegen, war die Maschine bereits so gut wie voll. Schwitzend und begleitet von Porsches mittlerweile noch gequälteren Stöhngeräuschen, kämpften meine Mutter und ich uns den Gang entlang. Ich betete inständig, er möge sich entspannen, wenn wir erst einmal unsere Plätze erreicht hätten, damit ich mich ungestört meiner Lieblingsbeschäftigung beim Fliegen widmen könnte: mich hinter der Kotztüte zu fragen, wieso die anderen Passagiere sich eigentlich nicht übergeben mussten. Ich stellte Porsche neben dem Fenster ab und öffnete die winzige Tür, um ihn ein wenig zu streicheln. Er fauchte ein eindeutiges »Lass mich in Ruhe, du dumme Nuss«, und ich zog meine Hand schnell wieder zurück. In der Hoffnung, die Dunkelheit würde ihn beruhigen, bedeckte ich den Käfig mit meinem Pullover, doch sein Jammern ließ nicht nach.

Das Flugzeug rollte auf die Startbahn und beschleunigte, ich hielt mir die Tüte vors Gesicht und warf meiner Mutter einen Blick zu. Sie war kreidebleich. Die Anstrengungen der letzten drei Stunden und Jahre hatten sie emotional derart ausgelaugt, dass ich befürchtete, sie würde vom Sitz rutschen wie eine glitschige Nudel. Ich wünschte nichts sehnlicher, als dass dieser schreckliche Flug endlich vorbei sein möge, doch uns standen noch elf Stunden bevor.

Das entsetzliche Stöhnen hörte nicht auf. Die Frau hinter uns erkundigte sich nach dem Wohlergehen unseres Babys. Ja, die Leute dachten wirklich, wir hätten ein Baby dabei. Was das für ein Baby sein sollte, war mir nicht klar, doch die Laute, die da unter dem Sweatshirt erklangen, stammten definitiv nicht von einer Katze.

Das Jammern, Miauen und Greinen ging stundenlang weiter und wurde zunehmend schriller. Irgendwann war meine Mutter auf wundersame Weise eingeschlafen. Ihr Körper hatte wohl vor lauter Anspannung einen totalen Erschöpfungszustand erreicht und sich einfach abgemeldet, wohingegen ich in der Wachphase der Anspannung stecken geblieben war. Ich hielt das nicht mehr aus. Kurzerhand beschloss ich, Porsche aus seinem Käfig zu befreien und ihn zu einer Verschnaufpause mit auf die Toilette zu nehmen. Ich hob seinen völlig überhitzten Körper behutsam aus dem Käfig und kuschelte ihn eng an meine Brust. Er hechelte wie ein Hund, und in seinen Augen las ich: »Ich hasse fliegen.« Schnell torkelte ich in Richtung Bordtoilette und hatte die Hand schon zur Tür ausgestreckt, da ertönte hinter mir eine laute Stimme.

»JUNGER MANN!«

Ich lief unbeirrt weiter. Wahrscheinlich so ein chassidischer Jude, der sich über einen von Selbsthass zerfressenen Israeli auf dem Gangplatz hermacht.

»JUNGE! BLEIB STEHEN!«

Ich öffnete die Tür zur Toilette, Porsches Erlösung stand kurz bevor, bald würde er einige Schritte gehen und sich ein wenig von seinem schrecklichen Gefängnis erholen können.

»JUNGE! BLEIB SOFORT STEHEN! WEG VON DER TOILETTE!«

Ich drehte mich um. Vor mir stand der Chefsteward, ein schlaksiger, aber gestrenger Typ mit militärischen Anwandlungen. Er starrte mich an, als hielte ich eine Bombe in den Armen.

Dann fiel es mir wie Schuppen von den Augen. Ich trug kurzes Haar. Sehr kurzes Haar. Von hinten sah ich aus wie ein Junge. Wie ein fieser Bombenleger.

Ich schenkte ihm ein schuldbewusstes Lächeln. Er beäugte mich streng. Ich wartete darauf, dass er mein wahres Geschlecht erkannte und sich bei mir entschuldigte.

»Junge, geh zurück an deinen Platz, und steck die Katze wieder in den Käfig!«

Porsche jaulte gequält auf. Ich wäre am liebsten in Tränen ausgebrochen. Ich schleppte meinen Jamie-Lee-Curtis-in-Klein-Körper zurück an meinen Platz, verfrachtete Porsche wieder in den Käfig und wäre am liebsten gleich hinterhergekrochen.

Den Rest des Fluges verbrachte ich damit, meinem Kater sinnentleerte Belanglosigkeiten ins Ohr zu flüstern und Brezel mit Paprikageschmack zu futtern, eine besondere Spezialität der Fluggesellschaft *El Al Israel.* Bei unserer Landung hechelten und sabberten wir beide nur noch. Im Gegensatz zu uns wirkte meine Mutter erstaunlich erholt und entspannt. Na gut, nur erholt. Man wird ja wohl noch träumen dürfen.

Hier sitze ich also wieder im Flieger, nur diesmal ist es sehr viel ruhiger. Kein Porsche jammert mir die Ohren voll, an Bord sitzen weniger orthodoxe Juden, als es Gott recht sein kann, und ich bin dank einer wunderbaren kleinen Pille namens *Travamin* in meiner Hand völlig entspannt. Nicht, dass hier ein falscher Eindruck entsteht, ich bin kein Tablettenschlucker. Ganz im Gegenteil, ich bin Pillengegner. Ich glaube daran, dass man Schmerzen ertragen sollte, und außerdem vertraue ich auf die Selbstheilungskräfte des Körpers, obwohl das mit dem Selberheilen bisher noch nie geklappt hat und ich seit jeher mit hängenden Schultern herumlaufe und mir vergeblich die vom Kopfschmerz pochenden Schläfen reibe, damit die genannte natürliche Selbstheilung endlich einsetzen möge. Aber wir wissen alle, wie es Bob Marley ergangen ist. Hatte der nicht einen entzündeten Fuß und starb daran, weil er sich partout nicht behandeln lassen wollte? War doch so, oder? Seit meiner Kindheit, also praktisch seit mein Magen alles wieder von sich geben kann, ist Fliegen für mich ein Albtraum. Jedes Luftloch löst bei mir einen gastrischen Reiz aus, und ich halte die Kotztüte umklammert, als könnte ich in ihrem Inneren den Quell der Glückseligkeit finden.

Dann eines Tages, aus heiterem Himmel, sagt meine Mutter zu mir: »Nimm doch *Travamin*!« Als hätte die moderne Medizin erst vor einer Minute ein Mittel gegen Reisekrankheit entwickelt oder als hätte meine Mutter dieses erlösende Heilmittel schon ewig gekannt, aber einfach nicht daran gedacht, dass es ihrer Tochter, die bei jeder Flugreise Galle spuckt, vielleicht helfen könnte.

Ich bin oft geflogen. Als Ima und ich in Israel wohnten, traf ich Aba nur, wenn er gerade wieder geschäftlich in irgendeiner europäischen Stadt weilte. Diese Reisen quer durch Europa waren so spannend wie nervenaufreibend, denn ich musste mit meinem Vater in einem Hotelzimmer schlafen, und er schnarchte, als wolle er das Innere unseres Planeten mit einem Nasenloch durch die Erdkruste ziehen.

Travamin entpuppte sich als Wunderdroge, und zum ersten Mal in meinem Leben hatte ich Spaß am Fliegen. (Später sollte ich ein ähnlich probates Mittel entdecken, doch dazu an anderer Stelle mehr.) Statt stundenlang in die Kotztüte zu starren, brachte ich Passagiere zum Lachen, hielt ein Schwätzchen im Gang, flirtete mit dem schwulen Steward, um gratis an Snacks zu kommen, und – meine Lieblingsbeschäftigung – zog mir frische Socken oder ganz neue Klamotten an, um die Leute im Flieger bei Laune zu halten.

Bei einigen Flugbegleitern war ich bereits bekannt. »Hier kommt die Botschafterin von Lufthansa«, hieß es, wenn man mir mit freundlichem Lächeln die Bordkarte überreichte. »Hier kommt die Ulknudel, die ihren Vater besucht!«, riefen die Flugbegleiter erfreut, wenn ich meine Wunderpillen einwarf und sie mit einer Cola und einem *KifKef*-Riegel (der israelischen Variante von *KitKat*) versüßte.

Nach unserer Landung am Flughafen JFK sind meine Mutter und ich guter Dinge. Die traurige Tatsache, dass ich schon bald für eine Weile an einem ganz anderen Ort leben werde, ist uns offenbar noch nicht richtig bewusst. Wir begeben uns zu den Immigrationsschaltern.

»Sie werden mich herauspicken, das weiß ich ganz genau«, tönt meine Mutter theatralisch. »Warum sollten sie es ausgerechnet auf dich abgesehen haben?«, frage ich, wie ich es immer tue, obwohl ich weiß, dass meine Mutter sich einredet, die Vertreter des Gesetzes hätten sie auf dem Kieker und die Beamten der Einwanderungsbehörde würden nur darauf warten, sie zu beschimpfen.

An dieser Stelle tut vielleicht etwas Aufklärung not. Meine Mutter hat einen Hang zur Theatralik. Ihre verzerrten Erinnerungen an die zahlreichen Zusammenstöße mit Einwanderungsbeamten weisen stets die Merkmale einer frühen Episode von *Law and Order* auf. Der Beamte ist immer eine furchterregende Person, die sich aus unerfindlichen Gründen sehr aggressiv verhält und sie auf feindselige Weise wiederholt als »Lady« bezeichnet.

In Wahrheit hat man meiner Mutter noch nie ihre Greencard weggenommen. Warum sie, eine kleine bulgarische Frau mit sanften blauen Augen und keinerlei krimineller oder anders gearteter Vorgeschichte, jedes Mal mindestens zwei Stunden bei der Einwanderungsbehörde verbringen sollte, wird mir immer ein Rätsel bleiben. Ob man sie dabei auch anschreit und sie wiederholt mit der Anrede »Lady« traktiert, kann ich nicht sagen.

»Ich wette mit dir, die werden mich in den kleinen Raum schleppen, brüllen und schreien, mich durchsuchen, mir die Greencard wegnehmen, und dann kann ich dich und Ami nie wieder besuchen.« Meine Mutter bewegt sich am Rande eines hysterischen Anfalls.

Ich verdrehe entnervt die Augen. »Ima, sie werden dir deine Greencard nicht wegnehmen. Das machen sie nie. Die schlagen sich mit viel schlimmeren Gefährten wie Waffenhändlern und Zitrusschmugglern rum.« In ihren Augen steht die nackte Panik, und ich erkenne, wie tragisch es ist, dass viele ihrer Ängste hausgemacht sind.

»Hör auf, dich verrückt zu machen«, bemerke ich bissig. Natürlich wird meine Mutter durch diesen Ton nur noch angespannter und geht zum zweiten Teil ihrer Angststörung über, dem Erzeugen von Schuldgefühlen.

»Fahr deine Mutter nicht so an. Es ist schon schwer genug, einfach von dir verlassen zu werden, und jetzt bekomme ich es auch noch mit der Einwanderungsgestapo zu tun.«

Die Methode funktioniert. Sofort fühle ich mich schrecklich. Ist doch klar, dass meine Mutter nervös ist und ihre Ängste auf das gut geschulte Personal in der Ankunftshalle des Flughafens JFK überträgt. Ich muss einfach verständnisvoller sein.

Ich umarme sie. Aber das letzte Wort gehört mir.

»Niemand nimmt dir deine Greencard weg, hörst du? Mal dir nicht immer solche Schreckensszenarien aus, das bringt doch nichts.«

Sie nickt unter Tränen, und wir sind einen wunderbaren Augenblick lang in inniger Umarmung verbunden. Ich manövriere sie zum Schalter für Besitzer einer Aufenthaltsgenehmigung, an dem sich eine Schlange gebildet hat, und schlendere einige Meter weiter, um mich den anderen feisten und sorglosen Besitzern eines amerikanischen Reisepasses anzuschließen.

Ich schenke dem Beamten am Schalter, der vermutlich aus Samoa stammt, ein einnehmendes Lächeln. Er verzieht die teigigen Wangen. »Sie waren schon eine ganze Weile nicht mehr hier«, stellt er fest, und man könnte meinen, er habe mich vermisst. »Ich habe in Israel gelebt. Nehmen Sie es nicht persönlich.« Er lacht. »Warum kommen Sie zurück?«, will er wissen. Mir fällt auf, dass er einen grauen Zahn hat. Schade eigentlich.

»Ich werde hier studieren.«

»Wo?«

»An der Brown University.«

»Hui, nicht schlecht. Eine von diesen Elite-Universitäten, hm? Glückwunsch!« Er stempelt meinen Pass. Ich strahle wie eine Schülerin, die gerade von ihrem Lehrer ein Sternchen erhalten hat, begebe mich zur Gepäckausgabe und warte auf meinen Koffer. Alle Gepäckstücke sehen verdammt gleich aus. Warum können die Hersteller ihr Farbspektrum nicht erweitern? Gibt es nur rot oder schwarz? Die chassidischen Juden haben den Durchblick, die lassen sich extragroße Koffer anfertigen. Ich frage mich allerdings, wieso die so riesig sein müssen. Vermutlich brauchen ihre neun Kinderchen viele Klamotten, und es ist besser, diese in einem einzigen Schrankkoffer als in neun kleinen Köfferchen zu verstauen. Ja, jetzt, wo ich darüber nachdenke, erscheint es mir ganz logisch.

Der Mann vor mir hievt jedes einzelne schwarze Gepäckstück vom Band und liest wie ein Idiot den Adressanhänger. Ich schüttele wissend mein Haupt.

»Können Sie Ihren auch nicht finden?«, fragt er mich. Er ist offenbar auf der Suche nach anderen Besitzern eines schwarzen Koffers, mit denen er sein Leid teilen kann.

»Ich habe zwar einen schwarzen Koffer, aber das ist kein Problem.«

»Warum nicht?«

»Meine Mutter hat ein System entwickelt.«

»Ein System?«

»Ein Markierungssystem.«

Er wirft mir einen verwirrten Blick zu.

Just in diesem Augenblick fliegt der erste unserer Koffer aufs Band. Er ist schwarz wie all die anderen, aber seinen Griff zieren 26 rosafarbene Schleifchen. Eine rosafarbene Schleife wäre kitschig und zu unauffällig, doch 26 sind idiotensicher und sogar für Blinde mit Krückstock zu erkennen.

»Aha!«, entfährt es ihm. »Jetzt weiß ich, was ich mache!«

»Rosa ist schon besetzt!«, warne ich ihn mit strenger Stimme und eisigem Blick. »Wenn alle rosa nehmen, dann ist das ganze System für die Katz.«

»Klar, verstehe«, stammelt er und bekommt vor Angst rosa Bäckchen. »Ich will ja das System nicht durcheinanderbringen.«

»Das will ich auch hoffen«, gebe ich zurück und sehe ihm dabei zu, wie er sich dem nächsten schwarzen Koffer zuwendet, der ihm nicht gehört.

Ich warte eine geschlagene Stunde auf meine Mutter. Und warte. Die Schlange ist wohl sehr lang. Mein Vater, der an der Haltestelle für den Shuttlebus am Grand Central steht, flippt vermutlich gerade aus. Wie meine Mutter (und ich) kommt er stets überpünktlich. Außerdem versteht er das Wort »Verspätung« nicht. Er hält uns wahrscheinlich für tot.

Weitere neunzig Minuten verstreichen, von meiner Mutter keine Spur. In einem akuten Anfall von Nervosität habe ich bereits alle rosafarbenen Schleifchen abgerissen. Endlich kommt sie grinsend auf mich zu.

»Was ist passiert? Warum hast du so lange gebraucht?«, frage ich mit mulmigem Gefühl.

»Sie haben mir meine Greencard weggenommen.«

»Was? Du willst mich auf den Arm nehmen!«

Meine Mutter strahlt.

»Warum bist du so fröhlich?«

»Ich hab's doch geahnt! Ich wusste, dass sie sie mir wegnehmen würden. Ich hatte recht!«

Meine Mutter triumphiert, weil sich ihre Befürchtungen gelohnt haben und das Schreckensszenario, das sie sich über zehn Jahre ausgemalt hat, endlich eingetroffen ist.

»Und was heißt das? Kannst du mich jetzt nicht mehr besuchen?«

»Nö. Ich habe ein Visum erhalten. Kein Problem.«

»Gut. Okay.«

Meine Mutter wirft einen Blick auf die zerrissenen rosafarbenen Schleifen auf dem Boden und umarmt mich. Die Zeit läuft, und wir haben noch eine lange Fahrt vor uns. »Dein Vater ist wahrscheinlich schon ganz krank vor Sorge. Er macht sich doch immer so viele Gedanken, der arme Mann.«

Ich muss lachen. Meine Mutter sieht mich an und merkt, wie absurd ihre letzte Bemerkung war. Ich schnappe mir die Koffer, und wir begeben uns zum Ausgang.

Ich muss zugeben, die Fahrt entpuppt sich als weit weniger traumatisierend als erwartet. Ima lässt mich diesmal vorne sitzen, und dann bittet mich Aba sogar zu fahren. Keine albtraumhaften Episoden auf der Rückbank mehr, liebe Freunde. Nein, heute sitze ich am Steuer des Crown Vic! Ich habe hier an Bord das Kommando. Hatte ich bereits erwähnt, dass der Crown Vic die größte Limousine auf dem Markt ist? Falls nicht, so möchte ich das an dieser Stelle nur noch einmal anmerken. Und ich habe hier an Bord das Kommando. Zwar reichen meine Beine nicht ganz ans Gaspedal, und ich kann gerade mal über die Instrumententafel spähen, doch ich halte das Lenkrad fest in den Händen und fühle mich großartig.

Wir brausen auf der I-95 Richtung Providence, das bunte Herbstlaub rauscht vorbei – rot, gelb, braun. Seit Jahren habe ich keinen echten Herbst mehr erlebt. (In Israel gibt es nur zwei Jahreszeiten: Hitze oder eine Woche Regen.) Wenn ich es recht bedenke, habe ich den Herbst glatt vergessen. Mein Gedächtnis hat scheinbar die angenehmen Jahreszeiten gestrichen und suggeriert mir stattdessen, meine gesamte beschissene Kindheit habe sich während der Wintermonate abgespielt.

Die nächsten zwanzig Minuten verbringen wir damit, unter »Oh!«- und »Ah!«-Rufen verschiedene Laubsorten zu bewundern, dann herrscht Stille. So eine schweigsame Fahrt ist Balsam für die strapazierten Nerven, aber bei neurotischen Geschöpfen entspannt sich leider auch das Hirn. Im Rückspiegel sehe ich, wie sich der Ausdruck von Traurigkeit und Trennungsschmerz über das gerade noch vom Naturschauspiel beeindruckte Gesicht meiner Mutter legt. Ihr bricht das Herz, und sie tut ihr Bestes, um den Schmerz vor mir zu verbergen, die gute Seele. Ich schalte das Radio ein und wechsle vom schwermütigen Wagner ganz schnell zu Z100, der Lieblingsstation meiner Kindheit. Die spielen treffsicher genau die Stücke, die nicht mehr in und deshalb schon wieder lustig sind. Ich singe aus voller Brust zu *Easy Lover*, doch meine Mama ist zu traurig, um sich an meiner Darbietung zu erfreuen.

Drei Stunden und eine Anzeige wegen Geschwindigkeitsüberschreitung später (der Spruch »Wir kommen aus Israel und wissen es nicht besser« ließ den Connecticut State Trooper leider völlig kalt) fahren wir auf dem Campus der Brown University in Providence, Rhode Island, vor. Das Gelände besteht aus mehreren eindrucksvollen Prachtbauten, schnuckeligen kleinen Häusern und einem Klamottenladen der Kette *Urban Outfitters*. Laut Umgebungsplan liegt mein Wohnheim am Ende eines idyllischen kleinen Fußwegs, der von der Waterman Street abzweigt. Nachdem ich einige Male genervt um das Unigelände gekurvt bin und endlich die Waterman Street gefunden habe, halte ich an und schalte mit der Vehemenz einer genervten Person, die gerade einige Male in der Gegend herumgekurvt ist, die Warnblinker ein.

Aba lädt meine Koffer aus dem Auto, und ich fange an zu heulen. Meine Situation wird mir so schlagartig bewusst, wie ich es mir vor drei Tagen gewünscht hatte, denn dann hätte ich das Ganze gleichzeitig mit dem Nervenzusammenbruch meiner Mutter durchleiden können. Dieses Mal heißt es wirklich Abschied nehmen. Ich bleibe ganze vier Jahre hier in Providence und verschwinde nicht nur mal kurz für ein sechsmonatiges Sexabenteuer nach Asien. Und bestimmt werde ich hier keine Freunde haben. Mal ehrlich, wozu soll ich mich denn aufraffen und neue Freundschaften schließen? Ich bin einfach zu alt für diesen Mist. Was habe ich mir nur dabei gedacht? Die hässlichen Bauten aus den Fünfzigerjahren in Tel Aviv und all die stumpfsinnigen Studenten sind eigentlich gar nicht so verkehrt.

»Alles klar?«, erkundigt sich mein Vater mit tränenerstickter Stimme.

»Abschiednehmen macht mich traurig.« Ich flenne völlig hemmungslos.

Mein Vater umarmt mich und meine Mutter. Jetzt heulen wir alle gemeinsam. Man könnte meinen, ich wäre auf dem Weg nach Vietnam. Dann zückt er eine kleine Packung Kleenex. Entgeistert vergesse ich zu weinen. Nie im Leben hat mein Vater Kleenex benutzt. Er gehörte bisher zu den Liebhabern des Stofftaschentuchs, das er nach dem Schnäuzen immer fein säuberlich zu einem akkuraten Quadrat zusammenfaltete und wieder in die Tasche steckte. Jahrelang hatten meine Mutter und ich uns über seine Angewohnheit amüsiert, und er hatte allen Ernstes brüskiert auf die bis zur spanischen Inquisition zurückreichende Familientradition verwiesen, nach der schon sein Vater, Großvater und

Urgroßvater Stofftaschentücher verwendet hätten. Darauf reagierte ich meist mit einer Gardinenpredigt über das Händewaschen, die spanische Pest und darüber, dass man manche Dinge einfach aussterben lassen sollte. Immer wieder hatte ich versucht, ihn zum Gebrauch von Papiertaschentüchern zu verführen, doch er war standhaft geblieben. Jetzt, nach all diesen Jahren, zieht er einfach eine Packung Kleenex aus der Tasche. Ich pruste los. Meine Eltern werfen mir einen verwirrten, aber sichtbar erleichterten Blick zu. Das Schluchzen hat ein Ende. Ich zupfe ein Kleenex aus der Packung, und plötzlich überkommt mich der starke Wunsch, mein Zimmer im Wohnheim und mein neues Leben aufzusuchen. Stehenden Fußes versichere ich ihnen, dass ich die Koffer allein schleppen könne (gelogen), lange Abschiedsszenen verabscheue (stimmt) und schon klarkommen werde (weiß der Henker, aber sehen wir's mal optimistisch). Sie zünden sich ihre Kents an, springen ins Auto, brausen davon und lassen mich in einer Rauchwolke mit Kirscharoma zurück.

2
Am Boden

Im Gegensatz zu den niedlichen Steinhäuschen aus der Broschüre *Come to Brown!* handelt es sich beim Pembroke-Wohnheim um einen grauen Betonklotz, in dem es nach Schnellimbiss stinkt. Das Gebäude ist wie leer gefegt. Die heiße Strickjackengang ist wohl gerade auf Exkursion mit Robin Williams.

Ich schleppe Sack und Pack in den zweiten Stock (man hat mir Zimmer Nr. 207 zugeteilt), zerre das Zeug den Gang entlang und nehme unterwegs unwillkürlich Notiz von mehreren maulwurfgrauen Flecken auf dem Teppich. Man sollte doch meinen, dass die sich bei den schwindelerregend hohen Studiengebühren dieser Universität eine jährliche Teppichrunderneuerung leisten können. Wo zum Teufel sind denn die alle? Vermutlich ist das die Strafe dafür, dass ich überall zu früh aufschlage. So ist man immer bereit für das, was noch nicht passiert ist, und wenn es dann passiert, ist man so genervt vom langen Warten, dass die Neuankömmlinge viel frischer und besser vorbereitet an den Start gehen.

Ich finde das Zimmer mit der Nummer 207, die Tür ist nur angelehnt. Ich öffne sie. Keiner zu Hause. Ich betrete den Raum, als wäre ich in einem Horrorfilm, und meine Turnschuhe machen auf dem klebrigen Boden seltsame Sauggeräusche. Ist ein anständiger Bodenbelag kein Posten im Budget für die Inneneinrichtung? Wie wäre es mit einem schönen Holzparkett, damit die Kinder wenigstens etwas für ihr Geld bekommen? Der Typ, der für den Boden zuständig ist, gehört gefeuert. Sofort!

An den Wänden des Zimmers stehen zwei superschmale Betten, die mit zwei ähnlich schmalen Holzschreibtischen verbunden sind. Ich werfe meine Sachen auf das Bettchen und fange schon einmal damit an, meine Unterwäsche sorgfältig in die Schublade der grob zusammengezimmerten Kommode zu legen. Unbedingt besorgen: Belag zum Auskleiden der Schubladen. Wer weiß, was sich dort vorher getummelt hat? Wahrscheinlich dieselben Viecher, die auch den Teppich besudelt haben.

»Willkommen in Pembroke«, piepst es plötzlich.

Ich fahre herum. Ein kleiner Junge lehnt am Türrahmen.

»Oh, danke!«

Ich beäuge sein kindliches, von Akne gezeichnetes Gesicht. Ist wahrscheinlich der jüngere Bruder eines Studenten.

»Ich heiße Jeremy und wohne in Zimmer 204.«

Wie bitte? Dieses Jüngelchen ist keinen Tag älter als dreizehn. Der ist ja noch nicht einmal im Stimmbruch!

»Echt? Na, super! Nett, dich kennenzulernen!«

»Du bist bestimmt die Austauschstudentin aus Israel, oder? Ich habe meine Bar-Mizwa dort gefeiert. Das war spitzenmäßig!«

Neben ihm taucht ein hoch aufgeschossener Rotschopf auf. Er hat zwar überall Sommersprossen, aber keine Augenbrauen.

»Das ist mein Zimmergefährte Gus. Er kommt aus New Canaan.«

»Hallo, Gus.«

Gus schenkt mir ein schüchternes Lächeln. Sein rundliches Babygesicht löst bei mir den Wunsch aus, ihn mit einem Aletegläschen zu füttern. Jeremy setzt seine Einführungsveranstaltung fort.

»Wir haben gerade erfahren, dass deine Zimmergefährtin aus Holland kommt!«, quietscht Gus mit pennälerhafter Begeisterung.

Die Jungs brechen in männliches Ritualgeheul aus und klatschen sich ab. Verdammte Holländerschicksen.

Jeremy hat schon einiges über mich in Erfahrung gebracht. »Und du warst bei der Armee?«, fragt er.

Verdammt, diese Unterhaltung kommt mir bekannt vor.

»Hm«, mache ich gelangweilt und warte auf die typische Reaktion: »O Mann, du bist bestimmt 'ne ganz *Toughe* … kannst uns mit bloßen Händen kaltmachen … kannst bestimmt Krav Maga?« und so weiter.

Die Jungs tauschen Blicke.

»Ja, geil, dann bist du alt genug, um für uns Bier zu kaufen!«, kreischt Jeremy entzückt.

Gus jubelt, als wäre der Messias gekommen.

»Ich soll euch Bier kaufen?«, frage ich verwirrt. »Warum denn das?«

»Weil du alt genug bist, um Alkohol zu kaufen! Wir sind noch zu jung!«

»Ja, du bist viel älter als wir!«

Die beiden kichern aufgeregt.

Das ganze Hickhack um das Mindestalter für Alkoholkonsum in Amerika hatte ich völlig vergessen. In Israel gibt es so etwas nicht. Sobald wir achtzehn sind, heißt es ab zum Wehrdienst, wo man uns als Erstes scharfe Waffen in die Hand drückt. Da wäre es wohl ziemlich lächerlich, uns den Alkoholgenuss vorenthalten zu wollen.

Jedenfalls werfen mir die Jungs ehrfürchtige Blicke zu, und weil ich dazugehören will, grinse ich einfach mal.

»Klar, kein Problem!«

Die Kinder führen einen Siegestanz auf. Als die Unterhaltung sich dem Dartspiel und Playboy-Bunnys zuwendet, geleite ich die beiden aus meinem Zimmer.

3
Gouda to go

Nachdem ich mich vergewissert habe, dass meine Unterhosen akkurat in Reih und Glied in der Schublade liegen und den dort angesiedelten Bakterien eine neue baumwollene Heimat bieten, ziehe ich meine Schlappen an und schlurfe über den Gang zu den Duschen, die ich schon von Weitem an ihren zitronengelben Kacheln erkenne. Mit einem tiefen Seufzer wasche ich mir unter dem extrem starken Wasserstrahl den Rauch und all den Nervenstress vom Körper. Dann begebe ich mich zurück in Richtung Zimmer, wo ich auf meine Zimmergefährtin warten werde.

Die vorher von mir angelehnte Zimmertür ist nun geschlossen. Meine Mitbewohnerin ist vermutlich schon angekommen. Als ich mich vorsichtig nähere, weht mir der starke Duft von Aftershave entgegen. Sie ist schon voll dabei, die Glückliche. Gut zu wissen, dass wir beide sexuell aktive Wesen sind, die gerne ihre Schulmädchenphantasien ausleben. Heißa, das wird ein Spaß! Vielleicht sollten wir uns auch so ein cooles Schildchen mit der Aufschrift: »Vorsicht, Sex! Bitte draußen bleiben!« basteln. Sie könnte sogar eines mit holländischer Aufschrift malen, nur so aus Scheiß!

Ich möchte ja kein Spielverderber sein, aber ich stehe hier nur mit einem Handtuch bekleidet im Gang und befürchte, dass die Kinder gleich wieder rauskommen, weil sie meine Möpse sehen wollen. Also klopfe ich vorsichtig.

Eine angenehme, weibliche Stimme ruft: »Herein!«

Ich öffne die Tür und sehe eine Dose Deospray in einer wulstigen, wurstfingerigen Hand, darüber wölbt sich eine ziemlich große Achselhöhle.

Der Körper meiner Zimmergenossin hat ungeheure Ausmaße. Auch ihr Kopf ist gewaltig. Sie ist groß wie ein Haus. Ein Laster. Eine Waschmaschine, egal, wie irgendein Riesending, dem große Menschen eben ähnlich sehen. Ich kenne keine Frau, die Anabolika genommen hat, aber diese hier wirkt auf mich, als hätte sie mehr als nur davon genascht. Vielleicht ist sie auch einfach nur fett. Aber das ist kein normales Fett, bei ihr schwabbelt es nicht. Sie ist irgendwie übergewichtig muskulös.

»Hi, ich heiße Carrie«, stellt sie sich vor. Carries süßer holländischer Akzent ist weniger stark als manch amerikanischer Einschlag. Holländer haben zwar weder Pfiff noch Pfeffer und verfügen über recht einförmige Gesichtszüge, doch sie haben Tulpen und Dope und können verdammt gut Englisch.

Auf Carries Bett liegen zwei große Pizzakartons, einige Klamotten, die wie Sportkleidung aussehen, und zwei orangefarbene Schutzhelme. Sie bemerkt meine Verwirrung.

»Ich spiele im Feldhockeyteam.«

»Was ist Feldhockey?«, frage ich ahnungslos, schließlich komme ich aus Israel, und bei uns gibt es nur zwei Sportarten, nämlich Scharfschießen und Segeln.

Carrie schildert mir auf staubtrockene Weise die spannenden Details des Feldhockeys mitsamt allen Regeln, Ausnahmen und der Platzierung der Brown University unter allen *Ivy-League*-Universitäten. Dann erzählt sie mir, sie komme aus Amsterdam, habe aber noch nie Dope geraucht und würde dies auch niemals tun. Außerdem würden Männerdeos viel besser und zuverlässiger wirken als die für Frauen, woraufhin sie mir auch gleich ihre Spraydose anbietet.

»Ich nehme immer mein *Dove*-Deo für *Frauen*«, lehne ich das Angebot höflich ab, was die Unterhaltung abrupt beendet. Zeit, sich anzuziehen. Ich werfe das Handtuch aufs Bett, steige in meine Unterwäsche und suche nach meinem Kuschel-T-Shirt. Das, was ich mir in Pushkar gekauft habe, und das immer noch nach süßen Erinnerungen, billigem Farbstoff und den verschwitzten Kinderhändchen riecht, die es genäht haben.

Plötzlich spüre ich Carries Blick auf meinem nackten Rücken. Ich drehe mich um. Sie starrt mich mit unverhohlener Lüsternheit an. Ganz eindeutig. Diese nach *Irish Moos* stinkende Frau Antje mit dem Hockeyschläger steht auf frisches, süßes Judenfleisch. Zeit, das Feld zu räumen.

4
Klappe halten, Schlüssel her!

Ich entschuldige mich höflich und lasse die Pizza mampfende Carrie allein im Zimmer zurück. Fest entschlossen, dieser präpubertären Hölle zu entfliehen und mir ein geeigneteres Quartier zu besorgen, flitze ich mit dem Geländeplan bewaffnet über den Campus zur Zimmervergabestelle.

Sie befindet sich in einem niedlichen kleinen Cottage mit einer niedlichen, kleinen Mahagonitür. Vielleicht kann ich ja hier einziehen? Die Sekretärin schenkt mir ein warmes Lächeln und bringt mich in das Büro des Dekans. Er heißt Howard Rosen, sitzt an seinem Schreibtisch und streicht sich über seinen langen Bart, der mich unwillkürlich an Moses erinnert. Von meinem emotionalen Dauerlauf immer noch ganz aufgedreht, lasse ich mich ohne Einleitung und in Tränen aufgelöst über die Unmenschlichkeit aus, mit der man eine erwachsene Frau zusammen mit biergierigen Kleinkindern und einer grobschlächtigen, holländischen Lesbe untergebracht hat.

Howard lächelt milde.

»Ich habe Carrie während der Infoveranstaltung für internationale Austauschstudenten kennengelernt. Ein wirklich nettes Mädchen.«

»Sie will mich vergewaltigen!«

»Ich bin sicher, es handelt sich um ein Missverständnis.«

»Sehen Sie, Howard, abgesehen von dieser versuchten

Vergewaltigung gefällt es mir nicht, dass ich mit Leuten wohne, die nicht zu meiner Altersgruppe gehören.«

»Aber die älteren Studenten haben ihr Studium alle schon abgeschlossen und machen jetzt ein Aufbaustudium oder ihren Doktor.«

»Hört sich prima an!«

»Wir möchten aber, dass Sie sich mit den Studenten Ihres Studiengangs anfreunden, Iris. Vertrauen Sie mir, das ist auch in Ihrem Sinne.«

»Aber die sind erst achtzehn! Die wollen, dass ich ihnen Bier besorge!«

»Ja, das hatte ich mir schon gedacht.«

»Bitte, Dekan Howard, bringen Sie mich woanders unter. Ich kann nicht wieder zurück in dieses Zimmer mit dem kleinen Bett, der großen, lüstern starrenden Frau und dem Geräusch von platzenden Pickeln aus dem Nebenzimmer. Da kann ich nicht arbeiten und mich auch nicht konzentrieren!«

»Ich wüsste nicht, wie ich Ihnen helfen könnte.«

»Bitte, Sir. *(Schnief)* Da drehe ich durch. Ich komme mir vor wie ein Jugendbetreuer. Ich war doch schon in der israelischen Armee …«

Howards Gesicht erhellt sich.

»Sind Sie die Studentin aus Israel?«

»Ja.«

»Natürlich! Tut mir leid, dass ich das erst jetzt merke. Das ist ja ein schöner Zufall. Ich war gerade vor zwei Wochen in Israel. Ich liebe Israel!«

Das Zimmer erstrahlt im Glanz von Howards zionistischer Erleuchtung.

Wie konnte ich die in seiner Seele flatternde heimatliche Flagge übersehen. Gott hat mir einen Ansatzpunkt offenbart. Danke, Gott!

»Ja, so ein Zufall!«, antworte ich mit völlig irrationaler Begeisterung. »Wo waren Sie denn?«

Howard atmet tief ein und bekommt einen nostalgisch entrückten Blick, der eindeutige Rückschlüsse auf sein finanzielles Engagement für den Staat Israel zulässt.

»Also, während der Siebzigerjahre habe ich in einem Kibbuz gearbeitet. Letztes Jahr haben meine Frau Cheryl und ich den Kindern Nahariya gezeigt, und wir waren auch in Ashdod und Ashkelon, um Cheryls Verwandte zu besuchen. Natürlich haben wir dann die Masada-Expedition mitgemacht, waren am Toten Meer, haben uns das Bahai Center in Haifa angesehen – das ist wirklich beeindruckend. Muss man unbedingt mal gesehen haben, viele Einheimische gehen gar nicht hin, für die ist das nichts Besonderes, doch das muss einfach mal gesagt sein, es ist absolut phantastisch. Ach, und Safed, was für ein tolles Städtchen, was für ein pittoresker Ort. Da gibt es in einer Nebenstraße diese winzig kleine Kunstgalerie, in der die Bilder und Skulpturen einer ansässigen Künstlerin ausgestellt werden. Sie malt mit speziellen Farben aus Mineralien aus der Gegend, Cheryl hat so eine wunderbare Salz-und-Pfeffer-Menage gekauft, bei dem Salzstreuer sind nur leider die Löcher etwas zu klein geraten, aber wir verwenden ohnehin nicht viel Salz, mein Großvater hat immer alles gesalzen, aber wir halten uns beim Würzen lieber an Pfeffer und Paprika, ich liebe Paprikagewürz auf Hummus, suche seit fünfzehn Jahren nach einem guten Hummushändler in Providence, Fehlanzeige bis jetzt! Sagen Sie mir Bescheid, wenn Sie einen finden, ich weiß, ihr Israelis, ihr seid findig. Cheryls Cousin Dudik aus Safed – der Mann ist ein echter Wirbelwind – hat uns vor einigen Jahren mal besucht, und da habe ich ihm mein Leid geklagt, Dudik, hab ich gesagt, ich vermisse das Hummus, das ihr in Israel habt, darauf er: ›Ich werde dir einen guten Hummushändler suchen, mein Freund, versprochen‹, doch dann hat er sich irgendwie den Knöchel verstaucht oder ein Band angerissen, ich weiß nicht mehr genau, was es war, deshalb haben wir ihn ein paar Tage früher als geplant in die Maschine nach Ben-G setzen müssen.«

Eine halbe Ewigkeit später hält er kurz inne, um einen Schluck Kaffee zu trinken.

»Oh, Entschuldigung, das war wohl ein bisschen viel auf einmal.«

Da ich ein höflicher Mensch bin, der von allen geliebt werden möchte, würde ich normalerweise mit einem Satz wie: »Ach nein, bitte erzählen Sie doch weiter ...« reagieren, doch mir ist klar, diesen Typen kann ich nur mit Schuldgefühlen knacken. Als Gegenleistung für den albtraumartigen Monolog muss er mir eine verflucht nette Unterkunft zuteilen. Also nicke ich einfach, um ihm zu signalisieren: »Ja, Typ, du textest mich hier total zu, aber ich habe eine Engelsgeduld und werde friedlich bleiben.« Es funktioniert.

»Wenn ich es recht bedenke, dann habe ich noch ein Zimmer im Wohnheim für ältere Semester frei. Das ist eine wirklich schöne Unterkunft.«

Habe ich gerade ältere Semester gehört, also Studenten mit Schamhaaren, die selber Alkohol kaufen dürfen? Ja! Ja! JA!

Er holt einen Schlüssel aus dem Schrank.

Ich schnappe mir den Schlüssel. »Danke! Vielen herzlichen Dank!«

»Für Israelis tue ich doch alles. Ich sollte Sie mit Cheryls Neffen Malka und Dov in Tkoa bekannt machen ...«

Bevor er mir deren E-Mail-Adressen aufnötigen kann, habe ich mich schon aus dem Staub und auf den Weg zum Pembroke gemacht, um meine Sachen abzuholen. Glücklicherweise ist Carrie im Duschraum, bestimmt wäscht sie gerade ihren Umschnalldildo. Innerhalb von Sekunden habe ich meine Siebensachen gepackt, hinterlasse den Kleinkindern einen Abschiedsbrief und eine Kiste Bier und begebe mich dorthin, wo ich von Anfang an hingehört hätte.

5
Wo ist Jane Fonda, wenn man sie braucht?

Wen es interessiert: Das Wohnheim für ältere Studenten wurde zu Zeiten des Vietnamkriegs von einem sehr berühmten, auf die sogenannte Anti-Aufruhr-Bauweise spezialisierten Architekten erbaut, was nichts anderes bedeutet, als dass die Gebäudestruktur jegliche Sozialkontakte unmöglich macht, also keinerlei Versammlungen, umstürzlerische Friedensdemonstrationen und/oder menschliche Begegnungen erlaubt. Es existiert kein einziges Zimmer, in dem mehr als zwei Leute Platz hätten. Die Treppe im Aufgang ist spiralförmig und so steil, dass man sich dort nicht mit Schwung oder hoher Geschwindigkeit bewegen kann. Die Fenster befinden sich in engen, hohen Nischen, die an Scharfschützenposten erinnern. Kurzum, der ideale Ort für Neuankömmlinge, die Kontakt zu anderen Studenten suchen und Spaß haben wollen. Doch keine Panik, beschwichtige ich die im engen Treppenaufgang zu meinem neuen Zimmer aufkeimenden Ängste, Howard hat mir eine »Suite« mit fünf Mitbewohnerinnen zugeteilt, von denen keine lesbisch ist oder aus Holland kommt. Das hat er mir versprechen müssen.

Ich betrete die Suite und stelle schnell fest, dass sie fünf Zellen, zwei Asiatinnen namens Kiffen und Mindy, eine große Blondine namens Katharine, eine reiche Südstaatenprinzessin namens Mia und eine jamaikanische Sprinterin namens Carla beherbergt. Alle sind neunzehn Jahre alt. So viel zum Thema ältere Studenten. Ich sollte Malka und Dov anrufen und sie darüber aufklären, dass Onkel Howard gerne Lügenmärchen erzählt.

Die Mädchen sind ganz aus dem Häuschen, weil sie überraschend noch eine neue Zellengefährtin bekommen haben. Ich bin genauso aus dem Häuschen. Keine von ihnen zeigt außergewöhnliches Interesse an meinen Brüsten, und die Asiatinnen, die wie Hello-Kitty-Püppchen durch das Zimmer trippeln und mir mit aufgeregten Piepstimmen das Bad mitsamt Ausstattung zeigen, sind unglaublich süß. Die große blonde Katharine hat ein ausdruckloses Gesicht, das mich an Naturjoghurt erinnert, und einen Körper, der zwar Modelqualitäten, aber keinerlei Sinnlichkeit besitzt. Mia ist halb Scarlett O'Hara, halb Mexikanerin, und Carla, tja, Carla ist wie warmer Sonnenschein aus Jamaika und der Inbegriff körperlicher Perfektion – jeder Muskel ist so definiert, wie Gott es vorgesehen hatte, bevor er Kalorien und Faulenzen erfand.

Schon bald weiß ich, dass diese Mädchen in einer Gruppe zusammenwohnen, weil sie alle Medizinstudentinnen sind, die im Schnellverfahren ihren Doktor machen werden. Neben ihrer medizinischen Ausbildung gehen sie unzähligen anderen Hobbys nach, wie Musizieren, Karate und Leichtathletik. Ganz offensichtlich sind sie hochbegabt, und zum ersten Mal wird mir klar, mit welcher Art Studenten ich es hier zu tun haben werde. Plötzlich komme ich mir vor wie ein tumber Haufen Hummus, der schon seit mehr als vier Sekunden unbedeckt an der Luft gestanden hat und von einer krustigen Schicht überzogen ist. Das dauert echt nicht länger als vier Sekunden. Probieren Sie es ruhig aus!

Carla teilt ihren Zellengefährtinnen mit, dass sie zu der Steppshow von *Alpha Phi Alpha* muss, und fragt, ob jemand mitkommen möchte. Die anderen sehen unangenehm berührt zu Boden und erfinden Ausreden wie Lernen, Schlafen und Essen. Ich habe keine Ahnung, was eine Steppshow ist, aber irgendetwas zieht mich in Carlas Bann. Ich suche ihre Nähe, also bekunde ich ihr mein Interesse mitzukommen. Sie umarmt mich hocherfreut. Ich habe bemerkt, dass sie nicht so recht warm wird mit den lerneifrigen Asiatinnen, der Ölmagnatin oder der Blondine, und deshalb ist sie genauso begeistert wie ich, dass wir uns gefunden haben.

Wir überqueren den Campus, der bei Nacht genauso eindrucksvoll aussieht wie bei Tageslicht. Die altehrwürdigen Gebäude sind festlich beleuchtet, ganz im Stil von Pariser Monumenten, der Duft der Kiefern und die kristallklare, reine Luft haben die schwülwarme Hitze bei meiner Ankunft heute Morgen verfliegen lassen.

Wir gehen auf ein großes Steingebäude zu. Eine Gruppe schwarzer Studenten steht mit wütenden Gesichtern davor.

»Warum sind die so sauer?«, will ich wissen.

»Das gehört zum Initiationsritus, wenn man in die Verbindung aufgenommen werden will. Sie müssen schwarze Kapuzenpullis tragen, dürfen mit niemandem reden, und in ihren Rucksäcken liegen schwere Ziegelsteine. Sobald man sie reinlässt, werden sie gebrandmarkt.«

»Ich verstehe kein Wort.«

Carla lacht laut auf.

»*Alpha Phi Alpha* ist eine Verbindung. Wenn man dort aufgenommen werden will, muss man eine Reihe von körperlich und seelisch anspruchsvollen Tests durchlaufen. Besteht man diese Prüfungen, ist man Mitglied und wird wie bei den Kühen gebrandmarkt.«

Gebrandmarkt? Warum sollte sich jemand freiwillig brandmarken lassen? Darf ich Carla diese Frage stellen? Soll ich die Sklaverei erwähnen? Den Holocaust? Wurden Sklaven nicht auch gebrandmarkt?

Aber woher nehme ich eigentlich das Recht, mich über die Sklaverei auszulassen? Und warum glaube ich, dass es eine Horde Schwarzer interessiert, was eine seltsame Tussi aus Israel über ihre Geschichte und Bräuche denkt? Würden sie mir etwa Vorhaltungen machen, wenn ich einen Audi hätte oder Wagner hörte? Ich tue einfach so, als wäre das Ganze nichts als ein auffälliges, dekoratives Tattoo, und gehe zur Tagesordnung über.

Carla nimmt mich am Arm und führt mich ins große Auditorium. Mir fällt auf, dass ich hier die einzige Weiße bin. Alle anderen im Saal haben es auch bemerkt.

»Terrell! TERRELL!«, brüllt Carla plötzlich. Ein sehr süßer Schwarzer in den dunklen Klamotten des Initiationsritus nähert sich. Er lächelt und reckt beide Daumen in die Höhe. Vermutlich hat man ihn gerade aufgenommen. Er schiebt seinen Ärmel hoch, und man sehe und staune, auf seiner Haut prangt ein Brandmal, alles ist noch frisch und roh. Autsch!

Carla eilt hurtigen Schrittes auf ihn zu und schließt ihn in die Arme. Er sieht über ihre Schulter und wirft mir einen fragenden Blick zu. »Wer ist denn die kleine weiße Schnecke?«, scheint er zu fragen.

»Terrell, das hier ist meine neue Freundin aus Israel«, stellt Carla mich herzlich vor. Terrell taxiert mich derart unverhohlen, dass auch der notgeilste israelische Frauenaufreißer beeindruckt wäre.

»Schwarze Jungs stehen auf Mädels wie dich«, flüstert Carla mir erfreut zu.

»Was für Mädels sind das genau?«

»Mädels mit 'nem Knackarsch.«

Ha! Schlaue Typen. Und sie haben auch noch was in der Hose. Bestens! Wer sagt, dass meine Phantasie vom *Club der toten Dichter* nicht auch eine ethnische Variante haben kann? Wenn der mit mir zurück nach Israel kommt – wie cool ist das denn! Ich muss nur aufpassen, dass meine Freunde keine peinlichen Fragen stellen wie: »Spielst du auch Basketball, Bruder?«, wenn sie ihn das erste Mal treffen.

Terrell schließt sich wieder seiner Clique an und zwinkert mir zu. Dann schubst mich jemand von hinten.

»Was soll das, Bleichgesicht? Willst uns wohl die Typen klauen?«

Ich drehe mich um und stehe direkt vor einer schwarzen Megäre mit beeindruckenden Bizeps und dem bösen Blick.

»Wie bitte?«, frage ich mit echter Verwunderung.

»Ignoriere sie einfach«, rät Carla und schaut stur geradeaus. »Die sind nur eifersüchtig.«

Ich drehe mich wieder um.

»Glaubst wohl, du kannst hier einfach reinschneien, mit deinem weißen Arsch wackeln und uns die Männer wegschnappen?«, mischt sich ihre noch größere Freundin ein.

Carla bemerkt meine Verwirrung.

»Es ist extrem schwierig, einen anständigen schwarzen Mann zu finden«, erklärt sie. »Die meisten sind entweder im Gefängnis oder auf dem Weg dorthin. Deshalb regen die sich total auf, wenn eine Weiße mit einem Schwarzen flirtet.«

»Ach so, das wusste ich nicht.«

Die schwarze Megäre pustet mir auf den Kopf. Mein Herz pocht, als würde es gleich zerspringen. Vor meinem geistigen Auge sehe ich mich mit nacktem blassen Hintern an den Dachsparren hängen. Während schwarze Männer in Kapuzenpullis mir ein fettes H ins Sitzfleisch brennen.

Klingt gar nicht so übel.

Da ich sogar minimale Provokationen nicht einfach ignorieren kann, ganz zu schweigen von großen schwarzen Frauen, die mir auf den Kopf pusten, drehe ich mich noch einmal zu ihr um.

»Tut mir leid. Ich hatte wirklich nicht die Absicht, dir deinen Mann abspenstig zu machen. Ich kann doch nichts dafür, dass ich einen Knackarsch habe.«

Carla prustet los. Die Mädels verstehen meinen Humor nicht.

»Ich nehme an, die finden eine große Frau wie dich viel attraktiver als eine mickrige kleine Israeli wie mich.«

»Du kommst aus Israel?«, fragt sie mich.

»Ja.«

Plötzlich, da sie mich als unwissende Person aus Nahost erkennen, weicht aller Zorn von ihr. Kein eisiger Windhauch fegt mir mehr über die Kopfhaut, und sie und die Mädels ziehen sich etwas zurück. Carla grinst, und ich beschließe, künftig und bis in alle Ewigkeit jedweden verfänglichen Blickkontakt mit schwarzen Männern zu vermeiden.

Mit einem Mal wird es dunkel.

Dann beginnen Hunderte Füße, harmonisch im Takt zu donnern.

Bumm. Tap. Tap. Bumm. Tap. Tappiditap Bumm. Tap Tap.

Kurz darauf erstrahlt der Saal im Rampenlicht, und die hundert Mitglieder der Verbindung bieten die faszinierendste Steppvorführung dar, die ich je gesehen habe, eine Kreuzung zwischen Stepptanz, Stampfen und Fußdonnern (meine Erfindung). Die Menge tobt. Aus gutem Grund. Diese gebrandmarkten Fremden in ihren Kapuzenpullis demonstrieren hier die gelungene Verbindung von graziler Koordination mit wütender Aggression. Ginge unsere Armee so koordiniert und aggressiv zu Werke, der Staat Israel würde von Daressalaam bis zu den Fidschi-Inseln reichen (da wollte ich immer schon einmal hin, ist bestimmt gut, wenn einem die auch noch gehören).

Welch erfrischende Vorführung. Ich will auch ein Brandmal am Arm haben. Und schwarz will ich auch sein. Eins von beiden müsste sich doch einrichten lassen.

Auf dem Heimweg machen Carla und ich nur *Bumm Tap Bumm*.

»Wartet mal, *Ladies*!«

Terrell läuft uns hinterher. Carla stupst mich feixend in die Rippen.

»Habt ihr Lust, bei mir noch 'n bisschen abzufeiern?«

Wir tauschen vielsagende Blicke.

»Ich bin echt müde«, meint Carla. »Aber du solltest auf jeden Fall hingehen, Iris.«

Echt jetzt? Und wenn mich die Mädels dabei erwischen? Dann gibt's Schläge. Aber das Risiko gehe ich ein. Schließlich habe ich mir die Zehen schon nass gemacht, jetzt kann ich auch ganz reinhüpfen.

Terrell hat zufällig auch eine Bude im Wohnheim, die er sich mit ein paar anderen Bummtappern teilt. Die hängen glücklicherweise noch im Auditorium rum, sodass Terrell und ich unbemerkt in sein Zimmer schlüpfen können.

Ich hocke mich auf sein Bett und zittere fast vor Aufregung. Meine erste Nacht. Meine erste sexuelle Begegnung. Mit einem großen Schwarzen.

»Relax, Baby!«, säuselt er, dimmt das Licht und legt R&B-Musik auf. Weichgespült, aber irgendwie passend.

Er tänzelt zum Bett, setzt sich neben mich und fängt an, mich zu küssen. Mann, hat der superweiche, pralle Lippen. Ich will schmallippige Typen ja nicht vor den Kopf stoßen, aber mit ihnen ist es meistens, als würde man vertrocknete Bohnen mit Stoppeln drum herum knutschen. Bei Terrell habe ich das Gefühl, von einem Daunenkissen verwöhnt zu werden.

Langsam und mit fließenden Bewegungen zieht Terrell sein Hemd aus. Eigentlich ist alles an Terrell langsam und fließend. Ich habe das Gefühl, die weibliche Hauptrolle in einem Musikvideo zu spielen. Vielleicht sollte ich mit Schmolllippen in die Kamera glotzen und ein bisschen mit dem Hintern wackeln?

Ich berühre seinen Oberkörper wie ein faszinierter Medizinstudent in der Anatomiestunde. Überall hat er Muskeln. Sein Brandmal glüht im Dämmerlicht. Der Mann macht mich so was von an.

Ich kann es kaum erwarten, meinen Freunden in Israel von meiner ersten Nacht an der Uni zu erzählen. Die glauben mir kein Wort!

Terrell entledigt sich seiner Hose und Unterhose. Langsam. Und fließend. Ich komme fast um vor Spannung. Wie groß ist er wohl? Bestätigt er die Klischees, oder ist er die traurige Ausnahme? Ich habe zwar mit vielen Männern geschlafen, aber die hatten alle Standardgehänge. Außer dem Typen mit dem Schrumpfzipfel. Den musste ich leider umgehend meines Zimmers verweisen. Terrell besitzt tatsächlich die größte Supernudel, die ich je gesehen habe. Der ist ja riiiesig! Man stelle sich zwei übereinandergestapelte Suppendosen vor. Familiengröße, versteht sich. Ich mache mir Sorgen, das für den Ständer benötigte und daher dem Hirn fehlende Blut könnte mitten im Akt zu einer Ohnmacht führen.

Es drängt mich, dieses Prachtexemplar in die Hände zu nehmen. Doch das Teil ist so breit, dass ich es nicht umschließen kann. Da fehlt noch ein ganzes Stück.

Er hebt mich mit einer Hand an und schiebt mich unter sich. Mit der anderen öffnet er elegant die Nachttischschublade, aus der mir eine Familie Kondome der Marke *Magnum*, Größe XXL, entgegenlächelt.

Er dringt mit langsamen und fließenden Bewegungen in mich ein. Alle paar Minuten schiebt er sein Ding einige Zentimeter weiter. Nach rund vierzig Minuten ist er endlich ganz drin. Meine inneren Organe sind ein bisschen zur

Seite gerückt, um ihm Platz zu machen. Er lässt seine Muskelschlange tanzen, was an sich ein tolles Erlebnis wäre, würde er nicht ständig »*Babygirl*«, »*fuck yeah*«, »*oh shit*« und verschiedene andere Ausrufe aus dem R&B-Sortiment von sich geben.

Der Sänger schnurrt mittlerweile etwas von Gott und teurem Champagner. Terrell schwänzelt ungebrochen langsam und fließend vor sich hin. Als meine Bauchspeicheldrüse sich bis zum Zwerchfell vorgearbeitet hat, flüstere ich sanft: »Ich will, dass du kommst, *Baby*!«

»Alles klar, *Babygirl*!«

Meine Güte, wo kommen nur all diese Babys her.

Er bewegt sich kein bisschen schneller. Er macht auch nicht langsamer, sondern kreist seine Hüften im gleichen rhythmischen Tempo weiter. Ich muss sagen, das hat was! Jetzt fange ich auch langsam an, mich rhythmisch zu winden, mal nach rechts, mal nach links, dazu schnippe ich mit den Fingern, schleudere meine Mähne hin und her und stöhne *oh, baby*!, wie im Video. Es dauert nicht lange, da legen wir beide einen horizontalen Tanz aufs Bett, winden und schwingen und kreisen, bis wir mit einem gemeinsamen *»oh, uh, that's right, baby!«* den Höhepunkt erreichen. Ich zwinkere in die Kamera, dann wird der Bildschirm schwarz.

In meinem Zellenblock schlafen schon alle. Die Königin des Tex Mex träumt bestimmt schon von Plantagen und devoten Bediensteten. Ich bin erschöpft. Das ist gut so, weil ich dann nicht daran denken muss, dass morgen die Vorlesungen beginnen. Ich habe mir einige lustige Seminare ausgesucht, die zwar die aberwitzigen Studiengebühren nicht rechtfertigen, im Studienführer aber ganz verlockend schienen: Kunstgeschichte, Italienisch, Existenzialismus und ein Kurs namens »Imaginäre Gesellschaften«. Der klingt so ganz nach meinem Geschmack.

Ich lasse mich auf das schmale Bett fallen. Es ist so hart, dass ich gleich wieder aufspringe. Verdammt, das ist kein Bett, das ist eine Kirchenbank. Schon wieder so ein billiges Zeug. Was sollen wir nur mit euch anfangen, ihr Mitglieder vom Finanzausschuss der Brown University? Ihr vermittelt uns wirklich das Gefühl, dass unsere Gelder nicht angemessen verteilt werden. Ich meine, es sind doch wohl die kleinen Dinge, die den großen Unterschied machen, oder?

Vorsichtig, damit ich mir nicht die Knochen breche oder die Muskeln prelle, lege ich mich wieder auf das Brett. Das gestärkte, neue Laken knistert wenig einladend. Ich schließe die Augen. Meine Mutter befindet sich jetzt gerade auf dem Rückflug nach Israel. Schläft sie, oder macht sie sich Sorgen um mich? Hätte ich doch nur meine Poster von *Jane's Addiction* und *Velvet Underground* mitgenommen. Das große mit den vier Möpsen, das meiner Mutter so gefallen hat. Meine Freunde hocken jetzt wahrscheinlich in irgendeiner Bar am Strand von Tel Aviv. Und ich bin hier, ich armes Hascherl, in meinem Bettchen in meinem Zimmerchen in Providence, Rhode Island.

6
Imaginäre Gesellschaften

Mein erstes Seminar an der Brown University soll um neun Uhr im Waterman-Gebäude stattfinden. Ich warte bereits um sieben Uhr gewaschen, gekämmt und angezogen vor dem Gebäude. Ich atme tief ein und massiere meinen Unterleib, in der Hoffnung, den avocadokerngroßen Kloß in meinem Bauch aufzulösen. Zu lebendig sind die Erinnerungen an den Biologieunterricht im Asbestverschlag der Herzelia High School, in dem meine Biologielehrerin sich während des Unterrichts die Reste ihrer mittags verspeisten Banane aus den Zähnen zu pulen pflegte. War eine prima Lehrerin, aber mit der Zahnhygiene haperte es etwas.

Überrascht stelle ich fest, dass die prunkvolle Eingangstür des Gebäudes nicht abgeschlossen ist. Ich öffne sie vorsichtig einen Spalt, denn ich will ja nicht in irgendwelche morgendlichen Sitzungen platzen. Fehlalarm, drinnen herrscht Totenstille.

Wow, dieser Seminarraum hat nichts mit einem Asbestverschlag zu tun. Hier sieht es aus wie im Wohnzimmer wohlhabender Leute: mahagonigetäfelte Wände, dicke Auslegeware (na, endlich!) und in der Mitte des Zimmers ein massiver Mahagonitisch.

Sehr zu meinem Erstaunen ist der Professor auch schon da, und er wirkt noch nervöser als ich. Er ist viel jünger und feingliedriger, als ich ihn mir vorgestellt habe, und sieht aus wie ein knuddeliger, wenngleich magersüchtiger Teddybär in kanariengelbem Pullunder und lilafarbenen Krawatte. Er hat ein rundes Gesicht mit Stupsnase, himmelblauen Augen, Dackelblick und Schmollmund. Sein blonder Schopf ist ordentlich gekämmt, und ich bin mir hundert Prozent sicher, dass er vom anderen Ufer ist.

Er stellt sich mir als Professor Haskins vor, lobt mich für mein überpünktliches Erscheinen und drückt mir gleich ein Handout mit der Themenübersicht und einer Liste von 56 im Lauf des Semesters zu lesenden Büchern in die Hand. Der avocadokerngroße Bauchkloß explodiert, und die spitzen Einzelteile bohren sich in meine Darmwand. Professor Haskins schenkt mir ein maliziöses Lächeln. Der magersüchtige Teddybär nimmt plötzlich dämonische Züge an. Die anderen Studenten trudeln langsam ein und setzen sich an den großen Tisch. Verdammt, die sehen alle so JUNG aus! Ich komme mir vor wie in einer Folge von *Degrassi High*. Als ich achtzehn war, sah ich nicht so jung aus. Vielleicht lag das daran, dass ich in dem Alter schon Waffen benutzte? Oder an der Luft in Nahost? An der verflixten Falte im oberen Stirnviertel, die ich meinem ständigen Grübeln verdanke?

Professor Haskins labert über den Zusammenhang zwischen Stadtzentren in den Großstädten des Mittleren Westens und ethnischer Gewalt in Gegenden mit überwiegend koreanischen Einwohnern, ich verstehe nur Bahnhof und langweile mich zu Tode.

Glücklicherweise ist mein Italienischkurs sehr viel interessanter. Das liegt vor allem an der quirligen sizilianischen Lehrerin und ihren Lehrmitteln, einer Unmenge verschiedener kleiner Puppen und Pastaproben.

Das ist ja alles ganz lustig, aber wo bleiben eigentlich die intensiven Diskussionen und der intellektuelle Diskurs, die mir im Studienführer versprochen wurden? Wo bleibt Ethan Hawke? Und, wichtiger noch, wo bleibt der inspirierende Professor, der leidenschaftlich über das Leben und seine Komplikationen schwadroniert?

Aha! Alles klar! Direkt vor meiner Nase. In meinem Seminar über existenzielle Philosophie. Der Typ ist heiß. Er kommt aus Belgien. Sein Kleidungsstil ist tadellos. Er ist eindeutig hetero, und er flaniert, über Kierkegaard und romantische Liebe referierend, durch das Auditorium.

Ich sitze wie gebannt in der Vorlesung. Am Ende nennt Professor Sexgott uns fünf Buchtitel zum Lesen und informiert uns über seine Sprechstunde, in der er heute ab sechzehn Uhr für Einzelgespräche mit Studenten zur Verfügung stehe.

Um Viertel nach drei stehe ich vor seiner Tür. Ich bin die Erste. Damit ich nicht wie besessen rüberkomme, warte ich noch drei Minuten und klopfe dann an. Wie eine Besessene.

»Herein!«, ruft er mit seinem seltsamen Akzent wahrscheinlich in Flämisch, der runtergeht wie belgische Pralinen. Wir sitzen die gesamte Sprechstundenzeit, also geschlagene zwei Stunden, in seinem Büro und diskutieren über Kierkegaard. Die meiste Zeit ergehe ich mich in Phantasien, in denen ich ihm den blauen Blazer vom Leib reiße und ihn mir auf dem Schreibtisch zur Brust nehme. Ich versuche krampfhaft, *le professeur* mit meiner überragenden Intelligenz und meinem geistreichen Sprachwitz zu beeindrucken. Als Belgier kann er natürlich nur meine Intelligenz erkennen, aber das genügt mir.

Ich kehre intellektuell und sexuell extrem angeregt zum Wohnheim zurück und beschließe, mir und meinen Zellengenossinnen einen Tee zu kochen. Die Hello Kittys üben in Kiffens Zelle Posaune, und Mia spricht mit ihrem Vater über neu erschlossene Ölfelder. Ich suche Carla, bis ich erfahre, dass sie beim Laufen ist.

Eines möchte ich an dieser Stelle schon einmal klarstellen: Ich bin keine Läuferin. Ich mag es nicht und bin davon überzeugt, dass man damit der Evolution zuwiderhandelt. Dem Reflex »kämpfe oder flieh« ist doch schon lange der praktische Bezug abhandengekommen, also müssen wir auch nicht mehr wegrennen können. Manchmal muss man vielleicht einen Gang schneller einlegen, um pünktlich zur Kinovorstellung zu kommen, aber sonst? Alles andere ist ein Rückfall in die Steinzeit.

Mia legt auf und teilt mir mit, dass sie zur Party der Baseballmannschaften geht.

»Von den Baseballmannschaften habe ich schon einmal was gelesen!«, kreische ich entzückt. »Im großen, dicken *Guide to American Colleges* stand was darüber!«

Die Verwirrung steht ihr ins Gesicht geschrieben.

»Die Party steigt im Haus des Mannschaftskapitäns«, erklärt sie mit vielsagendem Unterton. »Der ist schon älter. Es werden viele süße Typen da sein.«

Heißa!

Das Haus des Mannschaftskapitäns besteht aus einer zweistöckigen Holzkonstruktion mit einem großen Balkon, der bis zum Bersten mit Partygästen vollgepackt ist. Draußen ist es stockfinster, deshalb kann ich nur Baseballkappen erkennen.

»Warum tragen die nachts Baseballkappen?«, frage ich wie Balki aus *Ein Grieche erobert Chicago*. Kaum habe ich die Worte ausgesprochen, zieht Mia eine Baseballkappe hervor und setzt sie auf. Ich tu so, als hätte ich sie nur verhohnepipeln wollen – schönes Wort, verhohnepipeln –, und murmele etwas über den starken Biergeruch, der vom Balkon zu uns herüberweht.

Aus dem Haus dröhnt laute Musik, irgendein Schnulzenrock, den ich vorher noch nie gehört habe. Eine Blechdose ungeheuren Ausmaßes steht mitten im Wohnzimmer, in der Öffnung steckt ein großer Plastikschlauch. Um das Gefäß haben sich Dutzende johlende, lachende Baseballkappen versammelt, die der Reihe nach am Schlauch saugen.

Diesmal bin ich wirklich verwirrt. »Was ist das denn?«

»Das ist ein Bierfass. Willst du was trinken?«

»Nein danke. Ich mag kein Bier.«

Mia geht zum Tisch und saugt, die anderen Kappen applaudieren grölend. Ich lasse meinen Blick durch das Zimmer wandern und taxiere jetzt erst die anderen Frauen genauer. »Schlafsackschlampen« wäre eine ziemlich treffende Bezeichnung für alle weiblichen Partygäste.

Schlafsackschlampe:
Kräftig gebaut, erstaunlich muskulös, Pferdeschwanz, große, feste Brüste und ärmellose Fleecejacke von *Patagonia*, gleichmäßig gebräunte, extrem muskulöse Beine, rot lackierte, würstchenartige Zehen, die entweder in Trekking-Sandalen oder Flipflops stecken. Meist in unterschiedlichen Stadien des erotischen Vorspiels mit Mitgliedern des Teams anzutreffen.

Mia wischt sich mit eleganter Reese-Witherspoon-Geste das Bier vom Kinn und schlendert wieder zu mir zurück.

»Das da drüben ist der Mannschaftskapitän«, erklärt sie und deutet auf den Typen auf dem obersten Treppenabsatz, der das Bierfass bewacht. Er ist auffällig groß, hat ein markantes Kinn und den Körper eines griechischen Gottes. Er ist bei Weitem der attraktivste Mann auf der Party. Sogar seine Baseballkappe ist stylish.

Er schenkt Mia ein Lächeln und bedenkt mich nicht einmal mit einem Seitenblick. Vielleicht bin ich zu klein, und er sieht mich gar nicht. Nee, das ist es nicht. Mia ist genauso groß wie ich, und er steht offensichtlich total auf sie und ihre Kappe. Er geht auf sie zu, um mit ihr zu sprechen/herumzumachen. Ich hocke mich auf die zerfledderte Couch in der Ecke und lande prompt in einer Bierpfütze. Mit feuchtem Hintern beobachte ich das bunte Treiben im Zoo. Die Affen am Bierfass werden zusehends aufgekratzter, der Schlauch flitscht unkontrolliert in der Luft herum und verspritzt Bier in alle Richtungen, während die Flipflops schmatzende Quietschgeräusche auf dem klebrigen Holzboden machen.

Der Lärmpegel schwillt an, *Steely Dan* erklingt, und die Schlafsackschlampen beginnen zu tanzen. Na ja, eigentlich wiegen sie lediglich ihre muskulösen Hüften auf gänzlich unerotische Weise. Die Mitglieder der Crew gesellen sich zu ihnen auf der Suche nach Körperkontakt.

Was zum Teufel mache ich hier eigentlich? Die Männer finden mich offenbar nicht attraktiv, und das macht mich echt fertig, obwohl ich sie auch nicht besonders anziehend finde. Ich vermisse die schwarzen Typen mit den Brandmalen, die nur wegen meines Hinterns auf mich standen. Ich überlasse Mia dem König der Crew und laufe mit Phantasien von brennenden Baseballkappen im Kopf allein zurück zum Wohnheim.

Ich hatte gedacht, in Amerika studieren wäre wie Heimkehren, doch in Wahrheit habe ich Heimweh nach Israel. Irgendwie bin ich immer falsch gepolt: ungläubig unter Orthodoxen, Jungfrau unter Nymphomaninnen, Israeli unter Amerikanerinnen, Amerikanerin unter Israelis. Hatte ich ernsthaft erwartet, ich würde mich geschmeidig in diese total fremde Gesellschaft einfügen und dabei auch noch die Liebe meines Lebens finden? Das hatte ich doch schon in Asien versucht, und am Ende kam nur Sex dabei heraus. Gut, darauf hatte ich es hier zunächst auch abgesehen, aber jetzt geht es um etwas anderes. Ich suche nach mehr, nach etwas, das tiefer geht. Sex mit allen Extras. Mit Zugehörigkeitsgefühl. Mit Liebe. Gegenwärtig scheint mein Ziel in unerreichbare Ferne zu rücken. Mir bleibt die Wahl zwischen einem einsamen und entfremdeten Leben in Israel und einem einsamen und entfremdeten Leben in Amerika. Auch wenn ich hier vielleicht den Vorteil einer hervorragenden akademischen Ausbildung habe, was nützt mir die geistige Stimulation einer *Ivy-League*-Universität, wenn meine Seele in Einzelhaft sitzt?

Als ich ins Zimmer komme, sitzt Carla auf dem Boden und reibt sich ihre göttlichen Waden. »Anstrengendes Training«, murmelt sie und klärt mich auf, dass sie für Olympia trainiere. »Ich trainiere für die große Depression«, gebe ich zurück. Sie sieht mich an, als spräche ich in fremden Zungen. Ich erzähle ihr von meinem Gefühl, nirgendwo dazuzugehören, und erkläre ihr, dass Amerika mir fremd vorkomme.

»Du solltest dich mit den Euros zusammentun!«, rät sie mir. »Ich bin sicher, denen geht's genau wie dir. Morgen steigt eine Party in ihrem Wohnheim.«

Die Euros. Ich hätte nicht erwartet, in diese Gruppe zu gehören, vielleicht weil Israel kein Teil von Europa ist. Israelis würden zwar gerne zu Europa gehören (außer bei den Qualifikationsspielen zur Fußball-Weltmeisterschaft), aber sosehr wir uns auch bemühen, wir sind und bleiben zum Verdruss unserer Nachbarn fest im Nahen Osten verankert. Dennoch erfüllt mich Carlas Vorschlag mit Zuversicht.

Später in der Nacht reißt mich ein lautes Klopfen aus dem Zimmer von Naturjoghurt aus dem Schlaf. Da, schon wieder. Stille. Ein Schlag. Wieder ein Klopfen. Ich drücke mein Ohr an die Wand und höre das Bett knarren. Der Naturjoghurt wird kräftig umgerührt! Der glückliche Liebhaber ist anscheinend ein echter Genießer, weil die Klopfgeräusche im Abstand von einer halben Minute ertönen. Mann! Jetzt werden sie schneller. Es klopft fünfmal. Das

Bett knarrt, und er oder sie schlägt schon wieder mit dem Kopf gegen meine Wand. Unsere Betten haben kein Kopfteil, also muss es sich um einen Kopf handeln. Hört sich an, als vögelten die mit Helm. Von allen Mädchen aus meinem Zimmer hatte ich Naturjoghurt am allerwenigsten im Verdacht, so schnell schon sexuell aktiv zu werden. Wie soll ich denn dabei einschlafen? Ich habe morgen einen schweren Tag vor mir, meine Liebste!

Es klopft schon wieder.

Drei schnelle Klopfgeräusche.

Stille.

Gott sei Dank ist der Bruder kein Dauerläufer.

7
TOUCH ME, TOUCH ME NOW

Die Euros sind in einem Wohnheim namens Buxton Hall untergebracht, das sich irgendwo zwischen den Gebäuden der Studentenverbindungen befindet. Kein Wunder, dass die sich von der Welt abgeschnitten fühlen! Ich kann es kaum erwarten, zu meinen gegelten Brüdern zu stoßen, obwohl ich mich noch immer nicht so recht mit Samantha Fox und *Modern Talking* anfreunden kann, ganz zu schweigen von den europäischen Männern, die sich die Jeans bis zu den Brustwarzen hochziehen. Unsere Sorgen und Nöte werden uns verbinden, und dann wird das alles nicht mehr so wichtig sein. Ich werde bei den Mitgliedern der kulturell am höchsten entwickelten Zivilisation der Erde eine neue Heimat finden.

Erfreulicherweise höre ich bei meiner Ankunft in Buxton Hall keinen Ton von Samantha Fox und ihrem üppigen Vorbau (doch, Euter von dieser Größe können auch Töne produzieren). Stattdessen ist das Gebäude von Salsaklängen erfüllt. Ich lasse meinen Blick in die Runde schweifen und bin entzückt. Eine bunte Multikultimischung ohne Baseballkappen und keine gebräunte Wade in Sicht!

Anscheinend gibt es noch andere Länder, die unbedingt zu Europa gehören wollen. Nur wenige Minuten nach meinem Eintreffen lerne ich Studenten aus Paris, La Paz, Athen, Johannisburg, Lagos und Seoul kennen. Der Zusammenhalt in dieser Gruppe ist bemerkenswert, wenn man bedenkt, dass die Mitglieder nur durch ihren Ausländerstatus miteinander verbunden sind. Doch vermutlich ist das Grund genug zusammenzuhalten.

Die internationalen Studenten tauschen sich bereitwillig und angeregt mit mir über die Schattenseiten der amerikanischen Kultur aus. Ich halte nicht hinter den Berg, denn diese Leute verstehen mich. Ich erzähle ihnen von der Mannschaftsparty und meinem Missgeschick mit der Bierpfütze. Sie schütteln sich. Dann gebe ich meine Geschichte von den zwei schwarzen Megären zum Besten, die mir nach dem Leben trachteten, nur weil ich ihrem erkorenen Steppmeister ein Lächeln schenkte. Keiner versteht, was ich meine, aber ich ernte trotzdem einen Lacher.

Auf den Salsa folgt ein bekanntes Merengue-Stück. Die Latinos unter den Studenten jubeln und finden sich innerhalb von Sekunden zu tanzenden Paaren zusammen. Dieser Hüftschwung! Was die wohl für Sex haben?

Ein großer, schlanker Nigerianer mit Dreadlocks namens Temi schnappt meine Hand, zieht mich auf die Tanzfläche und tanzt mit mir Merengue. Er tanzt eng, zieht mich immer enger an sich heran (viel enger als die anderen Paare, nur nebenbei bemerkt), und innerhalb von Sekunden spüre ich, wie sich seine Männlichkeit regt. Sosehr ich mich auch um etwas Abstand zwischen meinem Schritt und seiner Keule bemühe, er schmiegt sich immer wieder an mich und macht dabei ständig diese unglaublichen Wellenbewegungen. Mit heißem Atem und afrikanisch-französischem Einschlag haucht er: »Zwischen uns darf kein Blatt mehr passen.« Endlich gelingt es mir, mich aus seiner Umarmung zu lösen, Temi an eine notgeile Griechin namens Filo weiterzureichen und mich wieder unter das Volk zu mischen.

Ich knabbere an einigen Karottensticks, beobachte die aufgedreht fröhliche Meute und bin immer noch erstaunt, dass Leute, die so wenig gemeinsam haben, gerade deshalb enger zusammenrücken. Darum geht es in Amerika – imaginäre Gesellschaften!

Ein gut aussehender dunkelhäutiger Typ gesellt sich zu mir. Er komme aus Jordanien, informiert er mich. »Ich habe noch nie jemanden aus Jordanien kennengelernt«, erwidere ich aufgeregt. Unsere Begegnung könnte von symbolischer Bedeutung für den Friedensprozess sein. »Wo wohnst du genau?«

»Im königlichen Palast.«

Ich sehe ihn an und warte auf sein Lachen, doch er meint es ernst. Scheiße, der Typ ist ein echter Prinz! Ich betrachte ihn genauer und bemerke seine feine Kleidung. Subtil, aber exquisit. Ich lasse meinen Blick über die Tanzfläche schweifen und bemerke, dass alle anderen Studenten ebenfalls teure Kleidung tragen. Alle sind bestens ausgestattet, und plötzlich erkenne ich auch die Accessoires: die Kette der Griechin, die Schuhe des Studenten aus Bolivien, das Armband der Studentin aus Nigeria. Diese Leute sind nicht einfach nur internationale Austauschstudenten, die haben auch richtig Kohle! Ich meine damit nicht das reiche Söhnchen aus meiner Schule, das einen Basketballplatz auf dem Grundstück seiner Eltern hatte. Das hier sind die Kinder der Königsfamilien. Die haben ihre Traumautos vor dem Studentenwohnheim geparkt. Deren Väter regieren ganze Länder. Kein Wunder, dass die aneinanderkleben wie die Kletten.

Also, ich für meinen Teil habe mir noch nie viel aus Geld gemacht. Meine Kindheit verbrachte ich in einer kleinen Wohnung in Herzelia, damit war ich glücklich und zufrieden. Meine Freunde wuchsen in ähnlichen kleinen Wohnungen auf, und selbstverständlich haben wir Mädchen in unserer Klasse wie Karine bewundert, die so richtig cool waren und dazu noch viel Geld hatten. Damals grübelten wir darüber nach, warum beides anscheinend zusammengehörte. (Heutzutage verdienen die langweiligsten Computernerds viel Geld und heiraten die heißesten Mädchen. Deren Kinder sehen dann ziemlich mittelmäßig aus. Damals musste man auch als Mann gut aussehen, um erfolgreich zu sein. Daher gab es viel mehr Paare, bei denen beide Partner attraktiv waren, obwohl ich mich nicht mehr daran erinnern kann, womit man vor der Einführung des Internets viel Geld verdiente. Ich weiß nur noch, dass der Vater von Karine eine Büstenhalterfabrik besaß.)

Das soll nicht heißen, dass ich nie mit reichen Leuten zu tun gehabt hätte. Im Gegensatz zu meinen israelischen Freunden hatte die beste Freundin meiner Kindheit in New York Geld wie Heu.

Damals lebte ich mit meiner noch intakten Familie in Skyview, einem riesigen Wohnblock im israelischen Ghetto der Bronx, dessen Böden allesamt mit popelgrünem Teppich ausgelegt waren, während der hauseigene Swimmingpool nach Fäule und Seuche stank. Alle dort wohnenden Israelis waren froh, in Amerika leben zu dürfen.

Unsere besten Freunde waren auch unsere Nachbarn, eine israelische Familie, die ihr isoliertes Dasein in einem Kibbuz aufgegeben hatte, um in New York City ein neues Leben zu beginnen. Naama, das weibliche Oberhaupt der Familie, war die beste Freundin meiner Mutter, und ihre jüngste Tochter Dina und ich hielten zusammen wie Pech und Schwefel. Naama war Malerin, die meisten ihrer Bilder zeigten große Kopfsalate und Titten. Gelegentlich auch mal einen Fleischwolf.

Dina und ich verbrachten viele glückliche Jahre miteinander in Skyview. Wir hüpften zwischen unseren Wohnungen hin und her, spielten stundenlang mit unseren *Malibu Barbies*, machten erste Erfahrungen mit Doktorspielchen, stritten und vertrugen uns bei *Doktor Bibber*, *Monopoly*,

Risiko und jedem anderen, mittlerweile völlig überholten Brettspiel, das damals auf dem Markt war. Naama war das Gegenteil meiner Mutter. Sie ließ Dina völlig frei und sorglos in der Nachbarschaft umherstreifen, während meine Mutter schon eine Panikattacke bekam, wenn ich länger als 24 Sekunden aus ihrem Blickfeld verschwunden war. Naama riet meiner Mutter ständig zu mehr Gelassenheit und meinte, sie solle sich doch nicht immer Sorgen um mich machen, sonst würde ich noch genauso neurotisch. Die hatte leicht reden. Sie hatte ja auch keinen geistig behinderten Sohn, bei dem man ständig in Habachtstellung sein musste. Mit der Voraussage meiner neurotischen Zukunft hätte sie jedoch glatt als Wahrsagerin durchgehen können.

Eines Tages lief ich hinunter zu Dinas Wohnung. Die Eingangstür war offen, und überall standen Kartons. Dina heulte. Naama rannte wie angestochen herum und verpackte ihre Salatköpfe. »Wir ziehen nach Manhattan«, gestand Dina mir unter Tränen. »Mein Vater hat viel Geld verdient, und jetzt ziehen wir nach Manhattan.«

Wir fanden nie heraus, womit Dinas Vater so viel Geld verdient hatte, doch eine Woche nachdem die Umzugskartons verschwunden waren, zog meine Freundin in ein palastähnliches Zweifamilienhaus mit Blick auf den Central Park und vergoldeten Armaturen, eine Art Penthouse, in dem man Stars zum Nachbarn hat und ein rundlicher, süßer Puerto Ricaner den Fahrstuhl bedient.

Rückblickend kann ich sagen, dass die Ehe meiner Eltern mit dem Auszug Dinas in die Welt der Reichen und Schönen zu scheitern begann. Jedes Wochenende suchten meine Mutter und ich im Schlaraffenland auf der Sonnenseite der Stadt Zuflucht vor unserem häuslichen Elend. Sie trottete hinter Naama her, während diese die teuersten Kuchen der Stadt einkaufte. Dina und ich blieben zu Hause, stopften uns mit Eiscreme von Häagen-Dazs voll und glotzten auf einem megateuren Bezahlkanal alle Episoden von *Monty Python*.

Anscheinend sind Eheprobleme ansteckend, weil die Situation im Schlaraffenland zunehmend Ähnlichkeit mit der Misere bei uns zu Hause annahm: Naama und ihr Ehemann verstanden sich ebenfalls nicht mehr, und sie fing eine heiße Affäre mit einem kernigen Bauarbeiter namens Larry an, der ihr in Soho ein Loft ausbaute. Recht hatte sie. Wenn ich den ganzen Tag nur Salatköpfe und Titten malen würde, bräuchte ich auch ein bisschen Schwung in meinem Leben. Dafür habe ich vollstes Verständnis.

Es ist sehr aufregend, so viele Menschen mit unterschiedlicher Hautfarbe und kulturellem Hintergrund kennenzulernen, deshalb hänge ich jetzt regelmäßig mit den Euros ab. Da ist Enrique aus Ecuador, der auf Aftershave und knallenge Jeans steht, in denen sich seine Testikel überdeutlich abzeichnen. Da sind Pablo aus Bolivien und seine winzige griechische Freundin, kettenrauchende Französinnen mit fleckigen Zähnen und Asiatinnen wie Lucy (halb Chinesin, halb Engländerin) aus Hongkong, die in ihrer Prachtvilla ein Privatkino unterhält.

Enrique fühlt sich besonders zu mir hingezogen, er lädt mich unzählige Male in sein Apartment ein, wo er und die anderen internationalen Studenten oft zusammen tanzen. Als ich meine Weisheitszähne gezogen bekomme, pflegt er mich wieder gesund. Ich will ihn ja gern haben, aber immer wenn ich ihn sehe, möchte ich ihm am liebsten die Jeans von den Eiern reißen. Außerdem fixiert er mich oft mit so einem starren, verliebten Blick, dass es mir eiskalt den Rücken herunterläuft. Nur damit das klar ist: Ich habe nicht etwa Angst vor Nähe, ich fürchte mich einfach vor Psychopathen. Glücklicherweise ist Enrique viel zu gut erzogen, als dass er ungefragt auf Tuchfühlung gehen würde, und nachdem ich ein paar Mal bei ihm war und nichts gelaufen ist, macht er sich stattdessen an Lucy heran, was ich sehr bedauere, allein schon deshalb, weil Lucy eine nervige Zicke ist. Man stelle sich vor: eine nervtötende Piepstimme, unmenschliche Yoga-Beweglichkeit, ein affektiertes Zucken im Augenlid und ununterbrochenes Geplapper über das verdammte Privatkino in ihrem Keller.

Ehrliche Haut, die ich nun einmal bin, gestehe ich Enrique, dass Lucy mich zur Verzweiflung treibt. Dass ihre Stimme wie brünftiges Vogelgezwitscher klingt, dass ich diese Übung, bei der sie die Beine hinter ihren Kopf legt, gruselig finde und dass die beiden nicht zusammenpassen. Als Koo Yim, die 1,80 Meter große, magere Koreanerin, mich dann fragt, ob ich Lust hätte, mit ihr in Boston shoppen zu gehen, nehme ich die Einladung freudig an. Frauensachen! Spaß! Und dann noch mit einer coolen Asiatin! Asien, da war ich schon. Ich weiß, wie Asiaten ticken. Das mache ich doch mit links.

Koo Yim holt mich mit einem Cabrio ab, wir düsen nach Boston, und sie gibt sich dem schnellsten Kaufrausch hin, den ich je erlebt habe: In weniger als zwei Stunden hat sie ganze 3000 Dollar auf den Kopf gehauen. Für verschiedene, völlig austauschbare schwarze Klamotten.

Der Schock sitzt zu tief, da hat der Neid gar keine Chance. Wenn ich ehrlich bin, könnte ich niemals so viel Geld für Klamotten ausgeben, selbst wenn ich es hätte. Die Schuldgefühle wären einfach zu groß. Nicht wegen des Geldes und auch nicht, weil es einfach obszön ist, so viel für ein schwarzes Baumwollteil auszugeben, sondern weil ich mit dem Geld nur Dinge für mich kaufen würde. Das, so hat mir meine Mutter beigebracht, geht gar nicht. Sich selbst mit teuren Dingen zu verwöhnen ist eine Sünde. Geld für andere Menschen auszugeben, ja, das ist eine Tugend. Meine Mutter ist der großzügigste Mensch der Welt. Ohne Geschenk in der Hand, ob selbst gebacken oder gekauft, würde sie nie jemanden besuchen. Sie hat mir dieses Verhalten gründlich eingetrichtert, deshalb verfügen wir beide über sehr dankbare Freunde und eine übersichtliche Garderobe.

Ich erstehe schließlich bei Armani ein Paar Socken und folge Koo Yim mit ihren langen Beinen zum Cabrio, helfe ihr beim Einladen der Waren, und wir fahren weiter zu einem Schickimickirestaurant, wo wir uns mit acht koreanischen Studenten zum Dinner treffen. Alle bemühen sich, nett zu mir zu sein, und im Viertelstundentakt sprechen sie auch mal kurz Englisch. Das Essen ist unglaublich gut, es gibt alle möglichen seltsamen Kreationen, die mir auf meiner Asienreise so nie begegnet sind, und alles wird in rauen Mengen serviert.

Wie gut es mir doch geht, denke ich so bei mir. Hier sitze ich mit einem Haufen Koreaner zusammen und genieße exotische Köstlichkeiten in einem Bostoner Restaurant. Am Ende kommt die Rechnung, und das Oberhaupt der koreanischen Sippe verkündet: »Okay, das macht 120 Eier für jeden.« Alle zücken die Geldbörsen und legen Bargeld auf den Tisch. Ich laufe rosa an. Dann grün. Dann rot. Wie kann das sein? Ich habe doch nur zwei Klößchen und ein Glas Wasser zu mir genommen. Eigentlich hasse ich es, wenn Leute anfangen, die Rechnung einzeln zu zahlen und über kleinste Summen zu verhandeln. Aber das ist was anderes, hier geht es um ganze 120 Dollar. Die ich nicht besitze.

Koo Yim zieht 300 Dollar aus ihrer Börse und legt sie auf den Tisch.

»Ich zahle für dich mit«, erklärt sie. Alle sehen mich an. Die arme Israeli ohne Einkaufstüten. Scheiße. Die halten mich bestimmt für geizig. Und dann werden sie denken, dass alle Juden geizig sind, was überhaupt nicht stimmt – meine Freunde in Israel können überhaupt nicht mit Geld umgehen, das war schon immer so. Aber wie kommen die dazu, ein Essen für 120 Dollar zu bestellen? Die haben doch den Arsch offen! Sie sind erst neunzehn Jahre alt, Mann! Ach, was rede ich, wie können sie Tausende Dollar an einem einzigen Tag ausgeben?

Mir wird plötzlich ganz schlecht, ich sehne mich in mein karges Kämmerlein im Studentenwohnheim zurück, wo ich mit Carla Tee trinken möchte. Ich bin froh, dass Koo Yim vom Shoppen zu erschlagen ist, um abends noch mit den anderen Koreanern durch die Clubs zu ziehen. Sie liefert mich schnell an meinem warmen und gemütlichen Gefängnis ab, bevor sie zurückdüst zu ihrem schicken Apartment außerhalb des Unigeländes.

Carla ist leider nicht da, Naturjoghurt bekommt es mal wieder besorgt, und die Hello Kittys schlafen tief und fest. Ich schleiche auf Zehenspitzen in meine Zelle. Eine tiefe Trauer überkommt mich, und ich habe das starke Gefühl, dass ich das hier nicht durchhalten werde. Ich bin einfach nicht stark genug.

8
Seife

Mit einer Gruppe habe ich es noch nicht probiert. Hoffentlich kommt das Beste zum Schluss. Es handelt sich um die Hippies. Sie leben in einer Kommune oder Kooperative, wie sie es nennen. Die befindet sich in einem riesigen, von wild wachsenden Blumen umgebenen viktorianischen Klinkerbau mit Veranda, Schaukelstühlen und guten Vibes. Ich habe mir sagen lassen, die Hippies seien allesamt warmherzige, offene Menschen, die jeden lieben und in einer echten Gemeinschaft leben, sich das Essen, die Verantwortung und die Sexpartner teilen – alles im Geist der Hippiekultur. Alljährlich veranstalten sie eine Nacktparty, und es wird behauptet, dies sei eine richtig große Veranstaltung, bei der man bei der Ankunft alle Klamotten ablegt und einfach schamlos, sorglos und vorurteilslos alles baumeln lässt. Das nenne ich befreiend!

Ich bin mir nicht sicher, ob ich mich auf der Party wirklich ganz nackig machen möchte, aber ich nehme an, dass die von Liebe beseelten Hippies dafür Verständnis aufbringen. Nach und nach werde ich mich an ihre Lebensweise gewöhnen und mich bei ihnen wohl genug fühlen, um ihnen beim Eierkochen in der Gemeinschaftsküche auch meine Geschlechtsteile offenbaren zu können. (Ich erwähne das nur, weil es in Providence einen sehr zwielichtigen Striptease-Laden gibt, der ein spezielles Brunch namens »LEGS n' EGGs« anbietet. Vor meinem geistigen Auge entsteht bei dieser Wortkombination ein absolut widerliches Bild: Man versucht gerade krampfhaft, sein gummiartiges Omelett herunterzuwürgen, während eine breitbeinige Stripperin direkt darüber ihre Unterhose kreisen lässt. Soll das etwa verführerisch sein?)

Vor dem Haus hängen einige vollständig bekleidete Hippies ab. Die Männer laufen barfuß, sind wohlgenährt und tragen Bärte biblischen Ausmaßes, bei einigen hängen noch Reste vom Hüttenkäse oder andere Nahrungsmittel zwischen den Barthaaren. Die Frauen sind ebenfalls untersetzt, tragen üppige Wallemähnen, lange Röcke und ein süßliches Lächeln.

Mir wird schlagartig klar, dass ich keine dieser Personen nackig sehen möchte. Niemals!

Okay, jetzt geh mal nicht gleich negativ an die Sache und lass die Vorurteile stecken. Du bist ja auch nicht gerade Heidi Klum. Du hast Cellulitis an deinem linken Oberschenkel, und die Wadenmuskeln lassen auch zu wünschen übrig, also gib dir einen Ruck, geh in das große Haus mit den Nackten, und freunde dich mit ihnen an.

Ich gehe die Treppe zur Eingangstür hinauf. Die bärtigen Senner lächeln mir zu. Ich will gerade die Tür öffnen, da steht eine Frau mit riesigen Eutern vor mir, und mir schlägt heiße Luft und der Duft von Schweiß und Käsemauken entgegen. Der Geruch von ungewaschenen nackten Körpern. Aber keine sexuelle Note. Sie trägt *Eau de Schweiß* mit Auszügen von seit Wochen nicht geduscht und Anklängen von veganer Kost mit viel Knoblauch und dicken Tofubrocken. Ich unterdrücke den aufsteigenden Brechreiz und mache eine Kehrtwende.

Gerade als meine Gesichtszüge sich wieder entspannen, erspähe ich einen süßen Typen mit langen Zauselhaaren, der einen Geigenkasten trägt. Er heißt Brodie. Er trägt den typischen Ausdruck eines Kiffers, Augenlider auf Halbmast, aber im Gegensatz zu den anderen Hippies wäscht er sich offenbar regelmäßig.

»Zu intensiv für dich, hm?«, erkundigt er sich. Sein liebevolles Lächeln wärmt mir das Herz.

»Ja.«

»Nimm ein paar davon. Die helfen dir.« Er zieht eine Tüte Pilze aus der Tasche und hält sie mir hin. Ich gestehe ihm meine Angst vor bewusstseinsverändernden Drogen und erkläre ihm, dass ich mein Hirn schätze und schütze, weil ich schreckliche Angst davor habe, auch nur eine Minute lang die Kontrolle über mich zu verlieren.

Brodie beruhigt mich. *Magic Mushrooms* seien ganz natürlich, behauptet er. Ich weise ihn darauf hin, dass einige der stärksten Gifte in der Natur vorkämen und die Argumentation »was natürlich ist, kann nicht schaden« nicht wirklich stimmig sei. Die Logik meiner Aussage lässt ihn völlig unbeeindruckt, und er beschreibt mir mit heruntergedimmter Stimme, welche Eindrücke, Gerüche und Vibrationen ich wahrnehmen könne, wenn ich die Pilze essen würde. Ich erkläre Brodie, dass sich meine Vibrationswahrnehmungen auf meine elektrische Zahnbürste beschränken (Ha! Habt wohl gedacht, ich würde jetzt Vibrator sagen, hm? Fehlanzeige. Das ist aber auch gut so, denn nach dem, was ich weiß, hätte ein zu früher Kontakt mit diesem Wunderwerkzeug nur dazu geführt, dass ich mein Studium und meine sozialen Kontakte vernachlässige). Nachdem wir das geklärt haben, gestehe ich ihm, dass ich ihn total attraktiv finde, und lade ihn auf mein Zimmer zu ausführlichen Körperstudien ein.

Wenig später zeigt mir Brodie, wie es sich anfühlt, wenn einem die Schamlippen von einem Bart abgeschmirgelt werden, wie ein Knoblauch-Tofu-Rülpser riecht und wie es ist, mit jemandem zu kopulieren, der alles und alle liebt. Leider ist das Glück von kurzer Dauer, denn ich entdecke schnell, dass Brodie wirklich alles und alle liebt, und ich fühle mich mal wieder in der Zweisamkeit einsamer als allein. Ich wünschte, ich könnte mir auch ständig die volle Pilzdröhnung verpassen, aber das geht nicht, denn ich brauche einen klaren Verstand, um mir bei vollem Bewusstsein Sorgen machen zu können. Ich tue nichts anderes, als mir Sorgen zu machen und mein Ziel zu verfolgen, trotz aller Niederlagen. Ich will endlich dazugehören. Die nächsten Monate verbringe ich damit, mich diversen Gruppen, Cliquen und Szenegängern der Universität anzuschließen. Und davon gibt es viele.

PERSÖNLICHE, OFFIZIELLE ÜBERSICHT ÜBER AMERIKANISCHE STUDENTEN AN IVY-LEAGUE-UNIVERSITÄTEN

- *Internationale Studenten:* extrem reiche Europäer, Afrikaner, Araber (nur solche, die ihre Vorbildung in London erhielten) und Lateinamerikaner (nur solche, die Apartments in Miami besitzen). Die Euros fahren oft zum Powershoppen und Clubbing nach Boston. Manche betreiben nur mäßige Körperpflege. Sie tanzen gut, sind recht intelligent und verfügen über umfangreiches Wissen über die westliche Zivilisation und wichtige Szenebars auf Ibiza. Sind nach Amerika gekommen, um BWL zu studieren, wollen dann auf die Business School und dann sofort wieder nach Hause, um ihr Land zu regieren.
- *Jungs von der Studentenverbindung:* bullig, kindisch, besitzen mindestens dreißig verschiedene Baseballkappen, stinken nach Bier, schmutzigen Socken und *Old Spice*.

- *Sportskanonen:* athletische Intelligenzallergiker, ähnlich gepolt wie Mitglieder der Gruppe 2, unterscheiden sich eigentlich nur durch ihre Besessenheit von körperlicher Fitness. Merke: Nicht alle Verbindungsstudenten sind sportlich genug, um zu dieser Gruppe zu zählen, aber alle Sportskanonen sind in irgendeiner Studentenverbindung.
- *Mia-Angelou/Amir-Baraka-Afrikaner:* eine Untergruppe der schwarzen Amerikaner, die besonders stolz auf ihre afrikanische Herkunft ist. Dazu gehören Intellektuelle, die sich nicht gerne als Schwarze bezeichnen lassen. Reagieren leicht gereizt, wenn man sie ärgert. Und wenn man sie nicht ärgert.
- *Veganer und Hippies:* passiv-aggressiv liebevoll, leben in Kommunen, in denen sie gemeinsam essen und ohne Seife auskommen, verspeisen eine große Menge Pilze, sind ungelenk und tanzen wie Schlenkerpuppen. Die Mädchen tragen gerne lange Röcke und ärmellose Hemden, in denen ihre Rieseneuter mit untertassengroßen Warzen frei umherschwabbeln können. Die Männer haben ungepflegte Dreadlocks und buschige Bärte, zumeist mit Resten von Hüttenkäse und/oder Tofustücken, die zuvor von den anderen ungewaschenen Mitgliedern der Kommune zubereitet wurden.
- *Asiatische Medizinstudenten:* drahtige, hochintelligente, übermotivierte Möchtegernärzte, treten einfach in Mamas und Papas Fußstapfen, beide Geschlechter verfügen über minimal ausgeprägte primäre Geschlechtsmerkmale.
- *Die New Yorker:* wuchsen auf der Upper West Side bei reichen intellektuellen Eltern auf, waren

schon im Mutterleib für das Studium an einer Universität der *Ivy League* auserkoren, besuchten Schulen mit lächerlichen Namen wie Choate und Exeter. Angeberische, aber attraktive Schnösel und Zicken, die schon seit der 9. Klasse Kokain schnupfen.

- *Kinder der Stars:* ein bunter Haufen dummer, intelligenter und unterbegabter Kinder berühmter Eltern. Nur einige von ihnen profitieren von der genetischen Disposition ihrer Eltern.
- *Erbstudenten:* Studenten, deren Eltern oder Großeltern oder Urgroßeltern bereits auf die entsprechende Uni gingen. Haben das Gefühl, den Studienplatz nicht verdient zu haben. Schämen sich, wenn Gebäude die Namen ihrer Verwandten tragen.
- *Die Großstadtclique:* angesagte Hipster. Stehen auf *Wu-Tang Clan*. Kennen jede Seitenstraße von Baltimore.

Jeder gescheiterte Versuch, mich einer dieser Gruppen anzuschließen, verstärkt in mir dieses schreckliche Gefühl, eine Außenseiterin zu sein. Das Schlimmste daran ist: Ich habe überhaupt keine Lust mehr auf meine Seminare. Seit ich denken kann, habe ich Spaß am Lernen gehabt, aber jetzt, wo es wichtig ist, habe ich kein Interesse mehr. Ich brauche Hilfe von außen. Zeit, den Meister der Pilzdröhnung anzurufen.

Sehr zu meiner Enttäuschung geht Brodie nicht ans Telefon. Liebkost wahrscheinlich wieder ein paar Blüten. Mist. Ich brauche jetzt ganz dringend ein Mittelchen, das mich aus meinem emotionalen Dämmerzustand reißt. Ich könnte ja die Mädels fragen, wo sie ihre Pilze beziehen. Ja, klar, und wen genau will ich hier verarschen? Meine stromlinienförmig strebenden, braven Mitbewohnerinnen haben garantiert nichts für halluzinatorische Stimulanzien übrig, geschweige denn einen Haufen Pilze unter ihren Chemiebüchern versteckt.

Dann fällt mir plötzlich Elena ein, die Studentin aus dem Zellenblock unter mir. Sie hatte mal so ganz nebenbei ihr Interesse an *Magic Mushrooms* bekundet. Also trabe ich ein Stockwerk tiefer und klopfe munter an ihre Tür. Ich habe Elena immer schon gemocht. Sie ist die Tochter eines reichen englischen Arztes und einer puerto-ricanischen Mutter, die das feine blonde Haar ihres Vaters und die dunkle Haut ihrer Mutter geerbt hat. Außerdem hat sie einen Sinn für abwegigen Humor. Und sie wuchs auf Long Island auf, ist also nicht so angeberisch wie typische reiche New Yorker.

Elena ist absolut begeistert von der Idee, sich spontan in einen Pilzrausch zu versetzen, und ruft stehenden Fußes ihren Kumpel Jebediah aus der Kommune an. Der steht nur wenig später mit Birkenstocks, fleckigem Hemd und einem riesigen Gefrierbeutel voller Pilze vor der Tür. Er rät uns, die gesamte Menge mit Erdnussbutter zu verzehren, dann zwinkert er uns zu, streicht sich dreimal über den Bart und schlurft davon. Wir befolgen seine Anweisung und verspeisen wie die kleinen Mädchen kichernd das gesamte Kontingent.

Wir treten hinaus in die kalte Nacht und schlendern zu dem kleinen Park hinter dem Wohnheim, wo wir darauf warten, dass eine Wirkung eintritt. Bald schon passiert es – und heftig! Die ersten zwanzig Minuten bewundern wir die aus Bäumen kriechenden Würmer, die am Wegesrand funkelnden Diamanten und den sprechenden Mond. Elena und ich befinden uns im psychedelischen Paradies.

Dann flippt sie völlig aus.

»Wir werden sterben. Wir werden STERBEN!«, krächzt sie wie eine kaputte Schallplatte.

Ach, du liebe Scheiße. Die flippt jetzt schon aus? Unser

Trip hat doch gerade erst angefangen, wir haben noch acht Stunden vor uns. Das kann auch nur mir passieren. Ich suche mir die einzige Person auf dem gesamten Campus aus, die auf einem superschönen Trip ausflippt.

»Unser Rausch hat doch gerade erst angefangen, bitte, Elena, flipp doch nicht jetzt schon aus«, rede ich auf sie ein.

»Bring mich in mein Zimmer«, stammelt sie nervös. Sie steht kurz davor zu hyperventilieren.

Ich gehorche. Vielleicht kann ich die Panikattacke noch aufhalten. Wir quälen uns mit bleischweren Schritten die Treppe hinauf, die genauso gut der Kilimandscharo sein könnte, unterwegs deute ich auf einige Diamanten im Teppich, doch sie hat kein Interesse mehr.

Endlich kommen wir in ihr Zimmer, sie lässt sich auf das Bett plumpsen und vergräbt ihr Gesicht im Kissen. »Wir werden sterben«, verkündet sie erneut. Mir bricht der Schweiß aus, denn die Wände des kleinen Zimmers scheinen immer weiter auf mich zuzukommen.

»Elena, lass uns wieder rausgehen, es ist nicht gut, hier drinnen zu bleiben, wir brauchen frische Luft.«

Elena gibt keine Antwort. Ich schüttele ihren irritierend mageren Körper. Vor lauter Panik ist sie eingeschlafen.

Ich stolpere zurück in mein Zimmer und frage mich, ob ich nicht einfach meinen Rausch ausschlafen sollte, bevor ich auch noch ausflippe. Ich fläze mich etwas erschöpft aufs Bett. Elena hat wahrscheinlich recht. Nach zwanzig Minuten Intensivtrip sollte man sich eine gute Mütze Schlaf gönnen. Ich schließe die Augen, doch plötzlich steigen schreckliche Szenen vor mir auf. Grausame, traumatisierende, abstoßende Bilder. Ich tanze Tango mit einer Tomate. Die Tomate wird aggressiv und schleudert mich eine große Salatschüssel mit Cesar-Dressing. Ich tauche ganz tief ein, und ich bekomme keine Luft mehr, und mir bricht der Schweiß aus. Nackte

Panik ergreift mich. Elena hat den Durchblick. Wir werden alle sterben. Ich werde sterben!

Ich stehe auf, und mein Körper fühlt sich an wie aus Gummi. Jetzt verstehe ich, warum die alle wie die Schlenkerpuppen tanzen. Ich gehe auf die Knie und bete die einzige mir zur Verfügung stehende Gottheit an: den Navateppich an der Wand.

»Oh Teppichgott«, hebe ich an. »Bitte mach, dass dieser Rausch endet, bevor mein Gehirn wegschmilzt.«

Der Teppichgott schweigt. So ein Wichser! Ich muss an die frische Luft! Ich schlurfe auf die Straße und irre ziellos umher. Mittlerweile ist es drei Uhr morgens, und diese Gegend von Providence ist nicht besonders einladend. Schließlich lege ich eine Pause ein und lasse mich auf den gemütlichen Grasstreifen neben der Straße fallen und wühle mit den Händen im Matsch. Wobei Matsch hier vornehm für Hundekot steht.

Aber das kümmert mich komischerweise gar nicht. Ich forme kleine Skulpturen und erschaffe ein Schachbrett mitsamt Kotkönig und Kotkönigin mit einer wunderschönen Krone auf dem Kothaupt. Die beiden küssen sich. Als die beiden Kotkönigskinder machen, die im Kotschloss kleine Kottänze aufführen, bin ich der glücklichste Mensch auf Erden.

Hundekot ist leider nicht zum Erbauen lange haltbarer Skulpturen gedacht, und in dem Moment, als es der Kotkönig mal wieder mit der Kotkönigin auf dem Kotfuton treibt, löst sich das gesamte von mir erschaffene Kotkönigreich in eine einzige weiche, batzige Masse auf, und in mir steigt die altbekannte Panik hoch.

Ich beschließe, Brodie zu suchen. Der wird wissen, was zu tun ist. Er wird mich ins Gelobte Land führen, wo alle glücklich sind, wo es nach Marzipan und Rosen duftet und ich meine existenzielle Offenbarung erleben werde.

Ich drückte mit meinem saubersten Finger auf Brodies

Klingelknopf. Er merkt sofort, dass etwas mit mir nicht stimmt.

»Ich bin gleich bei dir, Iris, halt noch aus«, sagt er in besänftigendem Ton.

Vierzig Minuten und einige Joints später springt Brodie die Treppen hinunter und öffnet mit Grazie und Aplomb die Tür. (Aplomb finde ich klasse, sagt viel aus und klingt nach Darmentleerung.)

»Zeig mir den Weg, Brodie, ich weiß nicht mehr weiter«, murmele ich flehend.

Brodie starrt mich konzentriert an. »Spür einfach die Liebe, Iris. Spür die Liebe.«

Wie soll ich bitte Liebe spüren? LIEBE? SPÜREN? Ich habe mich gerade in Hundescheiße gesuhlt! Ich habe ein Stück Stoff angebetet! Bei mir gibt es keine Spur von Liebe, der ich nachspüren könnte.

Ich unterdrücke den Wunsch, ihm mit meinen Fingern in seinem entrückten Gesicht herumzuschmieren.

Er küsst mich mit päpstlicher Geste auf den einzigen noch kotfreien Fleck auf meiner Stirn, tänzelt wieder nach oben und lässt mich verwirrt auf das Spiegelbild in der Glastür starrend zurück.

9
Matte Birne

Der psychologische Dienst der Brown University schickt mich zu einem Dr. Wallace Friedmann, dessen Heilanstalt sich in einem prächtigen, babyblauen Kolonialbau mit lavendelfarbenen Verzierungen an der Waterman Street befindet. Ich bin eine Dreiviertelstunde zu früh da* und betrete verstohlen das Haus, wie alle Menschen es tun, die bei der Suche um Hilfe für ihre verletzte Seele nicht gesehen werden wollen.

Der Eingangsbereich ist dunkel und riecht nach Schimmel und Verzweiflung. Ich steige mit klopfendem Herzen die knarrenden Stufen hinauf und mache vor einer großen Mahagonitür halt. Daneben befinden sich ein kleiner Lichtschalter und ein Schildchen, auf dem steht:

»Bitte schalten Sie das Licht ein, um sich anzumelden!«

Was, wenn ich draufdrücke und die Worte »Jüdin mit Sockenschuss« in neongrellen Lettern aufleuchten? Das Risiko muss ich wohl eingehen. Also drücke ich auf den Schalter, setze mich auf einen knarzenden, rutschigen, aber stabilen roten Ledersessel und warte auf etwas, das mein Leben grundlegend verändern wird.

---

* »Versuche, das Universum jederzeit zu kontrollieren«, ist eine Botschaft meiner Eltern, und sie kam just in dem Moment, als ich erkannte, dass man die Dinge kontrollieren muss, weil einem die Welt sonst unvermittelt um die Ohren fliegt. Das war kurz vor meinem zweiten Geburtstag.

Die schwere Holztür öffnet sich, und ein eierförmiges Männchen in grauem Pullunder mit blauer Krawatte, eckiger Brille und liebevollem Lächeln tritt heraus. »Sie sind bestimmt Iris«, stellt er fest. Er hat meinen Namen perfekt ausgesprochen! Der hat meine Nachricht auf seinem Anrufbeantworter ja wirklich abgehört. Ich liebe diesen Mann!

Statt nach Schimmel und Verzweiflung riecht es in seinem Sprechzimmer eher nach Hoffnung und teurem Lufterfrischer. Ich mache es mir in einem glücklicherweise mit Stoff bezogenen Sessel bequem und lächle unsicher.

»Was führt Sie zu mir, Iris?«, erkundigt er sich, den Kopf leicht nach links geneigt.

Dann beginnt die Sitzung.

DER THERAPEUTISCHE PROZESS
(wie ich ihn erlebt habe, aber höchstwahrscheinlich unzählige andere ebenso)

Schritt 1:
Erste Maßnahmen zur Vertrauensbildung zwischen Friedmann und Bahr; Gewöhnung an einen fremden Mann; Beantwortung genereller, wenig tief schürfender Fragen. Verkrampftes Lachen.

Schritt 2:
Meckern, nölen und lästern. Dr. Friedmann bestätigt, dass mein Gefühl, nirgendwo dazuzugehören, an meinem Alter liegt, das mich automatisch von sämtlichen Gruppen auf dem Campus ausschließt.

Schritt 3:
Leichte Annäherung an Kindheitserinnerungen. Ein bis drei Tränchen vergossen.

Schritt 4:
Erste traumatische Erinnerung. Musste heftig weinen, mich mehrere Male schnäuzen. Liebevolles Lächeln von Friedmann, der mich ermutigt weiterzuforschen.

Schritt 5:
Tief liegende traumatische Erlebnisse bearbeitet. Wut und Enttäuschung, Hoffnungslosigkeit. Eine ganze Schachtel Kleenex aufgebraucht.

Schritt 6:
Noch tiefer liegende traumatische Erlebnisse bearbeitet. Wut und Enttäuschung, Hoffnungslosigkeit. Mir kommt die Ahnung, dass meine Eltern schreckliche Menschen sein könnten. Dieser Gedanke beruhigt mich, weil es jetzt einen Grund für meine Verrücktheit gibt.

Schritt 7:
Plötzlich neue traumatische Erinnerungen freigelegt, die meine Seele aus verständlichen Gründen tief vergraben hat. Zweieinhalb Schachteln Kleenex verbraucht. Dr. Friedmann ändert seine anfängliche Einschätzung und meint jetzt, ich fühle mich nicht zugehörig, weil ich total verkorkst sei, und das Ganze habe nichts mit der Außenwelt zu tun.

Schritt 8:
Immer wieder mache ich mir klar, dass meine Eltern die Schuld an der Gesamtheit meiner Störungen tragen, einschließlich meiner Unfähigkeit, schwierige Rechenaufgaben im Kopf zu lösen,

und meiner Laktoseintoleranz. Empfinde Hass auf meine Eltern.

Schritt 9:
Starker Hass auf meine Eltern.

Schritt 10:
Höhepunkt meiner Hassgefühle. Dr. Friedmann ermuntert mich dazu, meine Eltern auf ihr schreckliches, psychisch grausames Verhalten anzusprechen.

Schritt 11:
Mehrere Telefonate mit Eltern, in denen ich sie mit ihren mir gegenüber begangenen Grausamkeiten konfrontierte, stoßen bei ihnen auf Unverständnis, Verwirrung, Feindseligkeit, Wut und geheuchelte Gleichgültigkeit.

Schritt 12:
Dr. Friedmann verurteilt in Schritt 11 geschildertes Verhalten der Eltern, was verstärkte Ausbrüche der in Schritt 9 und 10 geschilderten Gefühlsregungen auslöst und in einen Teufelskreis mündet, der sich von Woche zu Woche verschlimmert.

Schritt 13:
Dr. Friedmann teilt mir mit, dass er in seiner gesamten Karriere als Therapeut keine schlimmere Kindheits-/Scheidungsgeschichte gehört habe. Einen Moment lang habe ich das Gefühl, etwas ganz Besonderes zu sein, dann beschließe ich, dass ich aus einem solchen Grund lieber nichts Besonderes sein möchte.

Schritt 14:
Ich erzähle Dr. Friedmann, dass ich mittlerweile depressiver sei als zu Beginn der Therapie. Er erklärt mir, das sei Teil des Heilungsprozesses, und fragt mich, ob ich nicht vielleicht Antidepressiva nehmen möchte. Ich lehne ab und erkundige mich, wann der hilfreiche Teil der Therapie beginne, wo ich meine Probleme auflöse und mich besser fühle. Er entschuldigt sich und weist mich darauf hin, dass die Zeit abgelaufen sei.

Schritt 15:
Ich kann außerhalb der Therapiepraxis nicht mehr funktionieren. Meine Eltern sprechen nicht mehr mit mir, ich bin wütend auf Gott und die Welt, und es ist kein Land in Sicht.

Schritt 16:
Ich schlage Dr. Friedmann vor, die Therapie zu beenden. Er gesteht mir, dass unsere Sitzungen ihn ebenfalls depressiv machen, und geht auf meinen Vorschlag ein. Unsere Wege trennen sich. Er bietet mir an, ich könne jederzeit bei ihm vorbeikommen, wenn ich weitere Traumata bearbeiten wolle, und verspricht mir, er sei immer für mich da. Dann umarmt er mich innig und weist mir die Tür.

10

Raus hier wie Vladimir

Nach der Therapie bin ich zunächst einmal erleichtert. Nun, da ich herausgefunden habe, wie schlimm meine Kindheit war, fühle ich mich nicht etwa besser, nein, ich erinnere mich jetzt nur daran, wie schlecht es mir früher ging. Wenn ich die Zeit nur bis zu der Phase meiner Kindheit zurückdrehen könnte, in der ich dachte, ich sei normal, nur die anderen hätten einen an der Waffel. Es liegt an mir. Das Problem bin ich. Meine Depressionen werden sich deshalb nicht lindern lassen, solange ich mich nicht ändere. Wie zum Teufel soll ich das bewerkstelligen? Ich bin zu depressiv, um mich zu ändern. Ist das nicht der Grund, weshalb ich mich überhaupt erst in Therapie begeben habe?

Aber ich bin kein Opfer! Ich. Bin. Kein. Opfer. Ich bin eine Kämpfernatur. Ich habe mein ganzes Leben lang gekämpft, und ich werde nicht aufhören. Ich werde diese Depressionen alleine besiegen. Scheiß auf Therapie. Scheiß auf betäubende Tabletten. Scheiß auf die Leute hier mit ihren kindischen Cliquen und Gruppen.

Mein erstes akademisches Jahr ist bereits vorbei, ich habe drei Monate Semesterferien und mache jetzt die Fliege. Aber wohin? Nicht zurück nach Israel, wo meine Mutter mich mit mitleidigen und erwartungsvollen Blicken empfängt und meine Freunde hören wollen, wie mich irgendein Typ auf einem Stapel Kierkegaard-Essays befriedigt hat. Das Schlimmste daran ist, dass sich mein erstes Jahr an der

Brown im Vergleich zu ihrer abgeschlafften Uniroutine in Tel Aviv ausnimmt wie ein Ausflug nach Gaza. Es gibt nur ein Heilmittel für meine wunde Seele. Ich schnüre mal wieder mein Säcklein. Auf nach Südamerika. Warum Südamerika?

Ganz einfach, da gehen Israelis hin, wenn sie nach dem Wehrdienst nicht nach Asien gehen. Ich war schon in Asien. Außerdem ist Südamerika nicht so weit weg von hier wie Asien und auch nicht wirklich anders, außer dass die Regierungen öfter wechseln, öfter Leute gekidnappt, Busse entführt werden und auch sonst 'ne Menge Zeug abgeht, das mich von meinem aktuellen Seelentief ablenkt. Außerdem werde ich dort ganz viele meiner geliebten Landsleute treffen, die sich allesamt auf fremdem Boden aufhalten. Wenn man sich schon wie eine Fremde fühlen will, dann sollte man dorthin gehen, wo sich alle fremd fühlen – und sich amüsieren.

Doch woher soll so eine Fremde das Geld für eine solche Reise hernehmen, wo sie in ihrem Nebenjob doch nur zehn Dollar die Stunde für das Zurechtschneiden von Wurstscheiben für die Lunchpakete der universitätseigenen Cafeteria verdient – und das nur mittwochs und samstags.

Klingelingeling. Klingelingeling.

»Hallo?«

»Hallo, Papa, ich bin's.«

»Irischuni?«

»Ich möchte mich erst mal entschuldigen. Was ich da gesagt hab, dass ich dich für alles hasse, was du mir während der letzten fünfzehn Jahre angetan hast, das hab ich nicht so gemeint. Ich hab dich total lieb, und du bist echt toll.«

»Na ja. Ist schon gut. Wie läuft's mit dem Studium?«

»Super! Alles im grünen Bereich. Kann ich mal was fragen?«

»Aber sicher. Schieß los!«

»Ich brauche das Geld von meiner Bat-Mizwa.«

Schweigen.

»Papa, bist du noch dran?«

»Das war keine Frage, oder?«

»'tschuldige. War wohl eher eine Feststellung. Ich kann mich nur daran erinnern, dass ich bei meiner Bat-Mizwa vor zehn Jahren 'ne ziemliche Menge Geld bekommen habe, das du netter- und vernünftigerweise auf ein Konto eingezahlt hast, und jetzt will ich es eben abheben.«

»Du hast nicht nur Geld bekommen, Iris. Da war doch auch die Gucci-Armbanduhr von meinem Chef, die er dir als Zeichen der Anerkennung für meine langjährige Mitarbeit geschenkt hat.«

»Die hat sich doch als Fälschung herausgestellt, Papa, hast du das vergessen?«

»Das war keine Fälschung!«

»Doch, Papa, weißt du nicht mehr, als wir eine neue Batterie brauchten, hat uns der Typ im Laden gesagt, die Uhr sei ein billiges Plagiat aus Chinatown?«

»Davon weiß ich nichts.«

Schweigen.

»Na ja, ist ja auch egal. Wofür brauchst du das Geld, Iris?«

»Ich will nach Südamerika.«

Schweigen.

»Papa, bist du noch dran?«

»Ja, ich bin noch dran ... Das Geld war für was Vernünftiges gedacht.«

»Was, bitte, ist unvernünftig am Reisen?«

Schweigen.

»Na gut, es gibt wahrscheinlich vernünftigere Sachen, aber ich halte Reisen nicht für unvernünftig.«

»Warum ausgerechnet Südamerika?«

»Komm, Papa, du warst auf der ganzen Welt unterwegs,

willst du nicht, dass deine Tochter auch was von der Welt sieht?«

»Du bist gerade von einer sechsmonatigen Asienreise zurück!«

»Das ist doch schon wieder ein Jahr her.«

Schweigen.

»Papa?«

»Ja.«

»Das ist schon wieder ein Jahr her!«

»Wie viel brauchst du?«

»4000 Dollar.«

»Wohin willst du denn genau?«

»Na, ich dachte, ich besuche Onkel Shmulike in Peru.«

»Du willst deinen Onkel besuchen?«

»Ja.«

»Du hasst deinen Onkel!«

»Ich hab ihn gehasst, als er noch in Tel Aviv wohnte. Jetzt, wo er in Peru ist, hasse ich ihn nicht mehr.«

»Das ist ja wunderbar. Der wird sich riesig freuen, dich zu sehen!«

»Papa, könntest du mir vielleicht noch ein paar andere Sehenswürdigkeiten empfehlen, weil du dich doch in Südamerika so gut auskennst?«

»Na ja (stolzes Seufzen), das stimmt. Ich kenne Lateinamerika wie meine Westentasche ...«

»Super, Papa! Schick mir doch ein paar Reisevorschläge und einen Scheck über 4000 Dollar, und dann mache ich mich auf den Weg.«

»Großartig. Ich freue mich über deine Reisepläne.«

»Südamerika war so eine tolle Idee von dir, Papa. Vielen Dank! Ich bin so froh, dass ich mit dir darüber gesprochen habe.«

»Reisen ist ein wichtiger Bestandteil des Lebens, Irischuni! Beim Reisen lernt man eine Menge über sich selbst.«

»Ja, da hast du völlig recht, Papa. Ich muss jetzt Schluss machen. Hab dich lieb.«

»Ich dich auch!«

Klick

Seufzer.

Geschafft!

Wer hätte gedacht, dass meine Bat-Mizwa sich zehn Jahre später so auszahlen würde. Das große Ereignis war für mich damals nur ein weiteres peinliches Kapitel meiner durchgeknallten Kindheit an der Jeschiwa, wo ich mich ständig bemühte, mein Doppelleben als orthodoxe Jüdin bei Tag und Speck essende, nicht praktizierende Jüdin bei Nacht nicht auffliegen zu lassen. Wären meine Eltern damals beim Aufrechterhalten dieser Fassade ein bisschen kooperativer gewesen und hätten mir geholfen, mich meiner Gruppe zugehörig zu fühlen, wie es alle Mädchen in meinem Alter dringend brauchen, dann hätte es auch keine Probleme gegeben. Doch weit gefehlt. Sie widersetzten sich den Regeln, stellten allen möglichen Scheiß an, nur um mich bloßzustellen. So war meine Mutter damals AM HEILIGEN SCHABBES mit ihrem alten Ford Torino direkt vor der orthodoxen jüdischen *shul* vorgefahren, als wäre das selbstverständlich, und hatte zu allem Überfluss auch noch laut nach mir gerufen, bis ich zu ihr ins Auto stieg.* Zum Trost ließ sie eine Party für mich und meine Schulfreundinnen steigen, von der sie behauptete, sie »würde den Mädchen so viel Spaß machen, dass sie die Episode mit dem Ford darüber glatt vergessen«. Ich will ja nicht ungerecht

* Für diejenigen, die sich mit dem jüdischen Glauben nicht so auskennen: Autofahren ist am Sabbat streng verboten. Wenn man an diesem Tag mit einem alten blauen Ford Torino vorfährt, um die Tochter abzuholen, die alle für strenggläubig halten, dann kommt das, an christlichen Maßstäben gemessen, einer Todsünde gleich.

sein, sie hat sich damals wirklich Mühe gegeben, sogar koschere Pizza hatte sie bestellt, und alle Snacks trugen das Siegel der Unbedenklichkeit für Orthodoxe auf der Packung. Eine ganze Weile lang sah es auch wirklich so aus, als könnte die Party den Verdacht ausräumen, die Bahrs seien doch nicht so strenggläubig, wie ich immer vorgab. Dann musste die Semidiabetikerin Esther Konigsberg allerdings unbedingt in unsere Küche, um sich ein Glas Wasser zu holen. O weh! Sie verkündete lauthals, dass die Bahrs nur eine Küchenspüle besaßen, sodass sie Milch und Fleisch nicht getrennt behandeln konnten. Damit war meinen Gästen schlagartig klar, dass die Bahrs nicht ganz koscher waren, was bedeutete, dass auch die Teller, von denen aßen, nicht koscher waren, woraufhin die Mädchen hurtig den Rabbi verständigten und schleunigst aus dem Haus der Bahrs stürmten, um der Rache des Teufels und dem ewigen Fegefeuer zu entgehen.

So legte ich all meine Hoffnung in meine Bat-Mizwa. Meine Eltern würden mir diesmal nicht die Tour vermasseln, so viel stand fest. Ich wollte eine orthodoxe Zeremonie in einem orthodoxen Saal mit einer orthodoxen Band und einer megaorthodoxen Küche mit mindestens neun Spülen.

Ich muss zugeben, Mama und Papa Bahr kamen all meinen Forderungen nach, sogar die Klezmerband aus dem Boro Park hatten sie engagiert. Ich war der Star des streng orthodoxen Abends und platzte vor Glück. Seit langer Zeit fühlte ich mich mal wieder sicher, und das brauchte ich ganz dringend. Der Scheidungskrieg meiner Eltern hatte gerade seinen Höhepunkt erreicht, was mich so verstörte, dass ich bei der kleinsten Kleinigkeit in Tränen ausbrach. Die Männer tanzten in einem Kreis *Hora*, die Frauen in einem anderen, und alle hatten einen Mordsspaß dabei. Dann erspähte ich meine Eltern, die Hand in Hand über die Tanzfläche zur Band schlichen. Mir sackte das Herz in die Hose. Was wollten meine Eltern von der Band? Ich löste mich aus dem Kreis der *Hora*-Tänzerinnen und flitzte zu ihnen.

»Ima, was wollt ihr von der Band?«, fragte ich, als mein Vater mit dem Klarinettenspieler redete.

»Wir wollen uns ein Lied wünschen«, erwiderte meine Mutter mit unschuldiger Stimme.

»Ein Lied wünschen? Wozu wollt ihr euch ein Lied wünschen? Die Band hat doch schon ein orthodoxes Repertoire vorbereitet!«

»Dein Vater und ich wollen tanzen.«

»Wie bitte? Warum wollt ihr miteinander tanzen? Ihr könnt euch doch nicht ausstehen!«

»Das muss ja keiner wissen. Jeder glaubt, wir wären noch glücklich verheiratet.«

Ich ignorierte den absurden Teil ihrer Antwort und konzentrierte mich darauf, die nahende Katastrophe zu verhindern.

»Aber ihr könnt nicht tanzen.«

»Warum nicht?«

»Weil Männer und Frauen nicht miteinander tanzen dürfen, Ima!«

»Das ist doch Unfug, Iris.«

Mir stand der Schweiß auf der jugendlich-verletzlichen Stirn. Das orthodoxe Ventil meiner jüdischen Herzklappe bekam die ersten Aussetzer.

»Ima, du hast mir versprochen, dieses Fest wird orthodox gefeiert, und da geht es einfach nicht, dass du und Aba, dass ihr vor aller Welt miteinander tanzt!«

Doch es war bereits zu spät. Die Band spielte ein sehr seltsames Klezmer-Stück, das ein wenig an *Strangers in the Night* erinnerte. Die *Hora*-Tänzer hielten verwirrt inne und verzogen sich an den Rand. Zu meinem Entsetzen betrat mein Vater mit aufgesetztem Lächeln die Tanzfläche, nahm meine Mutter mit ihrem noch aufgesetzteren Lächeln an die Hand und tanzte mit ihr, während meine Klassenkameraden sich beschämt abwandten.

Was tat ich? Ich starrte den Klarinettenspieler mit einer kaum unterdrückten Killermiene an, dass dieser sich gleich nach dem Lied auf die Toilette verziehen musste, um sich wieder zu sammeln und sich das Rinnsal Urin vom Bein zu wischen.

Der arme Junge! Wenn ich gewusst hätte, wie viel Kohle ich für dieses nette Fest abkassieren würde, hätte ich ihn nicht so streng angestarrt.

11
Pastrami auf Roggenbrot

Meine älteste Freundin heißt Talia. Na gut, vielleicht ist sie nicht meine älteste Freundin. Die hat unserer seit der Kindheit gepflegten Freundschaft nämlich jäh den Todesstoß versetzt, als sie sich entschloss, als Park Ranger in Yukon zu arbeiten, und meine ganz alten Freunde von der Jeschiwa haben mittlerweile alle vierzehn Kinder und wohnen in der Westbank in illegalen Wohnsiedlungen, um »den Friedensprozess zu unterstützen«.

Talia und ich lernten uns an meinem ersten Tag an der Schule in Israel kennen, zweifellos einem der furchterregendsten Tage in meinem Leben. Man stelle sich eine süße kleine, leicht traumatisierte Amerikanerin vor, die auf eine Gruppe rücksichtslos ehrlicher israelischer Achtklässler stößt, die sich über ihr schlechtes Hebräisch mit auffällig amerikanischem Akzent lustig machen. Meinen Lesbenhaarschnitt und die lächerlich kleinen Möpse erwähne ich hier noch gar nicht.

Talia trug ebenfalls einen Lesbenhaarschnitt. Ihrer war sogar noch schlimmer als meiner, hauptsächlich, weil ihr dichtes und widerspenstiges Haar ihr einen Look verpasste, den man als »wilde Lesbe im Dschungel« beschreiben konnte. Sie hatte außerdem eine schiefe Nase und Glupschaugen, die ihr einen übermäßig wachen und interessierten Ausdruck gaben. Ein bisschen wie Elijah Wood. Talias Beine waren dürr wie Streichhölzer, ihr Po so platt wie eine Flunder, doch ihre Brüste waren so riesig, dass einem erhebliche Zweifel an Gottes Proportionssinn kommen konnten.

Talia hatte acht Jahre in Amerika gelebt und war ebenfalls gerade nach Israel zurückgekommen. Deshalb verstand sie meine Qualen. Sie sprach meine Sprache! Sie mochte meinen Lesbenhaarschnitt! Sie gab mir etwas von ihrem Schulbrot ab! (Meine Mutter, die gute Seele, hatte eine starke Abneigung gegen das Bestreichen von Schulbroten und gab mir lieber jeden Tag Geld für ein Eierbrot vom dubiosen Iraker, der vor dem Schultor herumlungerte und ein fleckiges graues T-Shirt und Moonwash-Jeans trug.)

Ich dachte, dass mich die Kinder weniger hänseln würden, wenn ich mit Talia statt schlechtes Hebräisch Englisch sprach. Da hatte ich mich aber geschnitten. Kinder, die Englisch sprachen, waren Angeber (wäre ich doch nach Frankreich gezogen) und stießen unter den israelischen Kindern, die ihre englischen Vokabeln von einer lächerlich abstoßenden, abgemagerten Frau aus Südafrika lernten, auf große Abneigung. Daher verbrachten Talia und ich die meiste Zeit damit, in einer Ecke zu sitzen, über die anderen Kinder herzuziehen, während diese über uns lästerten.

Die Umstände schmiedeten uns zusammen, und so setzten wir unsere Karriere als schräges Duo auch an der Highschool fort.

Talias Mutter ist eine ruhige, kühle, beherrschte blonde Therapeutin, und ihre Tochter trat in ihre Fußstapfen. Talia war nie übermäßig besorgt und neigte nicht zu Gefühlsausbrüchen, deshalb kam ich mir immer besonders emotional und hysterisch vor, wenn ich mit ihr zusammen war. Wir verstanden uns dennoch prima – wir hörten Platten von Bryan Adams und nahmen verrückte Kassetten mit unseren Rap-Versuchen auf.

Den wahren Grund für meine verzweifelte Flucht aus Providence verschweige ich ihr. Ich sage nichts darüber, dass ich morgens am liebsten gar nicht erst aufstehen würde, alle Traumata meiner Kindheit erneut durchlebe und im Gegensatz zu früher nicht in der Lage bin, diese durchzustehen. Stattdessen frage ich sie einfach, ob sie Lust hätte, mit mir drei Wonnemonate lang durch Südamerika zu reisen, und sie sagt Ja.

Ich schlage vor, zuerst bei meinem Onkel Shmulike in Peru einen Zwischenstopp einzulegen, und sie sagt: »Super!« Das Attribut »super« habe ich von ihr noch nie gehört. Sie ist wohl echt begeistert, nicht nur von der Reise, sondern auch davon, mit mir unterwegs zu sein!

Ich bin sehr zufrieden mit meiner Reiseidee. Kein fester Plan, nur ein Ausgangspunkt, ein Abreisedatum, und alle Möglichkeiten dazwischen. Natürlich sollten wir bei unserer Reiseplanung alle Moomlatz-Ziele in Südamerika in Betracht ziehen. Das sind jene als empfehlenswert ausgewiesenen Orte, die Israelis während ihres Aufenthaltes in Südamerika oder Asien besuchen. Es gibt hygienisch einwandfreie Moomlatz-Pensionen, Moomlatz-Restaurants mit speziellen koscheren Moomlatz-Gerichten und vor allem Moomlatz-Händler, die einem nicht über den Tisch ziehen. Aber um ehrlich zu sein, ich hab sie mir noch gar nicht so genau angesehen. Ich stürze mich in dieses Abenteuer ohne Vorstellungen, Erwartungen, Ziele oder grundlegende Vorkenntnisse. Vielleicht tue ich das deswegen, weil mir kürzlich klar wurde, dass alles Unbekannte sicherer ist als meine gegenwärtigen Umstände, vor allem wenn das Unbekannte besonders waghalsig und unberechenbar ist.

Peru

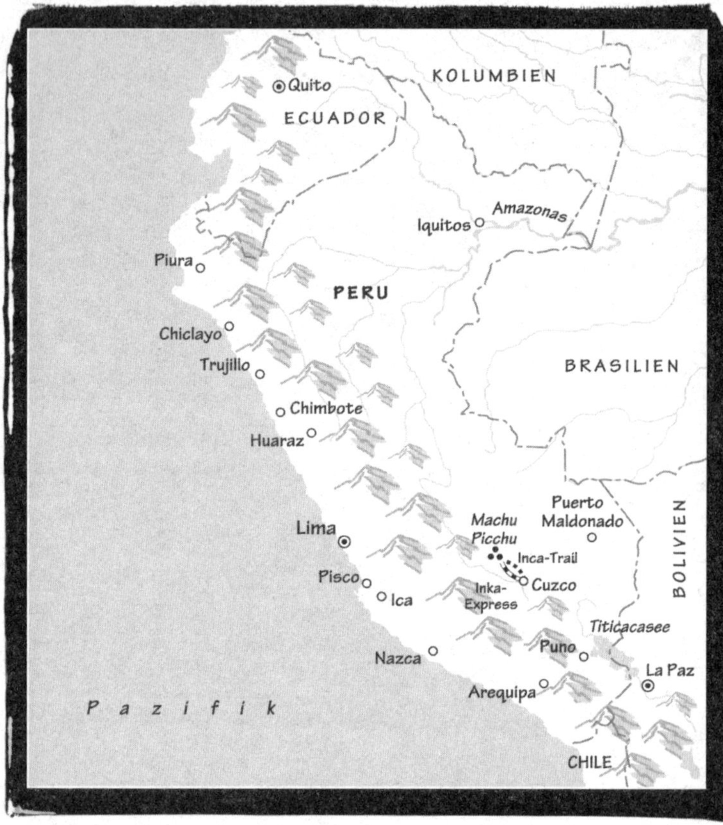

Quito
KOLUMBIEN
ECUADOR
Amazonas
Iquitos
Piura
PERU
Chiclayo
Trujillo
BRASILIEN
Chimbote
Huaraz
Puerto Maldonado
Machu Picchu
BOLIVIEN
Lima
Inca-Trail
Pisco
Cuzco
Ica
Inka-Express
Titicacasee
Puno
Nazca
La Paz
Arequipa
Pazifik
CHILE

12
Im Schneckentempo ins Abenteuer

Ich fliege mit Lacsa Airlines nach Lima, der offiziellen Fluglinie von Costa Rica, die den Ruf hat, annehmbare Qualität für wenig Geld zu bieten. Nachdem ich mal mit Aeroflot von Delhi nach Bangkok geflogen bin und damit einer Fluggesellschaft mein Leben anvertraute, die nicht an Gurte glaubt und meint, eine sättigende Mahlzeit bestünde aus einer ungeschälten, nur mit Serviette und gutem Willen servierten Mango, bin ich zu allem bereit.

Ich wappne mich für den Flug und decke mich mit den üblichen Stimmungsmachern ein: zwei Snickers, einem Twix, einer Ausgabe vom *New Yorker* und einem intelligenten Buch mit Bildungsanspruch, meist über die Ära Lincolns oder Eisenhowers, das ich ohnehin nicht lesen werde.

Vielleicht bin ich ja blöd (darauf erwarte ich keine Antwort!), aber ich dachte immer, Nonstop- und Direktflüge wären ein und dasselbe. Kauft man ein Ticket für einen Direktflug von JFK nach Lima, dann erwartet man doch, direkt von JFK nach Lima zu fliegen, und das Ganze heißt Direkt und nicht Nonstop, weil Letzteres vermuten ließe, die Bremsen seien kaputt und der daraus resultierende Absturz im Ticketpreis enthalten. Auf meinem heutigen Flug nach Lima werde ich eines Besseren belehrt. Auf der Bordkarte steht JFK nach Lima, aber schon nach einigen Stunden landen wir in Honduras. Ich frage den Steward, wo das Problem liege. Er sieht mich an, als hätte ich ihn gebeten, mir auf dem Klo bei der Abtreibung meines Babys zu helfen. Einige Fluggäste steigen aus, und wir heben wieder ab. Kurze Zeit später landen wir in Nicaragua. Ich wende mich erneut an den Steward. »Ich dachte, das hier ist ein Direktflug. Wie kann der direkt sein, wenn wir ständig zwischenlanden?«

»Es ist eben kein Nonstop-Flug.«

»Und was zum Teufel ist dann ein Direktflug?«

»Bitte gehen Sie wieder an Ihren Platz.«

»Wieso?«

»Einige Passagiere möchten aussteigen.«

Hinter mir wartet eine nicaraguanische Familie ungeduldig darauf, dass ich sie vorbeilasse. Ich begebe mich wieder an meinen Platz und blicke Beifall heischend in die Runde, doch ihnen scheint das ganze Fiasko weit weniger auszumachen. Schließlich starten wir mit einigen Neuzugängen aus der reetgedeckten Hütte, die sich als Flughafen von Nicaragua ausgibt. Ich will gerade den Mund aufmachen, da kommt der Steward schon angepest und blafft mich an: »Wir sind eine costaricanische Fluggesellschaft, was haben Sie denn erwartet? Sollen wir etwa *nicht* in San José zwischenlanden?«

»Doch, doch«, sage ich beschwichtigend. »Es würde mir nicht in den Sinn kommen, einen vierten Stopp auf diesem aberwitzigen Direktflug als Zumutung zu empfinden. Wenn Sie mir jetzt eine Packung Erdnüsse und eine Decke holen, dann kann ich mit der Turbulation beginnen, bevor wir wieder landen.«

»Mit der was?«

»Turbulation.«

»Was ist das denn?«

»Das tut nichts zur Sache. Bringen Sie mir einfach die Decke und die Erdnüsse.«

Denjenigen unter Ihnen, die diese Technik noch nicht

kennen, möchte ich erklären, dass Turbulation eine völlig neue Entspannungsmethode darstellt. Es handelt sich dabei um einen ganz natürlichen und einfachen Handgriff, der, um es vereinfacht auszudrücken, mit Masturbation bei Turbulenzen zu umschreiben ist – eben Turbulation.

Ich kann mich nicht daran erinnern, wann ich diese Technik entdeckt habe. Ich masturbiere ja nun schon lange genug, man sollte meinen, dass ich schon früher erkannt hätte, dass das, was zu Hause Spaß macht, auch unterwegs funktioniert. Vor allem, wenn man gestresst im Flugzeug sitzt. Ich glaube, es war in einem besonders unterkühlten Flieger, als ich meine Hand zwischen die Schenkel schob, um sie zu wärmen, und drei oder vier Fingerzuckungen später einen spontanen Orgasmus erlebte, woraufhin ich dachte: Scheiße! Das hätte mir auch früher einfallen können.

13
Onkel Shmulike

Eine kleine Anmerkung zu Onkel Shmulike. Er ist zehn Jahre jünger als mein Vater, sieht aber zwanzig Jahre älter aus. Er hat das, was man gemeinhin als eine »zwielichtige Vergangenheit« bezeichnet, über die zu Hause nie gesprochen wird. Es geht dabei um illegales Verhalten, viele charmante Gefühlsausbrüche und Lachanfälle. Vielleicht geht es um Geldgeschäfte, ich weiß es nicht. Darunter fallen auch unzählige Ehen, darunter eine mit einer Albinofrau in Provo, Utah, die Bierdosen auf der Rückbank ihres Wagens lagerte.

Die gegenwärtige Liebe seines Lebens ist eine zwanzigjährige Peruanerin namens Iordana, die, wie mein Vater es ausdrückt, »von den Primitiven aus dem Amazonas« abstammt.

Ob ich Onkel Shmulike wohl wiedererkenne? Das letzte Treffen liegt zehn Jahre zurück, es war auf unserem Familienausflug auf die Sinaihalbinsel, als sie uns noch gehörte. Damals stand mein Vater gerade am Anfang seiner Liaison mit einer heißen englischen Schnalle von der Wall Street namens Meryl Appleby, und er brachte sie mit nach Israel, um sie mir vorzustellen. Aus diesem Anlass organisierte er einen »Familienausflug« mit Onkel Shmulike und seiner Familie. Meryl war supernett und versuchte, meinen Hass auf sie als neue Frau an der Seite meines Vaters mit mehreren Armkettchen von Tiffany zu zerstreuen, die ich prompt irgendwo liegen ließ. Ich war ein wirklich dummes Kind.

Meine Güte, das waren Tiffany-Armbänder, wie blöd kann man denn sein? Musste ich meine Wut ausgerechnet an materiellen Dingen auslassen? Meryl war echt witzig, und wir verbrachten ein tolles Wochenende. Onkel Shmulike sorgte mit Einladungen in teure Restaurants für unser leibliches Wohl, bezahlte für eine teure Tauchexpedition für alle und kaufte mir und meiner Cousine alles, wonach uns der Sinn stand. Im Klartext hieß das viele, viele Videospiele und Junkfood. Mir tat mein Vater leid, denn er stand im Schatten seines jüngeren Bruders, des tollen Hechts, der seine Spendierhosen anzog, wenn es ihm passte. Als ich dann später erfuhr, dass alles von der Kreditkarte meines Vaters bezahlt wurde, tat er mir noch mehr leid. Mein Vater wusste nämlich die ganze Zeit, was da ablief, er hatte nur zu viel Format, um ein Wort darüber zu verlieren. Dafür werde ich ihn immer bewundern.

In der Ankunftshalle des internationalen Flughafens von Lima riecht es nach vergammelten Bananen und Leder. Ich gehe direkt zur Gepäckausgabe und schnappe mir meinen superleicht zu erkennenden schwarzen Koffer. Entgegen meinen Erwartungen ist mein irrer Onkel Shmulike pünktlich und wartet tatsächlich schon an der Gepäckausgabe auf mich. Sein schlohweißes Haar ist nicht zu übersehen. Iordana steht neben ihm, sie trägt enge Jeans, hochhackige Schuhe und eine Bluse mit tausend Pailletten, die das Konterfei Michael Jacksons bilden. (Oder das von Jesus, ich kann nicht genau erkennen, ob das da am Kinn ein Bart sein soll.)

Holla, die Waldfee, Iordana sieht verdammt gut aus. Wie machen die Typen das nur? Ein fünfzig Jahre alter, bierbäuchiger bulgarischer Jude mit weißem Haar und diversen Vorstrafen angelt sich eine derart heiße junge Peruanerin? Waren wirklich *alle* primitiven Männer in ihrem Dschungeldorf schon vergeben?

Shmulike tut so, als sei er hocherfreut, mich zu sehen. Er schließt mich ungestüm in die Arme und lässt einen Lacher vom Stapel, der die ganze, telefonzellengroße schmuddelige Empfangshalle des internationalen Flughafens von Lima erfüllt. Vielleicht hat er sich ja wirklich geändert? Iordana gibt mir Küsschen auf beide Wangen. Ihr Haar duftet nach diesem Kokoszeugs, das Carla sich auch immer auf die Haare geschmiert hat. Plötzlich vermisse ich sie sehr. Aber diesen Geruch nach Kokosnuss konnte ich nie leiden.

Wir warten auf Talias echten NONSTOP-Flug aus Tel Aviv, und nein, ich bin nicht neidisch. Währenddessen erzählt mir Onkel Shmulike mit theatralischer Gestik und lauter Stimme davon, wie er dachte, sein Leben wäre vorbei, dass er sich nie wieder verlieben würde und sein Alltag ein einziger Müllhaufen wäre – bis er auf einer Geschäftsreise nach Peru auf Iordana traf, ein einfaches Mädchen aus einem winzigen primitiven Dorf am Amazonas, das nun seine ganz persönliche Königin sei. Iordana versteht zunächst kein Wort von dem, was er da faselt, sie steht einfach da, mit ihrem stummen Lächeln und hautengen, paillettenbestickten Glanz und Gloria. Aber für ihn ist es ein Gebot der Höflichkeit, ihr alles, was er gesagt hat, anschließend in makelloses Spanisch zu übersetzen. Frauenhelden sind eben oft auch sprachbegabt.

Angesichts des Ärgers mit dem Gesetz, den mein Onkel in der Vergangenheit hatte, und in Anbetracht seiner Exfrauen und seines Sohnes, zu dem er keinen Kontakt mehr hat, sowie seiner Unfähigkeit, auch nur einen Tag lang einer ehrlichen Arbeit nachzugehen, finde ich seine gegenwärtige peruanische Errungenschaft eine echte Leistung. Mein Vater könnte nicht gegensätzlicher sein: Er ist ein Workaholic, extrem ehrlich und verantwortungsbewusst und hat einen Sohn, der ihn liebt. Wie es sich für eine tragische Kindheitsgeschichte von zwei Brüdern gehört, war Shmulike selbstverständlich der Lieblingssohn seiner Mutter. Was mein Vater auch anstellte, wie sehr er sich auch um seine Mutter kümmerte, wie oft er sie auch besuchte, wenn ihr süßer kleiner Shmulike mal wieder zum Geldpumpen bei ihr aufkreuzte, ging ein Strahlen über ihr Gesicht. Kein Wunder, dass wir alle so neurotisch sind.

Doch auch mein Vater hat seinen Bruder nie aufgegeben. Egal, wie oft sich Shmulike auch aus der Familie verabschiedet hatte, um dann unvermittelt und stets mit einem Plan für einen Neuanfang wieder aufzutauchen, mein Vater ließ sich immer wieder überzeugen: »Dieses Mal hat er sich geändert. Er hat Arbeit, ein gepflegtes Aussehen, er fängt neu an, dieses Mal ist es anders.«

Deshalb war ich ziemlich skeptisch, als Papa mir erzählte, sein Bruder sei verheiratet und führe jetzt ein tadelloses Leben in Lima. »Shmulike arbeitet bei einem Importunternehmen für Leuchtmittel!«, hatte mein Vater stolz berichtet. »Was zum Teufel sind Leuchtmittel?«, hatte ich gefragt, worauf mein Vater mit den Schultern zuckte. Ich werde es wohl in Kürze rausfinden.

Schließlich trudelt auch Talia ein. Sie sieht erstaunlich erholt aus, so wie alle Leute, die immer und überall schlafen können. Die Pissflitsche. Ich flitze sofort zu ihr, und wir umarmen uns, allerdings nicht so innig, wie ich nach unserer langen Trennung erwartet hatte. Shmulike ist als Nächster dran. Ich hatte ihr nichts von seinem impulsiven Charakter erzählt, und sie ist sichtlich verdattert, als er sie unter seine nach Aftershave duftenden Achseln drückt. Außerdem ist sie ziemlich überrascht, wie heiß Iordana ist, und bewundert die Art, wie sie auf ihren fünfzehn Zentimeter hohen Absätzen laufen kann.

Weil mein Vater sich nicht traut, die Behauptungen seines Bruders kritisch zu hinterfragen, nutze ich die Fahrt nach Miraflores, um Shmulikes neues Leben mal genau unter die Lupe zu nehmen. Irgendwie hat er es geschafft, sich und seiner Stammesschönsten ein Apartment in einem der schönsten Wohnorte Perus einzurichten.

Ich frage ihn, was seine neue Firma eigentlich genau herstelle, woraufhin er mir in allen langweiligen Einzelheiten darlegt, wie er mit speziellen, aus China importierten, Strom sparenden Straßenlaternen die Schnellstraßen zum Strahlen bringen und das Gesicht von Peru verändern wird.

Ich merke, dass Talia von Shmulikes Energie und manischer Emphase überwältigt ist. Bei ihr zu Hause sprachen immer alle mit heruntergedimmter Stimme und gleichmäßig freundlichem Tonfall. Wenn Familien Bands wären, könnte man ihre mit *Enya* vergleichen. Meine wäre dann *Sepultura*. Talias Mutter war auf Hypnose spezialisiert, daher klang ihre Stimme saccharinsüß und somnambul (wollte hier nur mal mit zwei exotischen Wörtern punkten. Die zählen dreifach. 76 Punkte. Vielen Dank!). Ihr Vater dagegen war ein anbetungswürdiger kleiner Mann mit einer gleichmütig fröhlichen Grundhaltung, also die Art Mensch, den nichts so leicht aus der Bahn wirft. Er arbeitete mit Computern und verfügte über ein wattstarkes Lächeln, das jeden Raum erstrahlen ließ.

Ich weiß nicht genau, warum ich über diese Leute in der Vergangenheitsform erzähle – beide sind noch gesund und munter. Vielleicht liegt es daran, dass ich sie aus meinen Kindheitserinnerungen beschreibe. Mittlerweile könnten sie sich ja zu durchgeknallten Irren gewandelt haben, die an den Stränden Ibizas nach Goldamuletten graben.

Vermutlich nicht.

»Wie geht es deinen Eltern?«, frage ich Talia. Shmulike braust derweil weiter über die spärlich beleuchtete peruanische Schnellstraße und tätschelt dabei mit einer Hand Iordanas Nacken.

»Wie immer«, erwidert sie. »Und deinen?«

»Richtig!«, erschallt Shmulikes Stimme und hallt an den Wänden des Renaults wider. Talia zuckt zusammen. Bis zu diesem Moment hatte sie keine Ahnung gehabt, dass Menschen in solch einer Lautstärke sprechen können. »Wie geht es meinem Bruderherz?«

»Aba geht es prächtig.«

»Und seiner Frau? Wie geht es ihr?«

»Gut.«

»Wie heißt sie noch mal? Marilyn?«

»Meryl.«

»Ja, stimmt. Meryl.«

Endlich erreichen wir Shmulikes Apartment, das bescheiden wirkt. Sollte Onkel Shmulike wirklich zur Besinnung gefunden haben und nicht mehr über seine Verhältnisse leben? Hurra!

Talia und ich verziehen uns erst einmal unter die Dusche, die sich direkt unter einem elektrischen Durchlauferhitzer befindet. Dann schlüpfen wir in unsere Schlafanzüge und freuen uns auf eine Mütze Schlaf. Ich hatte vergessen, wie dünn Talias Beine sind. Dünne Beine und große Möpse. Und eine schmale Taille. Der Traum eines jeden Mannes. Meine Beine gefallen mir nicht besonders. Ich habe keine Stampfer, aber sie sind eben einfach nichts Besonderes. Früher mochte ich meine Möpse auch nicht. Na ja, war auch kaum was da zum Mögen. Sie waren sehr klein – zwar nicht so wie zwei Erbsen auf einem Bügelbrett, aber unerheblich genug, dass die Jungs in der zwölften Klasse sich darüber lustig machten.

Damals stand meine Mutter mir mit einem schlauen Tipp zur Seite. »Komm, wir kaufen einen gepolsterten BH!«, schlug sie vor. Bis dahin hatte ich noch nie einen BH getragen, wozu auch? Aber ihr Vorschlag klang verheißungsvoll.

Ich probierte unzählige Modelle an und entschied mich schließlich für ein aufgepepptes B-Körbchen mit einem coolen Verschluss vorne statt am Rücken. Schon war der BH in der Tüte, und wir eilten hoffnungsfroh nach Hause. Am nächsten Tag würde ich endlich Brüste haben, alle würden darauf hereinfallen, und die coolen Mädels würden mich in ihre Clique aufnehmen.

Am nächsten Morgen schlüpfte ich in meinen neuen BH. Er fühlte sich größer an als im Geschäft, und zwischen meinen Möpsen und dem oberen Rand der gepolsterten Körbchen war noch viel Luft. Ich zog mein rotes Lieblingshemd an, und siehe da, auf einmal spannte es im Brustbereich. Heißa!, dachte ich, betrachtete mich noch weitere zwanzig Minuten von allen Seiten vor dem Schlafzimmerspiegel, bevor ich mit stolzgeschwellter Brust zur Schule aufbrach.

Auf dem Schulhof stolzierte ich umher wie ein kleiner Pfau mit frisch eingesetzten Implantaten und genoss es, dass meine Klassenkameraden mich anstarrten, weil sie zweifellos entweder neidisch oder geil auf mich waren.

Ich saß im Erdkundeunterricht, konnte mich aber beim besten Willen nicht auf die Bevölkerungsexplosion in Kairo konzentrieren. Nicht, weil meine Riesenmöpse mich ablenkten, sondern weil mir ständig die BH-Träger von den Schultern rutschten. So diskret wie nur möglich fummelte ich daran herum und bemerkte nicht, dass sich dabei der Verschluss geöffnet und die Polster sich verschoben hatten.

Ich lief aus dem Klassenzimmer und machte mich auf den Weg zur Sporthalle. Der Träger rutschte auf einmal nicht mehr. Ich spürte die Blicke meiner Mitschüler, aus denen jetzt aber kein Neid, sondern Verwirrung und bei manchen sogar Bestürzung sprach. Scheiße! Waren die Dinger zu riesig? Sahen sie etwa lächerlich groß aus? Ich sah an mir herab. Nein, sie waren gar nicht groß und auch nicht lächerlich. Sie wölbten sich nur an verschiedenen Stellen unter meiner Kleidung, und zwar dort, wo einem normalerweise keine Brüste wachsen. Das linke Polster hatte sich auf Schulterhöhe verschoben, und das andere war bis zum Bauchnabel gerutscht. Ich schnappte mir beide, bevor sie mir aus dem Hemd fallen und alle sie sehen konnten. Dann lief ich zur Sporthalle, zog das Monster aus und umarmte meine Möpse voller Hingabe.

»Ich werde nie wieder versuchen, euch zu vergrößern«, versprach ich flüsternd.

»Mach dir keine Sorgen, wir werden dich noch überraschen.«

Und ich muss sagen, sie sind mir tatsächlich ein wenig entgegengekommen und haben während der letzten Monate meines Wehrdienstes perfekte Proportionen angenommen. Jetzt finde ich sie klasse, und sie haben mittlerweile viele Fans auf der ganzen Welt gefunden (www.kleinemöpseganzgroß.com).

Talia und ich haben uns gerade ins Bett verkrümelt, da stürmt Shmulike ins Zimmer.

»Seid ihr bereit?«

»Wozu?«

»Wir gehen aus!«

»Jetzt?«

»Ja, klar, der Abend hat doch gerade erst angefangen«, ruft Shmulike animiert. Ich kenne dieses Funkeln in seinen Augen, von dem mein Vater behauptet hatte, es sei verschwunden. Ich wusste, das bedeutete nichts als Ärger. Es fällt jetzt allerdings etwas milder und argloser aus als früher. Er blickt in unsere müden Gesichter und reißt hurtig das Fenster auf, damit wir wieder munter werden.

»Wohin gehen wir?«

»In einen Jazzclub.«

»Ach!« Talia und ich tauschen Blicke. Das klingt gut!

14
Wären wir doch zu Hause geblieben

Der Jazzclub ist eine billige Kneipe, in der es nach *Ceviche, dem* peruanischen Fischgericht, und Korruption riecht. Hier stellt uns Shmulike Chico (ja, Chico) vor, ein winziges, ständig rauchendes Männchen mit kantigem Schädel und einer Narbe am Hals, das glatt aus einem Comic stammen könnte.

Talia und ich setzen uns und lauschen den phantastischen Klängen der Band, während Shmulike und Chico uns was zu trinken besorgen. Wir verspeisen einige peruanische Delikatessen, lachen über die Witze der beiden Männer, und Iordana verkriecht sich heulend in eine Ecke. Oh, Scheiße, Iordana hockt tatsächlich heulend in der Ecke. Ich tippe Shmulike auf die Schulter und zeige auf seine Frau, die mittlerweile herzzerreißend schluchzt und dabei ein Stück Forelle zwischen ihren Fingern zerreibt.

»Was ist mit Iordana los?«, frage ich Shmulike.

»Die heult ständig, denk dir nichts dabei«, lautet seine Antwort.

Iordana schnippt das Stück Forelle auf den Boden. Eine peinliche Pause entsteht. Shmulike widmet sich wieder dem Witzereißen. Talia und mir wird die Situation zunehmend unangenehm.

»Alles okay, Iordana?«

»Es geht ihr gut!«, blafft Shmulike uns an.

Schluchz, schluchz.

Sogar Chico sieht mittlerweile besorgt aus. Shmulike steht abrupt auf, deutet mit seinem Finger Richtung Ausgang, und Iordana folgt ihm gehorsam nach draußen. Chico, Talia und ich sitzen da wie drei begossene Pudel, und auf einmal stinkt die *Ceviche* furchtbar stark nach dem vergammelten Fisch, aus dem sie gemacht ist. Durchs Fenster sehen wir, wie sich Shmulike und Iordana aufs Übelste anschreien und wie wild gestikulieren. Mir wird ganz schlecht, so wie es mir immer ging, wenn Ima und Aba sich ihre Gefechte lieferten. Ich ziehe eine Grimasse und verdrehe die Augen, damit Talia denkt, dass auch ich einen solchen Auftritt zum ersten Mal erlebe.

Shmulike wirft uns einen Blick zu, schnippt erneut mit den Fingern und erzielt bei uns genau denselben Effekt. Wir trotten devot zum Auto. Was soll ich sagen. Der Mist funktioniert. Tief in unserem Inneren sind wir alle gehorsame kleine Mädchen, sogar Chico steht stramm, bis ihm einfällt, dass er ja nicht mit uns gekommen ist und daher gehen kann, wann und wohin er will. Er könnte natürlich auch dem Kneipenpersonal beim Aufwischen der umgestoßenen *Ceviche* helfen.

Wir fahren zurück nach Miraflores. Iordana weint nicht mehr, sie schnieft nur noch wie jemand, der sich wünscht, er hätte ein Taschentuch, und ihr trauriger *shmarf* steht die ganze Zeit kurz davor, ihr aus den perfekten Nasenlöchern zu triefen. Ich werfe Talia erneut einen Blick zu. Wir wollen nur noch in unsere Schlafanzüge schlüpfen – und aus Lima verschwinden.

15
Lecktuch

Die erste Zwischenstation auf unserem Weg nach Süden Richtung Machu Picchu (Höhepunkt einer jeden Perureise) ist die Stadt Pisco, Heimat des *Pisco Sour* und einer boomenden Fischkonservenindustrie, die die gesamte Gegend mit dem penetranten Duft einer nach alten Krabben müffelnden Vagina überzieht. Als wäre das noch nicht genug, weht auch noch eine sanfte Punzenbrise, die den grässlichen Pesthauch immer wieder in die Stadt zurückträgt, damit wir alle paar Minuten in den Genuss einer konzentrierten Dosis kommen.

Egal, wie oft Talia und ich auch versuchen, uns den Gestank unter der Dusche vom Körper zu schrubben, wir riechen danach immer noch wie ein Abstrich, der zu lange in der Petrischale lag. Wir können nicht mal die Stadt besichtigen, ohne dass uns gleich wieder schlecht wird, also beschließen wir, unter die Bettdecke zu kriechen und unser Deo direkt aus der Dose zu inhalieren.

Trotzdem bin ich gerade ziemlich erleichtert, dass Talia bei mir ist. Ich genieße den Tapetenwechsel von der Brown University, obwohl ich wünschte, es wären noch andere Rucksacktouristen in der Gegend. Vor allem solche männlichen Geschlechts. Ich bin ganz ausgehungert nach Männern in meinem Alter, die mir nicht ihre Bierfahne ins Gesicht rülpsen oder mit Geldbündeln wedeln.

Talia hat vollstes Verständnis, denn sie ist genauso spitz

wie ich. Ich habe mir Talia nie als sexuelles Wesen vorgestellt, doch sie hatte während der letzten Jahre eine Reihe von Partnern. Der letzte war ein kleiner süßer Junge mit irakischen Wurzeln, der laut ihrer Schilderung über einen unglaublich behaarten Rücken, eine behaarte Brust, einen dichten Bart sowie Haare in Ohr und in Nase verfügte. Eigentlich, so gab sie schließlich zu, war sein ganzer Körper mit einem fellartigen Bewuchs bedeckt, außer der Genitalregion, die er regelmäßig und mit großer Sorgfalt rasierte. Das war sehr rücksichtsvoll von ihm und gab bestimmt ein denkwürdiges Bild ab.

Talia meint, wir sollten nach Nazca weiterreisen, weil sich dort ihres Wissens mehr Touristen und somit vielleicht auch ein paar männliche Rucksackreisende aufhalten würden.

Im Gegensatz zu Pisco ist Nazca wegen einer handfesten Attraktion bekannt, den berühmten Nazca-Linien, riesigen, altertümlichen Figuren, die vor Urzeiten in den Boden gescharrt wurden. Ich bin tatsächlich schon ganz gespannt darauf, sie mit eigenen Augen zu sehen. Das einzige Problem besteht darin, dass man sie nur aus großer Höhe erkennen kann, was bedeutet, ich muss in eine Cessna steigen und mir die Seele aus dem Leib kotzen. Ich teile Talia mit, dass mich mein Magen auf keinen Fall in ein so winziges Flugzeug begleiten wird und wir uns deshalb um eine Alternative bemühen müssten. Talia nimmt's gelassen und meint, sie würde trotzdem fliegen und könne mir dann ja hinterher erzählen, wie es war. Obwohl das logisch klingt, finde ich es ziemlich herzlos von ihr. Wenn ich nicht fliegen kann, dann muss sie doch wohl auch darauf verzichten, oder? Andererseits, warum sollte sie die Gelegenheit, sich kotzend Linien anzusehen, nicht wahrnehmen? Ich bin viel zu bedürftig und benehme mich albern.

Ich begleite Talia zur Blechdose mit Flügeln, und sie winkt

mir zufrieden und irritierend unzickig aus dem Fenster zu, als sie darin abhebt. Ich bleibe zusammen mit dem nazcarianischen Ticketverkäufer am Boden zurück, und es gelingt mir nicht, eine unfrustrierte Miene aufzusetzen.

»Steig doch da hoch!«, schlägt er mir vor und zeigt auf eine Art Hochsitz. Ich erklimme ihn befriedigt, den Fotoapparat in Schussbereitschaft. Ätsch, Talia! Ich klettere bis ganz nach oben und erblicke aus fünfzehn Meter Höhe den letzten Zipfel von etwas, das aussieht wie der große Zeh einer uralten Figur. So ein Mist!

Nach dieser eindrucksvollen Aussicht warte ich auf Talias Rückkehr. Es wäre glatt gelogen, würde ich behaupten, ich wünschte mir nicht, sie mit einer prall gefüllten Kotztüte in der Hand aussteigen zu sehen. Das war gemein, ich nehm's zurück. Ich hoffe, die Kotztüte ist leer.

Doch sie steigt natürlich topfit aus dem Flugzeug, hat sich selbstredend kein einziges Mal übergeben müssen und schwärmt davon, wie toll die Linien seien.

»Na, das ist ja super!«, rufe ich mit geheuchelter Begeisterung. »Hast du auch den großen Zeh gesehen?«

»Welchen großen Zeh?«, will sie wissen. »Da war kein großer Zeh, nur eine Heugabel oder so was Ähnliches.«

»Dann hast du ihn wohl verpasst. Schade, das war der coolste Teil des Ganzen.«

»Echt?«, fragt sie ungläubig.

»Nee, war 'n Witz. Ich bin nur genervt, weil ich so empfindlich bin und nichts gesehen habe.«

»Ach, so toll war es nicht.«

»Echt nicht?«

»Nee, es war der absolute Wahnsinn.«

Talia setzt ein böses Grinsen auf und malt mit einem Stock eine Figur in den Sand, um mir zu zeigen, was ich verpasst habe. Ich male ein ungelenkes Bild vom Zeh daneben, und wir trotten beide zufrieden zur Pension zurück.

16
Gib's mir!

Cuzco. Endlich! Hier liegt die Feierlaune förmlich in der Luft. Es gibt Dutzende Pensionen, einen pittoresken Dorfplatz, Märkte, Tanzclubs und überall Einheimische in wunderschön bestickten Ponchos.

Unsere Moomlatz-Pension liegt hoch oben auf einem steilen Hügel, und zu meiner großen Freude treffen wir in der Lobby auf einen Haufen Rucksacktouristen aus Israel. Diese Typen, *muchilleros* genannt, sind völlig anders als die israelischen Rucksacktouristen, die Asien unsicher machen.

Diese Burschen sind intelligenter, aufmerksamer, sie unterhalten sich nicht über Körpermassagen und Vollmondpartys, sondern über Naturreservate und kulturelle Gepflogenheiten.

Während die Asienreisenden abfeiern und Einheimische poppen wollen, kommen die *muchilleros* nach Südamerika, um zu wandern, Berge zu erklimmen und Einheimische zu poppen. Dafür lernen sie sogar Spanisch und Salsatanzen.

Unterhaltungen zwischen Bergfexen schüchtern mich immer ein. Ich liebe die Natur, aber ich bin eine überzeugte Anti-Wander-Aktivistin. Meine Eltern gehörten zu den Leuten, die in die Berge fuhren und der Natur aus ihrem Auto zuwinkten. Sie wären im Traum nicht darauf gekommen, die Wanderstiefel zu schnüren, wetterfeste Anoraks anzuziehen und einen Berg zu besteigen. Es ist nämlich leichter, sich im Auto zu streiten als beim kurzatmig schnaufenden Erklimmen schwindelnder Höhen. Wenn ich recht darüber nachdenke, meine ich zu wissen, dass mein Vater nicht einmal Turnschuhe besitzt.

Talia hingegen findet Backpacker faszinierend und fängt gleich eine angeregte Unterhaltung mit einem besonders bergfexigen weiblichen Exemplar namens Pazit an. Sie ist ein stämmiges israelisches Mädel ohne Sex-Appeal, trägt ihre schwarzen Haare in einer strengen Prinz-Eisenherz-Frisur mit schnurgeradem kurzen Pony und hat außerdem viele Sommersprossen, die sich an den merkwürdigsten Stellen im Gesicht gruppieren, so als hätten sie Angst vor dem Alleinsein. Pazit hat eine tiefe Stimme und lispelt unüberhörbar durch eine riesige Lücke zwischen den Schneidezähnen. Über den Augen prangt eine zusammengewachsene, raupengleiche Megabraue, der nur zwei Haare zum Buchstaben M fehlen.

Pazit ist schon seit über zwölf Monaten in Südamerika unterwegs und hat jede legale Tour hinter sich, die der Kontinent zu bieten hat. In der Hierarchie der Rucksackreisenden in Südamerika hält sie eine Spitzenposition inne, die der asiatischen Spitzenposition, aus bereits erwähnten Gründen, weit überlegen ist. Hier in Südamerika gilt das Motto: je aktiver, desto cooler. Pazits Spitzenplatz kann ihr keiner streitig machen, denn der Umstand, dass sie sich in einem winzigen bolivianischen Dorf mit Malaria infiziert hat, stattet sie mit einem Alleinstellungsmerkmal aus.

Ich fühle mich sofort ausgegrenzt, weil ich fürchte, sie könne Talia etwas bieten, mit dem ich nicht dienen kann. Ich kann zwar Witze reißen, doch Pazit vermittelt einen Hauch von Abenteuer und Naturbegeisterung, dazu verfügt sie auch noch über eine komplette mobile Küchenausrüstung inklusive eines speziellen Campingkochers mit zwei Platten, den sie ob seiner rasanten Kochgeschwindigkeit stolz als Turbokocher bezeichnet. Ist mir neu, dass es unter Campingkochern auch Turbos gibt, es geht doch hier nicht um eine Corvette, oder? Das Spektrum solcher Campingkocher ist anscheinend breit, und Pazit hat für ihren richtig viel Geld hingeblättert.

»Ich wusste gar nicht, dass die auch Turbokocher herstellen«, bemerke ich boshaft.

»Doch, doch, die sind zwar teurer, aber das ist es wert«, erwidert Pazit offenherzig.

Talia überrascht mich damit, dass sie die verschiedenen Touren durch Bolivien aufzählt, die sie noch gehen wolle. Ich bin völlig verdattert. Wir haben uns nie über Wanderungen unterhalten! Und Bolivien war eh kein Thema! Wenn ich es recht bedenke, haben wir eigentlich gar nichts besprochen. Ich habe Peru vorgeschlagen, und sie war einverstanden.

»In Huaraz habe ich 3000 Meter über dem Meeresspiegel türkischen Mokka gekocht!«

»Cool!«, kreischt Talia entzückt.

Das Augengebüsch zittert enthusiastisch, und ich meine, die zusammengewachsenen Härchen rufen zu hören: »Zupf uns, rupf uns, hol uns hier raus!«

Mir wird klar, dass ich vor lauter Bedürftigkeit vor jedem Menschen Angst habe, der mir Talia ausspannen könnte. Ich mag mich gerade gar nicht. Ich bin lächerlich, und das weiß ich auch. Doch wie Dr. Friedmann immer sagte: »Seien Sie nett zu sich, verzeihen Sie sich, und tun Sie, was Ihnen guttut. Ich wäre Ihnen außerdem sehr dankbar, wenn Sie nicht immer alle meine Kleenexpackungen leeren würden.«

Zu meiner Erleichterung erzählt Pazit auch gleich von ihrem ersten Reiseziel in Bolivien, wo sie Salzkristalle sammeln möchte. Talia ist damit einverstanden, erst mal zum

Dorfplatz zu gehen und den Ort genauer zu erkunden. Wir wandern den Hügel hinab zum Marktplatz von Cuzco (na gut, wandern ist vielleicht etwas übertrieben, aber ein bisschen Anerkennung täte mir auch mal ganz gut).

Auf dem Markt treffen wir auf ein Dutzend zahnloser Frauen, die wunderschöne Ponchos, Socken und Schmuck verkaufen. Bestimmt Aztekinnen oder Inkafrauen. Verdammt, ich hätte mich echt mal eingehender mit der Bevölkerungsgeschichte Perus beschäftigen sollen. Muss ich unbedingt nachholen.

»*Que eso?*«, frage ich mit meinem Pidgin-Spanisch und deute auf ein flaumiges schalartiges Etwas.

»*Alpaca*«, erwidert die Frau. »*Pure Alpaca.*«

Ein Alpaka ist, wenn ich mich recht erinnere, ein yakähnliches Viech. Talia stimmt mir zu.

Dann zeigt die Frau auf einen roten Poncho.

»*Pure Alpaca*«, wiederholt sie.

»Holla, das sieht ja völlig anders aus«, entfährt es mir. Ich bin ganz fasziniert von den Wundern der Webkunst.

Dann deutet die Frau auf einen Anhänger, der aussieht, als wäre er aus Elfenbein gemacht. »*Pure Alpaca*«, behauptet sie erneut. Will die uns für dumm verkaufen? Diese Sachen können doch unmöglich alle aus Alpaka hergestellt worden sein. Nehmen sie etwa die jungen Alpakas und zerhacken sie in kleine Stücke, um so sämtliche Teile zu verwursten? Die Frau deutet auf eine Silberkette. »*Alpaca.*« Dann auf goldene Ohrringe. »*Alpaca.*«

»Okay, jetzt verarschst du mich aber wirklich«, sage ich zu ihr. Nein, in Wahrheit sage ich natürlich: »*Da mi kaka*«, und sie versteht mich auf Anhieb.

»*No, no, alpaca!! Todo alpaca!!*«

Das Alpaka. Ein Wundertier. Aus ihm kann man flaumige Pullover, Goldschmuck und elfenbeinähnliche Anhänger herstellen.

Talia entdeckt ein Paar bunte Socken, die vom Stand gegenüber baumeln.

Die Standbesitzerin versucht, uns für ihre Ware zu interessieren. »*Sheep wool!*«, verkündet sie stolz.

»Sind die nicht abgefahren?«, ruft Talia.

So viel Begeisterung habe ich bei ihr noch nie erlebt.

»Die muss ich haben!«

Talia betrachtet die Socken mit verträumtem Blick. Ich übernehme die Rolle der Dolmetscherin und fange an zu handeln.

»*Quanto costa?*«, frage ich abgeklärt.

»*Cinco Dólares*«, lautet ihre Antwort.

»Fünf Dollar sind zu viel!«, ruft Talia erbost. »Biete ihr einen Dollar an.«

»Ein Dollar? Bist du da nicht ein bisschen unverschämt? Das sind wunderschöne Socken!«

»Ein Dollar.«

»*Okay, uno dolaro?*«, frage ich die Frau verschämt.

Die Frau nickt. Sie hat wohl schon öfter mit solchen Leuten aus Israel zu tun gehabt.

«*Tres dólares. No puedo un dólar!*«

»Das ist ja Wucher!«, schimpft sie.

»Drei Dollar scheint mir doch ein sehr guter Preis zu sein, Talia. Denk mal nach, was sind schon drei Dollar? Wenn dir die Socken gefallen, dann kauf sie doch einfach.«

Plötzlich lugt der Kopf ihres zweijährigen Sohnes unter dem Hemd der Frau hervor.

»Vergiss es. Komm, wir gehen!«, herrscht Talia mich an.

»*Okay, dos dólares, dos dólares!*«, ruft die Frau. »*No puedo menos! Tengo hijos!*«

Talia nickt und geht weiter.

»Es sind doch nur zwei Dollar, Talia. Wenn du die Socken haben willst, dann kauf sie doch!«

»Ich lasse mich nicht über den Tisch ziehen. Vergiss es!«, sagt sie zu mir.

»Aber du willst die Socken doch haben, oder?«

»Ja, ich finde sie echt toll.«

»Aber du bist nicht bereit für etwas, das du unbedingt haben willst, nur einen Dollar mehr zu bezahlen?«

»Nein, auf keinen Fall. Die nimmt mich doch aus wie eine Weihnachtsgans. Damit kommt sie nicht durch.«

»Aber du bist die Verliererin, nicht sie. Du willst doch die Socken haben.«

»Schon in Ordnung«, meint Talia und geht weiter.

Ich drehe mich um und sehe, wie das Zweijährige eine obszöne Geste macht und mit einer Alpakaklinge herumwedelt. Ich befürchte, Talia wird den ganzen Tag den nicht gekauften bunten Socken hinterhertrauern, doch dann fällt mir ein, dass Talia nie trauert.

Vier Stände weiter findet sie ein identisches Paar Socken. Sie kauft sie für einen Dollar.

»Man darf nie aufgeben«, rät sie mir mit einem triumphierenden Lächeln auf dem Gesicht.

17
Es begann in Afrikaaaaa

Talia und ich putzen uns für unser abendliches Rendezvous im Moomlatz-Tanzclub *Mama Africa* heraus. Um an diesem Abend richtig groß herauszukommen, haben wir beide Klamotten ausgesucht, die unsere Pluspunkte unterstreichen: Ich trage hautenge Jeans und ein weit geschnittenes T-Shirt, das die Größe meiner Möpse nicht gleich verrät, Talia ihre weit geschnittene Jeans, die keine Rückschlüsse über den Umfang ihres Hinterteils zulässt, und dazu ein hautenges T-Shirt, das ihre üppige Oberweite betont.

Vermutlich wünschen sich die Männer, sie könnten sich aus uns beiden einen neuen Prototypen basteln, aber glücklicherweise sind wir hier in Südamerika, das Angebot ist mager, und wir sind den meisten Frauen hier an Attraktivität überlegen. Es ist ein gutes Gefühl, im Lande der Blinden die einäugige Königin zu sein. Ich möchte mir gar nicht vorstellen, wie die Dinge für uns ständen, wenn wir in einer Modelagentur arbeiten oder uns in Schweden oder in der Ukraine aufhalten müssten. Das würde unser Selbstbewusstsein vermutlich stark beschädigen. Schon eine Stippvisite solcher Orte grenzt an Masochismus.

Mama Africa ist eine kleine, überfüllte Pinte mit holzvertäfelten Wänden, wo ein versprengter Haufen verschwitzter Rucksacktouristen zur Musik der Achtziger abhottet. Talia und ich schlendern herein. Alle Augen starren uns an. Genauer gesagt, sie starren auf Talias Brüste, die meinem

Knackarsch überlegen sind, denn der ist ja hinten. Ich hätte rückwärts reinkommen sollen. Muss ich mir fürs nächste Mal merken.

Wir begeben uns auf die Tanzfläche, die anderen wackeln mit uninspiriertem Tanzschulengestampfe im Takt zu *Superstition, Respect, In the Name of Love*. Zum ersten Mal seit vielen Monaten bin ich vollkommen schmerzbefreit und glücklich.

Innerhalb von Sekunden findet Talia in einem kleinen Israeli jemenitischer Abstammung einen Tanzpartner. Er hat ein hübsches Gesicht, aber einen wasserstoffblond gefärbten Lockenschopf. Als Nächstes legt der DJ *Queen* auf. Ich hasse *Queen*. Schon immer. Im Gegensatz zu Talia finde ich mich ohne Partner auf der Tanzfläche wieder, lächle ins Leere und komme mir mit einem Mal wieder ziemlich dämlich vor.

Guter Zeitpunkt für eine Pinkelpause.

Vor dem einzigen WC muss ich ewig warten, bis endlich die Tür aufgeht und der König der Inkas herausschreitet. Echt jetzt, der verdammte König der verdammten Inkas, ohne Scheiß! Er wäre die Idealbesetzung für eine romantische Musicaladaption von Mel Gibsons *Apocalypso*. Er hat breite Schultern, lange, rabenschwarze Haare, riesige, stechende Augen, eine Römernase und perfekte Zähne. Er taxiert mich.

Du dusselige Kuh, warum hast du nicht mit dem Rücken zur Tür gewartet? Hast du denn gar nichts gelernt?

»*Qué linda!*«, schnarrt er und beäugt sichtlich angetan mein Gesicht. Hm. Hatte ich ganz vergessen. Mein Gesicht ist ja auch ganz nett.

Er heißt Raoul, und er ist Cusconier, Cuscisch, Cuscine, egal, jedenfalls ist er ein total heißer Typ. Raoul ist offenbar genauso begeistert von mir wie ich von ihm. Gott sei Dank gibt es sonst nur Blinde hier. Wir tanzen ein wenig.

Irgendwann zieht sich Talia mit Ahmed Peroxidblond im Schlepptau in die Pension zurück, um dort ihre Jemenitischkenntnisse aufzufrischen. Raoul und ich lassen uns auf einem Haufen Fleecejacken in einer Ecke des Clubs nieder. Unsere Konversation ist ziemlich einsilbig, nicht weil wir zu viel rummachen, um zu reden, sondern weil Raoul kein Englisch spricht und nützliche Phrasen wie *»Quanto costa?«* und das spanische Wort für »Fünf« nicht wirklich zu tiefen Gesprächen taugen.

Ich habe keine Ahnung, ob Raoul völlig debil oder brillant ist. Wenn jemand gut aussieht, gehen alle davon aus, dass er dafür nicht viel im Oberstübchen hat (der Herr gebet und der Herr nehmet), aber das finde ich echt nicht fair. Außerdem ist das doch nicht so wichtig, oder? Ist ja nicht so, als würde ich mit Raoul ins Studentenwohnheim ziehen, mit ihm über die Tropen des Postmodernismus und Russells Teekanne diskutieren wollen. Aber ich kann mir nicht helfen, ich bin an mehr als nur an seinem Aussehen interessiert. Ich bin eben ein *tiefsinniger* Mensch.

Oder vielleicht doch nicht, denn im Moment will ich eigentlich nur den Zauber des nackten Inkamannes spüren. Damit ich meinen Enkelkindern später mal was zu erzählen habe. Ich sehe sie förmlich vor mir, meine drei kleinen Engel, wie sie zu meinen Füßen sitzen und erwartungsfroh zu ihrer erfahrenen, weisen Großmutter aufblicken: »Ja, Kinderchen, die Lust kann Berge versetzen. Man kann klein und neurotisch sein und Brüste haben, die nicht so groß sind wie die der Freundin, aber als Einäugige im Land der Blinden will auch der heißeste Typ des Landes mit dir vögeln, und das ist das Wichtigste, Intelligenz ist dabei völlig egal, es geht ums Genießen. Und jetzt seid so lieb und holt eurer Großmutter eine Packung *Kompensan.*«

Ich kann mir nicht vorstellen, wie Raouls Leben aussieht. Wahrscheinlich poppt er jede Woche eine andere

Schlafsackschlampe und denkt sich gar nichts dabei. Weil er die Sprache seiner jeweiligen Partnerin nicht kennt, muss er sich auch nicht mit den Wünschen der Frauen oder nervtötenden Diskussionen herumschlagen. Der Mann hat den Bogen raus.

Raoul führt mich nach draußen und küsst mich. Ich versuche, nicht an die tausend Münder meiner Vorgängerinnen zu denken, deren Zungen schon exakt dieselben Stellen befeuchteten, und es gelingt mir tatsächlich, den Augenblick zu genießen, denn der Mann kann wirklich küssen, und seine Lippen sind die prallsten, die mein Mund je berührt hat. Unmöglich werde ich mich danach je wieder mit schmalen Lippen zufriedengeben.

»Gehen wir zu dir?«, frage ich. Glaube ich jedenfalls. Bei ihm kommt vermutlich an: »Von Eins bis Fünf wie viel willst du mich und dein Haus?«

»Klar«, erwidert er gelassen, »aber meine Freundin übernachtet dort.«

»Deine Freundin?«

»Ja. Lital ist wunderschöne israelische Frau.«

Was zum Teufel soll das denn jetzt?

»Mach dir keine Sorgen, sie ist nur Freundin. Ist wie meine Schwester. Sie schläft bei mir, aber sie ist glücklich, wenn du auch bei mir schläfst.«

Das klingt logisch. Jetzt bloß keine Ansprüche stellen, Kindchen, das haben die anderen Schlampen vor dir auch nicht getan.

»Klar, freue mich schon auf Lital.«

Raoul und ich eilen hurtigen Schrittes zu seiner Wohnung, wir sind beide spitz wie Nachbars Lumpi. Ich bin außerdem nervös, weil ich bei seiner unbekannten Freundin unbedingt einen guten Eindruck hinterlassen möchte.

Raouls Bude liegt im Erdgeschoss direkt zwischen zwei *Best-Pizza-in-Cuczo*-Restaurants.

»Mach keinen Lärm, Irisita, meine beste Freundin schläft.«

Ich nicke gehorsam. Er öffnet die Tür, und wir betreten ein Zimmer, in dessen Mitte ein großes Himmelbett thront. Darin liegt eine kleine, elfenhafte Blondine, deren Gesicht mich an Tweety erinnert, nur dass sie schon Ende dreißig sein muss. Sie legt das Buch zur Seite, das sie gerade gelesen hat.

»Raouli«, flötet sie und hüpft, nur mit einer keusc[illegible] kanariengelben Unterhose bekleidet, aus den Fede[illegible] besitzt den Körper eines vierzehnjährigen Jungen. [illegible] Dank. Neben ihr komme ich mir vor wie Pamela [illegible]son.

Sie drückt Raoul einen Schmatzer auf die Wange und mustert mich dann.

»*Ahalan*, ich bin Lital«, stellt sie sich vor und umarmt mich auf Zehenspitzen.

Raoul zieht sich bis auf seine Boxershorts (mit der Aufschrift AC Mailand) aus und springt ins Bett. Lital hüpft hinterdrein. Wo soll sie auch sonst hin? Ich hatte nicht erwartet, zu dritt in einem Bett schlafen zu müssen. Was zum Henker soll ich jetzt tun? Wie sollen Raoul und ich jetzt abgefahrenen Inkasex machen, wenn diese Tolkien'sche Gestalt direkt zwischen uns liegt.

»Kommst du auch?«, fragt Raoul und rückt ein wenig zur Seite, sodass ich zwischen den beiden Platz habe. Ich wäge ab. Ich kann jetzt gehen oder mich dieser unkonventionellen Situation hingeben.

Ich sehe es schon vor mir:

Von den Produzenten von »Die kleine Meerjungfrau« und »Findet Nemo«! Eine neue, extravagante Pornoproduktion für echte Märchenliebhaber:

»Der Inkakönig und Peter Pan poppen die Königin von Zion«. Jetzt auch auf Blu-Ray.

Ich ziehe mich bis auf meinen Stringtanga aus (American Apparel) und springe ins Bett, das aus der Entfernung eindeutig breiter wirkte. Ein Bein berührt das von Raoul, und das andere liegt direkt neben dem von Lital. Das Vögelchen hat Zehennägel!

Raoul fängt an, mich zu küssen. Wenn Tweety Pan jetzt vielleicht zusehen oder unschuldig neben uns schlafen würde, könnte dies bei mir unter Umständen so etwas wie Lustgefühle auslösen, doch sie widmet sich wieder ihrem Buch, blättert sehr laut und viel zu schnell die Seiten um.

Raoul zieht mich eng an sich heran, und das Geräusch des Umblätterns ähnelt jetzt eher einem Zerknittern. Diese Nummer wird langsam lächerlich. Ich weiß nicht, wie es meine Vorgängerinnen gemacht haben, aber ich kann das nicht.

»Bin müde«, murmele ich in Raouls Ohr. »Lass uns das auf eine andere Nacht verschieben.«

»*Bien*, Irisita, *no problemo. Buenas noches.*« Er macht das Licht aus. Ich kuschele mich enger an ihn heran und versuche, Tweetys Beine nicht zu berühren, aber sie schiebt ihre immer weiter zu mir hin. Schließlich gebe ich nach und lasse es zu, dass sie ihren Zehennagel in meine Wade bohrt. Ich bin zu erschöpft, um zu kämpfen.

Ziemlich schnell bin ich eingeschlafen, doch schon einige Stunden später wache ich mit dem dumpfen Gefühl auf, dass gerade irgendwas Grässliches passiert ist. Ich schlage die Augen auf, im fensterlosen Zimmer ist es stockdunkel. Was ist hier los? Abgesehen von der Tatsache, dass ich mir das Bett mit einem Inkacallboy und einer präpubertären, aber gleichzeitig gealterten Comicfigur teile.

Ich höre Raouls und Tweetys gleichmäßige Atemzüge,

sie schlafen wie die Murmeltiere. Schlagartig wird mir das Schlamassel klar. Mit einem Griff an die Unterwäsche stelle ich fest, dass ich richtig liege. Alles ist feucht, ja total durchfeuchtet. Ich habe meine Tage bekommen. Es geht hier nicht nur um ein paar Tröpfchen, nein, bei mir geht gleich ein ganzer Schwall ab. So ein Mist. Ist was auf das Laken gekommen? Dumme Frage! Klar ist was durchgesickert, ich habe schließlich einen Stringtanga an. So was passiert auch nur mir, nur ich bekomme ausgerechnet dann meine Tage, wenn ich mit einem fremden Pärchen im Bett liege.

Ich mache das Licht an, und siehe da, auf dem Laken prangt ein fetter Blutfleck, direkt da, wo ich ihn vermutet habe. Ich ziehe meinen nassen Slip aus und schlüpfe in eine Unterhose von Raoul, die am Türknauf hängt. Lieber würde ich sterben, als mich an Peter Pans Dessous zu vergreifen.

»*Todo bien*, Irisita?«, murmelt Raoul schlaftrunken.

Scheiße! Schnell kicke ich die blutige Unterhose unter das Bett.

»Ja, alles paletti. Brauchte nur mal eine kleine Pause, war mir ein bisschen zu eng so in Löffelstellung zwischen euch. Weißt ja, Berührungsängste und so …«

Er macht das Licht aus und schläft wieder ein.

Hektisch streife ich mir die Hose über und schicke beim Hinaushasten noch ein Stoßgebet an den Gott der Menstruation, er möge bitte dafür sorgen, dass Raoul nie einen Blick unter sein Bett wirft oder seine Laken für gewöhnlich mit geschlossenen Augen wechselt.

Das war also mein erstes südamerikanisches Sexabenteuer. Als ich ganz verkrustet und frustriert unser Zimmer in der Pension betrete, ist Talia bereits geduscht und bereit für den Tag. Mit der rosigen Gesichtsfarbe einer frisch Durchgenudelten sieht sie mich verwirrt an.

»Wie war deine Nacht?«, will sie wissen.

»Dufte. Hab meine Tage bekommen und Raoul das ganze Bett vollgeblutet, das er zufällig mit einer gealterten Elfe mit scharfen Krallen teilt.«

»Ach du Scheiße!«, prustet Talia.

»Das kannst du wohl sagen. Ich bin weggelaufen, bevor sie wach wurden. Hab ihnen aber meine blutige Unterhose als Souvenir dagelassen.

»Das ist ja pervers!«

»Ich weiß.«

Schmuddeleinlage Nr. 1
oder Periodentrauma Nr. 45

Ich war gerade erst eine Woche aus Asien zurück, da entschloss ich mich, ein paar Tage in die Wüste Sinai zu fahren, um mir meine Eingewöhnung in den Alltag zu erleichtern. Mein damaliger Begleiter, ein junger, schwarz gelockter Gentleman namens Rami, hatte einen Bierbauch und undurchsichtige Motive.

Es war Sommer, und in der Wüste herrschte eine unerträgliche Hitze. Wir teilten uns einen sechseckigen Bretterverhau mit einigen anderen Kiffern, die nur in die Wüste kamen, um sich mit Dope vollzudröhnen und schnorcheln zu gehen. Den ganzen Tag hatten wir im Sand gelegen, und ich hatte auf einen günstigen Moment gewartet, um allein in der Hütte meinen Tampon zu wechseln. Um zur Toilette in der Hütte zu gelangen, die den Fliegen zugleich als Sauna diente, musste man nämlich, Sisyphos lässt grüßen, eine riesige, glutheiße Sanddüne erklimmen, vorbei an gaffenden Beduinen. Zu meiner Freude war niemand in der Hütte. Wenn ich jetzt darüber nachdenke, hätte ich Rami auch gleich reinen Wein einschenken können, aber wir befanden uns noch am Anfang unserer Beziehung, und deshalb hatten wir noch nicht über meine Regel gesprochen. Ich ließ ihn lieber in dem Glauben, dass ich nie aufs Klo gehe, furze oder aus der Na-du-weißt-schon blute.

Ich versuchte, eine Ecke zu finden, in der mich keiner durch die rechteckigen Löcher in den Brettern beobachten könnte, die in unserer Hütte als Fenster dienten. Ich zog gerade den Tampon heraus, da sah ich Rami im Affenzahn auf die Hütte zulaufen. Warum? Was wollte er hier? Und was sollte ich denn jetzt so schnell mit dem Tampon machen?

Das große Loch direkt vor mir bot einen Ausweg: Ich würde den Tampon aus dem Fenster schlenzen und ihn, sobald Rami wieder weg war, aus dem Sand klauben. Super Sache!

Erleichtert schleuderte ich das triefende Ding wie einen Wurfhammer Richtung Fenster. Tampons in Maxigröße beschreiben eine eindrucksvolle Flugbahn. Nur zielte ich leider wenig eindrucksvoll, und das Teil schlug dumpf an der Wand auf und blieb dort hängen, als wäre es in Superkleber getränkt worden. Entsetzt starrte ich die Wand an, wo der Wattepfropfen nun langsam heruntergelitschte und dabei eine rote Schleimspur an der Mauer hinterließ, bis er schließlich mit einem nassen *plmf* auf meinem Schlafsack landete.

Rami kam ins Zimmer und erwischte mich in Unterhose. Ich starrte ihn an wie ein menstruierendes Reh im Scheinwerferlicht und betete inständig, er möge das Blut an der Wand nicht sehen.

»Ach, du lieber Himmel, ist das Blut an der Wand?«, fragte er verstört.

»Ähem, tja. Riesenmücke. Hab sie gerade erledigt. Ein Megavieh! Muss schwanger gewesen sein. Ich habe richtig Schuldgefühle, dass ich sie umgebracht habe.«

Der Tampon warf mir vom Schlafsack aus anklagende Blicke zu. Ich konnte förmlich hören, wie er wütend zischte: »Du bist ein echter Feigling, meine Liebe. Ich bin ein ganz normaler Teil des weiblichen Zyklus. Wenn du mich schon mit deinem Blut besudelst und wegwirfst, dann solltest du mich wenigstens mit Respekt und Würde behandeln und mich nicht verstecken. Ich hasse dich!«

So was in der Art.

Rami betrachtete die Blutspur wie ein frustrierter Künstler. Er schüttelte den Kopf, zerrte ein Buch aus seiner Tasche und trollte sich wieder an den Strand. Ich wetzte zum Schlafsack, schnappte mir den wütenden Tampon, wickelte ihn in Toilettenpapier und zog dann tief in die Wüste, um ihm eine ehrenhafte Feuerbestattung zuteilwerden zu lassen, fernab von Zuschauern, Familie und Freunden. Das war das Mindeste, was ich tun konnte.

18
Au weh, Gustavo!

Wie bereits unzählige Israelis vor uns wollen Talia und ich in Cuczo nur zwei Moomlatz-Attraktionen abhaken: Machu Picchu besichtigen und Wildwasser-Rafting ausprobieren. Wir beschließen, es zuerst mit dem wilden Wasser aufzunehmen, und traben zum Büro des Veranstalters, um uns anzumelden.

Dort hängen lauter Zettel mit begeisterten Lobeshymnen auf Hebräisch und Fotos von verzückten Israelis am gemütlichen Lagerfeuer. »Drei Boote pro Tour, ein Bootsführer pro Boot«, verkündet der knopfäugige Buchungsassistent. »Die heutigen Touren sind schon ausgebucht, aber ihr könnt bei der nächsten Tour in drei Tagen mitmachen und müsst euch jetzt schon euren Führer aussuchen.«

Der erste Führer ist ein zugedröhnter alter Sack namens Fico, der zweite ein kleiner Peruaner namens Marco, und der dritte ist ein sexy Chilene namens Gustavo. Alle halten sich gerade zufällig vor dem Büro auf, denn sie verladen die Ausrüstung für die nächste Tour in den Transporter, die in einer Stunde losgeht. Fico sieht zu uns herüber und lächelt. Trotz des glasigen Blicks liegt in seinen Augen so etwas wie die Weisheit des hohen Alters.

»Wir sollten mit Fico fahren«, meint Talia. »Er hat am meisten Erfahrung.«

»Aber der ist so stoned, der kann sich wahrscheinlich nicht mehr an seine Erfahrung erinnern!«, entgegne ich.

»Was ist mit dem heißen Typen? Es gibt doch nichts Antörnenderes als einen sexy Chilenen, der dir die Rettungsweste anlegt.«

Talia lacht. Es geht noch ein wenig hin und her, dann entscheiden wir uns für das Alter und gegen die Schönheit. Als Frauen wissen wir, worauf es ankommt. Dann muss ich mich eben an Gustavo ranmachen, wenn wir am anderen Ende angekommen sind.

Die Bootsführer sind mit dem Packen fertig und wollen gerade abfahren. Hilla und Meirav, zwei israelische Mädels vom gleichen Birnbaum, bitten mich, ein Foto von ihnen vor dem Transporter zu machen. Die beiden sind echt nett, sie kommen aus Holon, einem Provinzkaff in der Nähe von Tel Aviv, und sind total aufgeregt. Sie haben ein Jahr für diese Reise gespart, und für sie geht ein Traum in Erfüllung. Ihr Enthusiasmus ist ansteckend und erinnert mich daran, dass ich mich glücklich schätzen sollte, hier sein zu dürfen.

Gustavo legt Hilla die Hand auf den Rücken. »*Vamos*«, ruft er und stupst sie mit strahlendem Colgate-Lächeln in Richtung Transporter. »*Vamos!*«, wiederholt Marco und legt Meirav die Hand weiter unten auf den Rücken, sein Mittelfinger berührt schon ihren Hintern. Ganz schön gerissen!

»Viel Spaß! Bis in drei Tagen!«, rufen wir, als sie davonbrausen.

Heute geht unsere Tour los! Wir schlagen pünktlich vor dem Büro des Veranstalters auf, als die andere Gruppe gerade wieder eintrudelt. Ich winke Hilla und Meirav zu, die auf denselben Sitzplätzen hocken, die sie auch auf der Hinfahrt hatten. Seltsam, dass das immer so geht. Keiner sagt einem, man soll seinen ursprünglichen Sitzplatz behalten, aber man macht es trotzdem.

Hilla und Meirav winken nicht. Sie sehen regelrecht elend aus. Am Boden zerstört.

Die Transportertür öffnet sich mit einem Wutsch, ein angespannter Fico springt heraus, flitzt sofort ins Büro und flüstert dem Typen hinter dem Tresen etwas zu. Marco wischt sich die Tränen aus dem Gesicht. Und Gustavo. Hm, Gustavo steigt nicht aus dem Transporter.

»Wo ist Gustavo?«, will ich wissen.

Hilla bekommt einen hysterischen Heulkrampf.

»Er ist tot!«

»WAS? Was soll das heißen, er ist tot? Wieso?«

Hilla erzählt unter heftigem Schluchzen und Husten, was passiert ist.

»Unser Boot ist umgekippt, und er ist unter einem Felsen stecken geblieben, und sie konnten ihn nicht loskriegen, und dann ist er gestorben. Einfach so.«

Talia und ich tauschen entsetzte Blicke.

Fico kommt mit dem Ausdruck zielstrebiger Entschlossenheit aus dem Büro.

»Okay, Leute! Alle einsteigen, wir sind spät dran!«, ruft er. Die anderen Israelis drängen sich in den Transporter, Talia mittendrin.

»Wo willst du hin?«, frage ich entgeistert.

»Was meinst du? Wir machen eine Raftingtour.«

»Der Bootsführer ist *tot*! Wir können doch jetzt nicht mir nichts, dir nichts eine Raftingtour machen!«

»Das Leben ist lebensgefährlich«, verkündet Fico mit hypnotisch beruhigendem Unterton in der rauen Stimme und klingt dadurch wie eine ältere, hellhäutigere und bekifftere Ausgabe von Morgan Freeman.

»Der. Bootsführer. Ist. Tot!«, wiederhole ich. »Wie sollen wir die Tour dann bitte heil überstehen, hm?«

»Sie werden uns unser Geld nicht zurückerstatten«, mahnt Talia völlig emotionslos an.

»Und darum willst du mitfahren? Weil sie uns das Geld nicht wiedergeben?«, frage ich ungläubig.

»Ich meine nur. Wir haben bezahlt, also sollten wir auch mitfahren.«

»Das kann doch wohl nicht wahr sein!«

Fico legt mir die Hand auf den Rücken, und für den Bruchteil einer Sekunde denke ich an Gustavo und an all die Dinge, die sich vielleicht ergeben hätten.

»Du musst dir keine Sorgen machen«, säuselt er mit hypnotisierender Stimme. »Wenn ich dabei bin, wird dir nichts passieren. Gustavo war ein Draufgänger. Ich lese den Fluss wie ein Buch, er hat ihn nur überflogen wie eine Schlagzeile.«

Ich sehe Fico an und glaube ihm. Vielleicht bin ich überängstlich: Wir befinden uns in guten Händen. Das Leben ist lebensgefährlich. Wahrscheinlich übernehme ich wieder mal völlig unkritisch die übersteigerten Ängste meiner Mutter. Sie hatte immer furchtbare Angst davor, dass mir etwas Schreckliches passiert, da hat sich ihre Angst wohl auf mich übertragen. Es ist ihre Schuld, dass ich so verdammt neurotisch bin, richtig, Dr. Friedmann? Ich werde gegen dieses Gefühl ankämpfen, ich werde kämpfen, und ich werde mich ins Abenteuer stürzen und auf diesem Wildwassertrip mein Leben riskieren, damit Talia bekommt, wofür sie bezahlt hat, und ich mir nicht wie ein Waschlappen vorkomme. Auf geht's!

19
Mit Schmackes

Wir erreichen das Basislager am frühen Nachmittag. Fico hilft Talia dabei, die Schnallen der Rettungsweste zu schließen, die ganz offensichtlich nicht für außergewöhnliche Körbchengrößen geeignet ist. Meine hingegen schnappt sofort zu. Beim Zusammenschieben kann ich die Schnallen förmlich feixen hören: »Unglaublich, wie leicht das geht. Sogar der Junge aus Somalia letzte Woche war nicht so einfach zu verpacken! Hihihi!«

Kaum sind alle in die Westen geschnürt, führen uns Marco und Fico zum Flussufer. Ich glaube, sie wollen uns beruhigen, und das ist auch bitter nötig, denn zumindest ich bin ziemlich nervös.

»Zunächst einmal: Herzlich willkommen!«, sagt Fico, und man kann seine ruhige, sanfte Stimme trotz der rauschenden Stromschnellen hören. »Wir werden uns auf eine drei Tage lange Raftingtour begeben. Sobald wir abgelegt haben, gibt es kein Zurück mehr. Wenn sich einer von euch das Bein bricht, dann muss er eben mit gebrochenem Bein weitermachen und kann sich erst in drei Tagen um ärztliche Hilfe kümmern. Sicherheit ist unser *oberstes* Gebot! Wenn ich euch was sage, dann hört ihr zu und folgt meiner Anweisung. *Sofort!*«

»Es gibt drei Befehle: ›Vorwärts!‹ heißt, ihr rudert vorwärts, und das mit Schmackes. ›Stopp!‹ bedeutet, ihr stellt das Rudern ein. Bei ›Zurück!‹ rudert ihr zurück, und zwar mit Schmackes. Wer nicht gehorcht, riskiert, mit dem Boot über Kopf zu gehen, ist das klar?«

Eines ist mir besonders klar, mein liebes Ficofreundchen. Dieser Mist hier ist gefährlich, und wir haben eine Macke, weil wir uns dieser Gefahr freiwillig aussetzen. Vielleicht handelt es sich hier um eine geheime Vernichtungsstrategie, die von einer Außenstelle der Hamas oder einem naturverbundenen Iraner ausgeheckt worden ist?

»Vergesst das mit den Selbstmordattentaten, wir schicken sie einfach ohne Helme auf eine Wildwassertour. Brillant! Und der Chilene, tja, der fällt unter Kollateralschaden.«

Fico hält inne und setzt plötzlich eine finstere Miene auf.

»Es ist mir eine Ehre zu verkünden, dass wir zudem noch eine Mission zu erfüllen haben«, sagt er mit tragisch-militärischem Flair. »Wie ihr vielleicht wisst, erlitt unser lieber dritter Bootsführer Gustavo bei unserer letzten Tour einen tödlichen Unfall. Wir haben seinen Leichnam in einen Schlafsack gewickelt und an einen Felsen im kalten Wasser gebunden, damit er bis zu unserer Rückkehr nicht verwest. (Frischer toter Körper. Super.) Aber am letzten Abend hat sich der Schlafsack vom Felsen losgerissen und wurde weggespült. Seine Familie ist sehr traurig, und es ist unsere Aufgabe, ihn zu finden.«

»Ach, tatsächlich?«, entfährt es mir. Ich frage mich, wie es kommt, dass wir plötzlich zur chilenischen Leichenpatrouille gehören. Ich beuge mich zu Talia.

»Da bekommt man wenigstens was für sein Geld, hm?«

Sie zuckt mit den Schultern. Nicht zu fassen!

Es gibt Nervenkitzel, Blödheit und eine Variante davon, bei der man für seine Blödheit noch bezahlt. Wir begehen hier eine kostenpflichtige, lebensgefährliche Dummheit, und während wir unser Leben in Gefahr bringen, suchen wir noch nach der Leiche unseres Bootsführers, womit wir das Konzept von Dummheit noch einmal ganz neu definieren.

Als wir endlich im Wasser sind, entpuppt sich Ficos Sicherheitsstrategie als Schuss in den Ofen, weil ich im tosenden, mir gegen den Kopf dreschenden Wasser kein Wort mehr von dem verstehe, was er uns zubrüllt. Egal, ob »Vorwärts«, »Stopp« oder »Zurück«, alles klingt wie »Bah!«, »Bah!«, »Bah!«.

Wir schaffen es dennoch, unser Boot ziemlich geschickt durch die Schnellen zu lavieren, und ich fange an, dem Ganzen tatsächlich etwas abzugewinnen. Die rasenden Schnellen, die Kontrolle über die Wildnis. Fico liest den Fluss tatsächlich wie ein Buch und liefert eine echte Meisterleistung ab. Doch dann erreichen wir eine besonders haarige Stelle, an der der Strom einen scharfen Knick macht. Ficos Miene verfinstert sich. Hier ist Gustavo also vor seinen Schöpfer getreten. Mein Herz rast wie ein Ferrari.

»BAH! BAH!«, höre ich Fico. Alle rudern wie wild in unterschiedliche Richtungen. Mann, Fico, besorg dir ein Megafon! »BAH, BAH!«, kreischt er mit steigender Panik, weil er merkt, dass hier nichts mehr nach Plan läuft. Er starrt mich an und grölt: »BAH, BAH, BAH!« Ich kann weder vor noch zurück, die Strömung reißt mich einfach mit. Das Boot verbiegt sich und wird im Wasser hin- und hergestoßen wie der Ball beim Flipper. »BAH! BAH! BAH!«, brüllt er mich an. Was soll der Scheiß, Fico? Hör auf, mir die Schuld in die Schuhe zu schieben! Ich bin doch wohl nicht die Einzige, die es nicht gebacken kriegt, oder? Also, hör auf, mich anzublaffen! Fico packt mich am Schopf, drückt mich runter und rettet mich gerade noch davor, von einem aus dem Wasser ragenden Baumstamm enthauptet zu werden.

Mein Puls dröhnt mir wie ein Vorschlaghammer in den Ohren, wobei das zunächst unbehagliche, rhythmische Pochen zunehmend angenehmer wird; klingt fast ein wenig nach Tito Puente.

Am zweiten Tag unserer Fahrt kann ich Ficos Grunzlaute bereits optimal interpretieren, und ich rudere mit Schmackes. Zu meinem größten Bedauern können wir unsere Leichenfundmission nicht erfüllen, das wäre wirklich ein perfektes Ende meines lateinamerikanischen Outdoor-Abenteuers gewesen. Mittlerweile bin ich noch abgebrühter als die Überlebenden eines Flugzeugabsturzes in den Anden, über den ich mal ein Buch gelesen habe. Sie waren allesamt Rugbyspieler und konnten nur durch Kannibalismus dem Verhungern entgehen. Wenn es kein *Arroz con Pollo* mehr gibt, dann habe ich keine Skrupel, meine Mitreisenden zu verspeisen.

Am Ende unseres kleinen Abenteuers fahre ich so auf unser Raftinggefährt ab, dass ich glatt bis nach Alaska weiterrudern könnte, wenn mir jemand den Weg zeigen und sich um gesunde Snacks kümmern würde. Es festigt den Charakter, freiwillig an einer teuren Selbstmordmission teilzunehmen, bei der man sich reißenden Strömungen aussetzt, mit dem Gesicht in zerfurchtes Plastik gerammt wird und einem erwachsenen Mann dabei zusehen kann, wie er ganz ungeniert eine geschlagene Dreiviertelstunde am Verschluss der Rettungsweste einer weiblichen Teilnehmerin herumfummelt. Nach so einer Erfahrung weiß man erst, wie kostbar das Leben ist und wie schnell es enden kann. Hat man sich erst einmal entschieden zu kämpfen, erreicht man eine völlig neue Gefühlsebene, wo es nur noch ums nackte Überleben geht und alle kleingeistigen Neurosen, Einsamkeit, Depressionen, Angst vor Ausgrenzung, Glück oder Normalität in die Belanglosigkeit gedrängt werden. Was bleibt, ist so etwas wie ein geistiger Urzustand.

20

Echt jetzt?

Wir kommen völlig unversehrt, aber leider ohne Leiche nach Cuzco zurück. Gustavos Familie ist so enttäuscht, dass ich mich frage, ob sie wirklich seinen Tod betrauern oder nur den Verlust der Leiche.

Ich frage Talia, wann wir mit den Jungs zum Machu Picchu aufbrechen wollen.

»Es gibt einen Wanderweg, den *Inca Trail*. Morgen startet eine Gruppe«, verkündet sie.

Ich frage mich, wann sie sich die Information besorgt hat, ohne dass ich etwas davon mitbekommen habe. Ich weiß aber was, was sie nicht weiß, ätschibätsch!

»Warum wandern? Es gibt einen Zug, mit dem dauert es nur drei Stunden!«

»Pazit hat gemeint, die Tour sei echt spektakulär.«

Pazit. Das hätte ich mir auch gleich denken können. Ich hätte sie abmurksen sollen, als ich noch die Gelegenheit dazu hatte.

»Wir treffen uns einfach in fünf Tagen wieder hier.«

»Warum das denn? Willst du mich nicht dabeihaben?«, frage ich, am Boden zerstört.

»Du hasst Wandern!«

»Na und? Warum auch nicht? Natürlich ist es eine tolle Erfahrung, sich in der freien Natur zu bewegen, die klare, frische Luft zu atmen, das Geräusch der Äste, die einem unter den Füßen knacken, aber nach einer halben Stunde ist das Ganze nur noch albern. Dann kann auch mal das Ziel kommen, oder? Drei Tage Wandern, nur um den Machu Picchu zu besichtigen, ist wie die ganze *Simon-and-Garfunkel*-Kassette durchhören, nur um das Lieblingsstück zu erwischen. Heutzutage gibt es CDs, da überspringe ich die Stücke, die mir nicht gefallen, oder ich lade mir meine Lieblingslieder gleich aus dem Internet runter. So läuft das. Wenn uns die moderne Zivilisation schon den Luxus von Verkehrsmitteln beschert, warum sollten wir den nicht auch nutzen?«

»Wo liegt das Problem, Iris? Du hasst Wandern, und ich habe Freude daran.«

»Ja, aber du kannst mich doch trotzdem fragen, ob ich mitkommen will.«

Talia findet meinen Einwand unlogisch. Vielleicht liegt es daran, dass er tatsächlich unlogisch ist, aber was macht man nicht alles aus Freundschaft? Dafür sorgen, dass der andere sich für unverzichtbar hält, oder? Opfer bringen, richtig? Ich habe schon verstanden, dass sie mich nicht dabeihaben will. Warum sind wir dann gemeinsam unterwegs?

Ich reagiere auf gewohnt passiv-aggressive Weise. »Schon okay. Ist in Ordnung. Wir treffen uns einfach in fünf Tagen wieder hier.«

»Super!«

Talia grinst mich an, als hätte sie im Lotto gewonnen. Ich glaube, sie hat sich immer wie eine Siegerin gefühlt, und das nicht etwa auf arrogante Art, sondern so, wie Nichtneurotiker aus liebevollen Elternhäusern sich eben fühlen. Sie haben keine Schuldgefühle, machen sich keine Sorgen darüber, ob sie die Gefühle ihrer Mitmenschen verletzen, machen einfach, was sie wollen, und haben die gesunde Fähigkeit, sich abzugrenzen. Klingt paradiesisch. Ich glaube, das Paradies ist für mich leichter zu erreichen als Talias Lebenseinstellung.

Ich ziehe einen Flunsch. Der hängt so weit runter, dass er den Boden berührt. Aber Talia scheint es nicht zu sehen. Ich laufe ihr bis zur Pension hinterher und bin frustriert über meinen Frust.

Die Vorstellung, fünf Tage lang von Talia getrennt zu sein, macht mich ein bisschen nervös. Ich habe Angst, dass unsere Zweisamkeit total zerbröselt, wenn wir uns trennen und nicht wieder zusammenfinden. Wenn unsere Verbindung stark genug ist, dann wird das schon nichts ausmachen, aber innerlich habe ich trotzdem Angst, diese schreckliche Furcht davor, verlassen zu werden, die jede Minute meines Daseins prägt und perfiderweise nur nachlässt, wenn ich mit anderen Menschen zusammen bin. Vielleicht geht es allen so, und ich war einfach so viele Jahre allein oder hatte Angst vor zu viel Nähe, dass mir mein normales Verlangen nach menschlicher Nähe seltsam erscheint. Die Ironie meiner überzogenen Angst vor Einsamkeit besteht darin, dass ich mehr Zeit allein verbringe als jeder andere, den ich kenne. Vielleicht ist es an der Zeit zu erkennen, dass es nicht schlimm ist, gerne mit anderen Menschen zusammen zu sein. Es ist aber auch nichts dabei, wenn man nicht auf die Gesellschaft zwanghafter Mega-Tourengeher mit Turbo-Campingkochern steht, die drei Tage lang nichts als die immer gleichen Koniferen betrachten.

21
Käsemaukenexpress

Bei Inka-Express denke ich an eine putzige, heimelige rote Eisenbahn mit dem Schriftzug »Inka-Express« in goldenen Lettern an der Seite. Keine Ahnung, wie ich darauf komme, denn ich bin nicht zum ersten Mal in einem armen Land, habe meine Erfahrung gemacht mit pestilenzialischen Klapperzügen, die nach Darmentleerung, Urin und Käsemauken stanken, saß eingepfercht zwischen Nutztieren und notgeilen Männern, die mit allen Mitteln versuchten, meine Brüste zu begrapschen.

Warum überrascht es mich dann bei unserem Eintreffen am Bahnhof, dass sich hinter dem Inka-Express ein Mülllaster mit drei Anhängern voller Obdachloser und Nutztiere verbirgt, der schon von außen nach Urin, Darmentleerung und Käsemauken stinkt?

Es gibt keine Sitzplätze mehr, nur der schmierig-klebrige Gang ist noch frei. Ich mache es mir auf einer Kiste Yucca in direkter Nachbarschaft zu einem hässlichen Huhn bequem, das entweder aus seinem Käfig entwischte oder von seinen ansehnlicheren Geschwistern gedisst wurde. Die Fahrt ist nicht lang, sage ich mir, und versuche, mein Bein vor dem Federvieh zu schützen, das mit hungrigem Hühnerauge an meinem Schienbein pickt.

Zu meiner großen Freude haben sich direkt neben mir zwei Israelis mit den typischen Isra-fros niedergelassen, die eine fette Tüte rauchen. Da ist Oren, ein großer Typ mit klaren, aber irgendwie auch teigigen Gesichtszügen. Orens Augen sind von einem intensiven Türkis, wie ich es noch nie gesehen habe, doch die Pupillen sind fast nicht mehr zu sehen. Leider ist er etwas unterbelichtet, aber ich bin erschlagen von seiner Schönheit.

Ich werde schon vom Rauch seines Joints stoned. Sein bester Freund Uri, zufällig der Sohn des Chefs des israelischen Generalstabs, ist klapprig dürr und blickt finster drein. Er ist zwar nicht so glücklich wie Oren, aber ein Komiker vor dem Herrn.

Ich fange gleich an, mit den Jungs zu quatschen, punkte umgehend mit meiner Vergangenheit als Rucksacktouristin, gebe einige Anekdoten über thailändische Prostituierte und die Rave-Szene in Manali zum Besten und freue mich, endlich auch mal als Expertin unterwegs zu sein.

Der Zug setzt sich schnaufend in Bewegung, so langsam, dass er John Goodman überrollen könnte, ohne ihm oder seinem Grinsekatzenlächeln einen Schaden zuzufügen. (Ich habe des Realismus willen John Goodman gewählt. Zartere Vertreter unserer Spezies, wie Cher beispielsweise, hätten zumindest leichte Rippenbrüche oder einen Haarriss im Handgelenk davongetragen.)

Oren und Uri schlafen auf der Stelle ein, im Sitzen, mit schlaffen Hälsen.

Eigentlich bin ich davon ausgegangen, dass wir im Laufe der Fahrt ein bisschen an Geschwindigkeit zulegen würden, aber auch nach vierzig Minuten scheint dies nicht der Fall zu sein.

Plötzlich hält der Zug an. Wir können unmöglich schon am Ziel sein. Vielleicht müssen wir einen anderen Zug passieren lassen. Der Zugfahrer legt den Rückwärtsgang ein und kriecht wieder zurück in Richtung Cuzco. Mist, ist irgendwas kaputt? Die anderen Passagiere scheinen weder beunruhigt noch erstaunt. Der Zug fährt weiter rückwärts.

Ich versetze Oren einen Stoß. Er guckt mich an wie ein Auto. Heiliger Bimbam, der Mann hat vielleicht Augen! Wie hält der seine Pupillen nur permanent auf dieser Größe?

»Was 'n los? Fahr'n wir rückwärts?«, murmelt er. Offenbar hat sich der Nebel in seinem Gehirn einen Augenblick gelichtet.

»Ich glaube, wir fahren zurück nach Cuzco«, erkläre ich.

»Ach«, lautet sein Kommentar, der davon zeugt, dass er nicht kapiert, was das für unsere Pläne bedeutet, an diesem Nachmittag Machu Picchu zu besichtigen.

Uri schläft noch. Seine Augenbrauen sind so hochgezogen, dass man meinen könnte, Satan hielte seinen Dreizack darunter. Gott, sieht der fies aus. Fies und pervers.

»Moishe, DER RIPPER«
ein neuer Film von Tim Burton
mit Uri Ben David als Moishe
und Helena Bonham Carter als Rivka

Der Zug legt einen weiteren Stopp ein. Wir stehen eine geschlagene halbe Stunde auf dem Gleis. Oren und ich rauchen erst einmal eine Tüte. Den Einheimischen macht das anscheinend nichts aus. Käsemauken riechen mit leichter Marihuananote immer ein wenig festlicher. Dann geht es wieder weiter Richtung Machu Picchu. Dieses Hin und Her wiederholt sich einige Male. Ich wende mich dem Geflügelhalter zu und frage mit meinen besten Spanischkenntnissen, was zum Teufel da los sei. Er erklärt mir, es sei aus mechanisch-physikalischen Gründen vonnöten, dass sich der Zug erst rückwärts bewege, damit der dann wieder vorwärtsfahren könne.

Kommt mir irgendwie bekannt vor.

22

Machu Schutthaufen

Ein guter Rat an alle: Beim Besuch von altertümlichen Ruinen empfiehlt es sich, die Hilfe eines Touristenführers in Anspruch zu nehmen, auch wenn es sich dabei um einen nach Schweiß und Inkompetenz müffelnden Dorfschluffi mit handgemalter Broschüre und geradebrechtem Englisch handelt. Ohne einen solchen Ortskundigen kann man die ganze Angelegenheit von vorneherein abhaken. Das also nur vorweg. Wir, also Uri, Oren und ich, stehen nämlich gerade hoch oben auf dem Weltwunder Machu Picchu und versuchen uns für einen Haufen Schutt zu begeistern. Wir bemühen uns wirklich! Wir rufen: »Oho, wie hat dieses alte, einfache, unmuskulöse Volk wohl diese ganzen Felsen hier hochgeschleppt?« Und wir versuchen es auch mit der äußerst beliebten Frage: »Mensch, wie haben die wohl ohne richtige Werkzeuge oder ausgeklügelte Gerätschaften solche riesigen, langweiligen, irgendwie kompliziert aussehenden, dreieckigen Strukturen aus so großen Felsen gebaut?« Aber ohne Touristenführer stehen wir leider etwas belämmert in der Gegend herum, und es mag so gar keine Begeisterung aufkommen. Nicht, dass seine Erläuterungen befriedigender gewesen wären. Ich kann seinen Vortrag förmlich hören: »Sehen Sie diese vier Felsen, in deren Mitte Gras wächst? Dort befand sich der Bankettsaal des großen Inka-Königs«, würde er erklären, nur um sich an der nächsten Ecke heftig schwitzend eine Zigarette anzuzünden, und wir würden uns die Beine in den Bauch stehen, krampfhaft versuchen, uns eine prachtvolle Bar-Mizwa unter Inkas mit stampfender Stammesmusik und animalischen Sexorgien vorzustellen. Schnell wäre uns aber wieder klar, dass wir eigentlich nur vier Felsen anstarren, und dann wären wir nicht ergriffen, sondern würden uns verarscht vorkommen.

Es ist also nicht weiter erstaunlich, dass Oren, Uri und ich zu dem Schluss kommen, dass uns nichts anderes bleibt, als auf einem gewaltigen Gebirgsgipfel mit weitem Blick auf die gesamte Anlage ein Friedenspfeifchen zu rauchen. Weil wir in weiser Voraussicht auf eine Wanderung auf den Pfaden der Inkas verzichtet haben, verfügen wir noch über ausreichend Energiereserven, um den steilen Aufstieg zum Hauptgipfel zu schaffen.

Oben angelangt, sind wir tatsächlich beeindruckt von der Aussicht auf den Schutt, der von Weitem viel bruchstückhafter wirkt. All die kleinen Touristen mit ihren Führern wimmeln emsig durch die Anlage ... von hier sieht es aus wie ein Thorafest in vollem Gange.

Ja, ich komme mir ziemlich lässig vor, wie ich da so herabblicke auf die Menge, und deshalb mache ich das, was ich immer mache, wenn ich mir besonders lässig vorkomme: Ich entblöße meinen Oberkörper. Dankbar für die sehr viel sehenswertere Darbietung, verglichen mit Machu Schutthaufen, winken mir die Touristen von unten zu.

23
Stampfkartoffeln und Magerquark

Talia kehrt von ihrer Inka-Wanderung zurück und schäumt über wie ein Alka Seltzer in Mineralwasser. Ich umarme sie mit pointierter Distanz, doch ein paar unkontrollierte Bedürftigkeitsseufzer kann ich infolge der emotionalen Entladung dann doch nicht zurückhalten. Ihr wisst schon, die von der Sorte: »Warum habt ihr mich allein gelassen, ich bin doch noch ein kleines Kind! Ich habe dich so vermisst, oh Gott, ich bin so froh, dass du wieder da bist, bitte mach das nie wieder. Du weißt schon, mich allein lassen.«

Talia klopft mir sanft auf den Rücken. In der Welt der Umarmungen ist dieses Rückenklopfen emotionaler Mord. Diese Geste schreit mir förmlich ins Gesicht: »Weißt du, ich mache das nur, weil ich mich dazu verpflichtet fühle.« Wäre Talia ein Mann, hieße dies: »Ich finde dich nicht attraktiv, lass uns Freunde sein, obwohl mich sogar diese Vorstellung etwas abstößt. Am liebsten würde ich dich einfach nicht mehr anrufen, es sei denn, du hast eine heiße Freundin, die du mir vorstellen kannst, damit ich so richtig auf deinen Gefühlen herumtrampeln kann.«

Liste der Umarmungsformen

- Abhängigkeitsumarmung (Beschreibung siehe oben)
- Lustvolle Umarmung mit langsamer Auflösung (nur für Verheiratete, erotisch Aufgegeilte

oder Menschen, die sich gerade trennen und einen neuen, anziehenden Partner, der noch zu haben ist, umgarnen)

- Einseitige Lass-uns-einfach-nur-Freunde-sein-Umarmung mit oder ohne Rückenklopfen (optional von beiden Seiten mit unterschiedlichem Druck ausgeübt)
- Brüderliche Umarmung
- Umarmung unter coolen Typen
- Umarmung unter Mädels
- Umarmung unter geheimen Feindinnen mit Wangenberührung
- Hüftumarmung mit flacher Hand
- Umarmung zur Ermittlung der Mopsgröße
- Umarmung zur Lattendemonstration
- Funktionale Familienumarmung
- Perfekte Umarmung (muss ich erst noch erleben)

Dadurch, dass Talia mir lediglich auf den Rücken klopft, verschiebt sich unser Machtverhältnis zu ihren Gunsten. Noch bevor ich ihr vom Inka-Express erzählen kann, sprudelt sie los wie die Niagarafälle, schwärmt von der »phantastischen« und »unglaublichen« Inka-Wanderung, erzählt mir in allen Einzelheiten von den Leuten in ihrer Gruppe, von der traumhaften Aussicht in den Bergen und, wie ich befürchtet hatte, vom unglaublich professionellen und kundigen Führer, der ihnen Machu Picchu gezeigt hat. Ich komme mir vor, als hätte mir jemand ein Messer in die Brust gestoßen und mich just an der kleinen Stelle getroffen, wo ich meine kleine Inka-Erfahrung abgelegt hatte.

»Und wie war's bei dir?«, fragt sie schließlich.

Diesmal bin ich ehrlich und beschönige weder das Drama im Inka-Express noch meine Enttäuschung über den verwirrenden Anblick Machu Picchus. Ich erzähle ihr nicht, dass ich ihre Entscheidung, ohne mich auf dem *Inca Trail* zu wandern, für eine miese Nummer halte, weil ich das auch immer noch so sehe und es ihr immer noch übel nehme, dass Talia meine Bedürfnisse nicht erfüllt. Sie soll mir vor allem dabei helfen, meine Wunden zu heilen. Sie soll mir das Gefühl von Einsamkeit nehmen, soll mir vermitteln, dass ich geliebt und verstanden werde. Natürlich wäre es sinnvoll, ihr zu sagen, was mich stört, aber das kann man irgendwie nicht in Worte fassen, es geht um das, was man tut, und ich kann diese Dinge ja nicht einfordern, sie müssen von selber kommen.

Doch das tun sie nicht, und so erkunden Talia und ich das Land wie zwei Geschäftsreisende, von einem Abenteuer zum nächsten, manchmal gemeinsam, manchmal einsam, manchmal zum Spaß, manchmal nicht. Ach, das Ganze erscheint mir mit einem Mal so vergeblich.

Außer die Entblößung meiner Möpse auf dem Gipfel. Die war echt witzig!

»Du bist auf den hohen Berg gestiegen?«, fragt sie plötzlich, und ich glaube, einen eifersüchtigen Unterton zu vernehmen.

»Ja, klar, ihr etwa nicht?«, entgegne ich verwirrt. Der Mandelduft der besseren Möglichkeiten liegt in der Luft.

»Nein, unsere Tour hat länger gedauert als erwartet, deshalb kamen wir erst bei Sonnenuntergang an, und im Dunkeln durften wir nicht mehr weitergehen. Wie war es denn?«

Ich erlebe einen Augenblick tiefster Genugtuung, nicht so, wie wenn man ein Wettrennen gewonnen hat, sondern so, wie wenn man ein Wettrennen mit Riesenabstand gewonnen hat. Zum ersten Mal in der Geschichte unserer Freundschaft empfinde ich ein Gefühl der Überlegenheit. Nicht, dass wir miteinander im Wettstreit stünden, aber es fühlt sich dennoch gut an, einmal besser zu sein.

Ich beschreibe ihr den Ausblick in allen Einzelheiten und

konzentriere mich dabei besonders auf den Wind, der meine Brüste umstreifte, sowie auf Orens und Uris bewundernde Blicke ob der schönen Aussicht.

»Ich habe dich vermisst!«, ruft Talia plötzlich, und statt der Hochsicherheitswand aus Beton, hinter der sie sonst immer sitzt, umgibt sie nur noch ein dünner Maschendrahtzaun.

Ich klopfe ihr auf die Schulter. »Ich dich auch!«

Wer weiß. Vielleicht hat Talia auch ihre Päckchen zu tragen. Gut, in Sachen emotionales Kuddelmuddel bin ich ein über den Boden verteiltes Gericht aus Bedürftigkeitsbohnen mit Stampfkartoffeln und sie ein verschüttetes Tröpfchen fettarmer Magerquark, aber im Prinzip firmiert beides unter Dysfunktion. Wir sind beide blockiert, und vielleicht ist es irgendwie auch meine Aufgabe, sie zu heilen. Vielleicht sollte ich sie zuerst heilen, dann heile ich mich dadurch selber. Mensch, das nervt! Kann ich nicht einfach ohne mein Zutun geheilt werden?

»Und was machen wir als Nächstes?«, frage ich.

»Pazit ist über schneebedeckte Berge in Huaraz gewandert und meinte, man *muss* das einfach erlebt haben.«

Ich atme tief ein. Jetzt bloß nicht wie ein weinerliches Kind klingen.

»Ich möchte nicht nach Huaraz«, verkünde ich wie ein weinerliches Kind. Ich atme noch einmal tief ein und senke meine Stimme. »Ich weiß, dass du gerne wanderst, ich aber nicht, und wir sind doch zusammen unterwegs, und manchmal müssen wir Kompromisse finden. »Ich würde lieber schon nach Ecuador gehen. Zusammen mit dir.«

Talias Gesichtsausdruck ist in Stein gemeißelt.

»Okay«, sagt sie schließlich und wendet sich dann voll abweisender Eleganz dem Packen ihrer Tasche zu. Der Punkt geht an mich!

Ich werde stärker. Ich kann es spüren.

24
Maria voll der Gnade

Als wir am Busbahnhof in Cuzco eintrudeln, erzählen uns ein paar andere Rucksackreisende, dass einige Busse auf dem Weg von Cuzco zur ecuadorianischen Grenze von Anhängern der Gruppierung *Leuchtender Pfad* gekidnappt worden seien, und mit gekidnappt meinen sie: Touristen wurden gefangen genommen, ausgeplündert und vergewaltigt. Die bewährte Straßenräubernummer eben.

Cool! Das bedeutet, Talia und ich müssen uns alternative Reiserouten überlegen, wie *Südamerika* ist das denn!

Dieses Mal bin ich die Mutige mit Todessehnsucht, während Talia unbedingt die zehn Stunden längere Fahrt mit dem Regionalbus auf sich nehmen will, damit sie nicht in die Gefahrenzone gerät.

»*Du* bist nicht mit dem Inka-Express gefahren!«, erinnere ich sie. »Die Busse fahren aus technischen Gründen wahrscheinlich nur auf zwei Rädern. Außerdem fände ich es gar nicht so übel, wenn mir einer von den Terroristen mal so richtig Feuer unter dem Hintern machen würde.«

In Wahrheit bin ich auch nicht mutiger, ich will nur unbedingt weg aus Peru, denn abgesehen von Todesgefahren, Erbrechen und dämonisch-perversen Kiffern war meine Suche nach Liebe und Geborgenheit von minimalen Erfolgen gekrönt. Eigentlich waren es gar keine Erfolge, wenn ich es recht bedenke. Und wo wir gerade ehrlich sind, was meinen innerlichen Wachstumsprozess und die Freundschaft zu Talia betrifft, bewegen wir uns auf den verschlungenen Linien von Nazca.

Aber Bedürftigkeit beiseite, ist es nicht ein bisschen lächerlich, sein Leben zu riskieren, nur um zehn Stunden früher ins große Unbekannte zu gelangen? Ich habe so lange auf die Erlösung gewartet, da macht mir eine Horrorfahrt im Bus auch nichts mehr aus.

Der Bus ist gerade drei Stunden unterwegs, da muss ich mal dringend für kleine Königstiger. Ich sehe mich um, und meine Befürchtungen bestätigen sich: Dieser Bus hat nicht einmal richtige Sitzplätze, von Toiletten ganz zu schweigen. Ich spähe aus dem Fenster, aber da draußen ist nichts als die kilometerlange peruanische Wüste und kein leuchtender Pfad zum Dixi-Sanitärtrailer in Sicht. Da wir noch mehrere Stunden unterwegs sein werden, drängele ich mich durch die auf dem Gang campierende Meute zum Fahrer vor und bitte ihn anzuhalten.

»Nein«, erwidert der und würdigt mich dabei nicht mal eines Blickes. Was ich, wenn ich es recht bedenke, völlig in Ordnung finde, denn sein Fahrstil ist so schon unkontrolliert genug.

»Ich muss mal pieseln, *Señor*«, erkläre ich ihm.

»Kein Halt vor der Grenze.«

»Wie weit ist es bis zur Grenze?«

»Zwei Stunden.«

»Könnten Sie nicht bitte, bitte ganz kurz anhalten?«

»Nein.«

Er schert ein wenig aus und kegelt mich mit meiner explosionsgefährdeten Blase durch den Bus. Ich wanke unter Schmerzen und mit überlaufendem Nierenbecken wieder zurück zu meinem Platz.

»Du siehst schlecht aus«, bemerkt Talia besorgt.

»Ich muss dringend pinkeln, und dieses Arschloch von Busfahrer will einfach nicht anhalten.«

»Warum pinkelst du nicht einfach in eine Tüte?«

»Was?«

»Ich kann dir eine Plastiktüte geben, da kannst du reinpinkeln.«

Es klingt verrückt, aber ich bin mittlerweile so weit, dass ich keine andere Möglichkeit sehe.

Talia zieht eine Tüte mit Clementinen aus dem Rucksack, leert sie und gibt sie mir. Ich sehe mich um. Die anderen Fahrgäste scheinen nichts zu bemerken.

Wie zum Teufel soll das funktionieren?

Umständlich manövriere ich die Tüte unter meine Jeans und versuche, sie genau zu justieren. Was schwerer ist, als es sich anhört.

»Warte!«, ruft Talia. »Sind auch keine Löcher drin?«

»Was?«

»Sieh erst mal nach, ob die Tüte Löcher hat.«

Scheiße. Daran hatte ich nicht gedacht. Ich zerre die Tüte wieder unter mir hervor, und – siehe da – ich entdecke ein Loch von der Größe eines Geldstücks. Fast hätte ich einen warmen goldenen Strahl über Beine und Hose laufen lassen.

»So ’n Mist. Hast du noch ’ne andere Tüte?«

»Nein, das war’s.«

Mittlerweise hat sich der Schmerz im ganzen Unterleib ausgebreitet, und jedes Holpern könnte in mir einen Tsunami auslösen.

Ich nehme all meinen Mut zusammen und humple mit Tränen in den Augen noch einmal nach vorne zum Fahrer.

»*Señor* … Herr und Meister der Buswelt … *por favor*. Ich flehe Sie an. Ich muss pinkeln, bitte halten Sie an, nur ganz kurz.«

Ich weine, eine Hand an meinen Unterleib gepresst, die

andere zwischen den Beinen, um die drohende Flutwelle zurückzuhalten.

»Nein.«

Ich wische mir die Tränen ab, trolle mich an meinen Platz und denke an trockene Dinge wie Dürren, Pflaumen und alte Menschen.

Plötzlich hält der Bus mit quietschenden Bremsen.

»Das nervige Mädel, das mal pinkeln muss«, dröhnt der Fahrer.

»Ja?«, rufe ich zurück.

»Mach schon! Jetzt!«

Ich schnappe meine Tasche mit Toilettenpapier und drängle mich wie ein Rugbyspieler durch die Menge zur Tür. Schon bin ich draußen und suche die Gegend vergeblich nach einem Baum ab. Es gibt nichts außer öde peruanische Wüste. Eine Stelle zu finden, wo man mich nicht sofort sieht, ist unmöglich. Wie der Zufall es will, kleben alle Fahrgäste mit Stielaugen an den Fenstern, um ja nichts zu verpassen.

Verdammter Mist. Ich gehe in die Hocke, um völlig ungeschützt vor den Blicken der Mitreisenden draufloszupullern. Der Urinstrahl läuft in den Sand und bildet einen langen, gelben Fluss. Die Blicke der Zuschauer folgen dem Flusslauf, der sich windet und windet. Er strömt und windet sich, strömt und windet sich. Ich weiß wirklich nicht, wo ich so viel Flüssigkeit gesammelt habe.

Der Busfahrer lässt den Motor aufheulen. Scheiße, der fährt einfach ohne mich weiter, ich wusste es. Talia bedeutet mir, ich solle mich besser sputen. Ich drücke den letzten Spritzer raus und wische mich schnell ab.

Aber ich kann doch nicht einfach einen Haufen Toilettenpapier in die unberührte peruanische Wüstenlandschaft werfen! Ich muss es verbrennen, so, wie es alle umweltfreundlichen Pinkler machen.

Es lodert mit qualvoller Langsamkeit vor sich hin. Kaum hat sich Asche gebildet, wetze ich zum Bus zurück und erwische ihn gerade noch.

Beim Einsteigen kann ich die Verärgerung der Fahrgäste förmlich spüren. Ihre Blicke sprechen Bände. »Pussytouristin«, sagen sie.

Aber ich fühle mich klasse. Ich fühle mich ultraklasse. Ich hebe die Arme und stoße einen Jubelschrei aus.

Die Fahrgäste applaudieren. Sogar der Fahrer muss lachen.

Talia lächelt.

»Willste 'ne Clementine?«

Ecuador

Galapagosinseln
Santa Cruz
Isabela
San Cristóbal
Floreana
Cali
Popayán
KOLUMBIEN
Pasto
Esmeraldas
Otavalo
Ibarra
Quito
Cotopaxi
5.900 m
Manta
Portoviejo
Chimobrazo
6.300 m
Ambato
Riobamba
ECUADOR
Guayaquil
Salinas
Isla de Puna
Golf von
Guayaquil
Macas
Cuenca
Pazifik
Loja
PERU
Vilcabamba

25
LORDY LORDY LORDY

Ecuador ist herrlich grün und betörend, wie Irland ohne den blassen Teint und die Würstchen. Unsere Moomlatz-Unterkunft in Vilcabamba besteht aus einer Holzhütte, die sich an einen Fluss schmiegt. Sie wird von Petra, einer mit Würde gealterten Skandinavierin, geführt. Irgendwie sorgen die Stupsnasen und blauen Augen der Nordeuropäer dafür, dass sie immer jung aussehen. Man denke an Donald Sutherland. Ja, gut, er sieht aus, als wäre er tausend Jahre alt. Und er ist auch kein Skandinavier. Aber er sieht aus wie ein Skandinavier. Vielleicht verwechsele ich ihn auch mit Max von Sydow. Ja, genau. Mist, der sieht auch steinalt aus. Okay, die Mitglieder der Familie Bergmann. Oder Harry Belafonte. Nee, der ist schwarz. Schwarze bleiben immer jung. Das hat Carla mir verraten. Die hatte auch keine Falten. Und jetzt versuchen sie mir nicht weiszumachen, Morgan Freeman hätte Falten, der hat nämlich nur so kleine merkwürdige Knullen im Gesicht. Und seine Stimme lässt ihn alt wirken. Der hat wahrscheinlich schon mit vier Jahren so geklungen.

Langer Rede kurzer Sinn, Petra ist jedenfalls bildschön und macht tolle Salate, was eine willkommene Abwechslung von unserer üblichen lateinamerikanischen Diät aus gebratenem Mais in allen Formen und gelegentlich ein bisschen Yucca bietet. Yucca ist eine Art Kartoffel, die so fad schmeckt, dass man es als negativen Geschmack bezeichnen könnte, so, wie wenn einem der Geschmack praktisch aus dem Mund gezogen würde und man mit einem gereinigten Gaumen zurückbleibt. Als unsere Gastgeberin mir das erste Mal Salat servierte, war ich ein bisschen aufgeregt, denn alle Touristen machen einen großen Bogen um ungekochte Speisen, was ja auch sinnvoll ist, wenn man bedenkt, dass Gemüse häufig mit gesundheitsfördernden Produkten wie menschlichen Exkrementen gedüngt wird. Doch Petra versicherte uns, ihr Gemüse würde von ihr höchstpersönlich dreimal mit gefiltertem Wasser gewaschen und könnte ohne Bedenken verzehrt werden.

Talia und ich genießen das frische Gemüse und machen uns dann auf den Weg zur Terrasse, wo ein paar Israelis namens Rooli, Laffi, Tamir, Keren und Chezi abhängen. Mit seinen Hamsterbacken sieht Rooli aus wie ein Engelchen, Laffi hingegen ist lang und dünn und besitzt eine riesige Nase und Kringellocken, Chezi ist der Jüngste und ganz offensichtlich in Keren verliebt, die intelligent, witzig, wunderschön, aber auch männlich genug ist, dass ich sie nicht hassen muss. Ihr wisst schon, so als wäre sie ein bildhübscher Mann, der zufällig eine Vagina besitzt. Für beide Geschlechter attraktiv, ist sie wie eine nicht bedrohliche Lichtgestalt.

Tamir haut mich von den Socken. Er hat samtweiche, olivenfarbige Haut, laszive Lippen und riesige mandelförmige Augen im klarsten Grün.

Die bunte Truppe nimmt uns in ihrer Mitte auf.

»Erzähl ihnen von San Pedro!«, fordert Rooli Tamir auf.

»Ich dachte, mein Kopf wär 'ne Orange und ich so, Scheiße, ich bin 'ne Orange. Ich hab keine Hände. Ich bin 'ne Orange!!!«

»Du bist 'ne Orange, du bist 'ne Orange«, singen die anderen und kichern hysterisch.

»Was ist dir denn in San Pedro passiert?«, fragt Talia naiv.

»Das ist kein Ort, das ist ein Kaktus«, lautete Roolis Antwort. »Ein *totally crazy* Kaktus mit so einem Sockenschuss, dass du dich bepisst vor Lachen und nicht mehr aufhören kannst, bis du am liebsten sterben willst.«

»Die Leute kommen nur deswegen nach Vilcabamba«, wirft Chezi ein.

»Echt? Ich dachte, die kommen wegen der Salate!«, entgegne ich.

Tamir sieht mich an und prustet los. Er hat zwar noch kein erotisch aufgeladenes Funkeln im Auge, aber ich bin froh, dass ich ihn zum Lachen bringen kann.

Während der nächsten zwanzig Minuten schildert uns die Truppe ihre Erlebnisse in San Pedro, in denen Nacktheit, der Fluss, heulen, lachen, mehr Nacktheit und mehr Fluss eine tragende Rolle spielten.

Talia sitzt völlig verwirrt da, sie kapiert nicht, wie ein Kaktus Menschen dazu bringen kann, nackt am Fluss zu stehen und zu heulen.

»Es handelt sich um einen psychedelischen Kaktus«, kläre ich sie auf. »Wenn du von dem was nimmst, bist du dicht wie ein U-Boot.«

»Oh!«, macht sie. »Ich habe noch nie Drogen genommen. Ich dachte, davon wird man nur müde.«

Rooli ist tief bestürzt. »Noch nicht mal Gras?«, fragt er ungläubig.

»Nein. Ich finde, Menschen, die Drogen nehmen, wollen sich der Realität und ihren Problemen nicht stellen.«

Tamir wirft mir einen Blick zu und verdreht die Augen. Ja, ich geb's zu, ich habe auch die Augen verdreht.

Ich wähle anscheinend immer die größten Tranfunzeln als Reisegefährtinnen. Vielleicht komme ich mir daneben nicht so bräsig vor, oder es liegt daran, dass ich es mit meiner emotionalen Minimalkonfiguration nicht wirklich mit Leuten von Format aufnehmen kann und mich lieber ein bisschen in der Welt der Waldwichtel tummele. Obwohl das Verzehren eines Kaktus jetzt nicht wirklich verrückt klingt. Nur schmerzhaft.

Laffi zündet sich einen Joint an.

»Ach, komm schon. Nur einen Zug. Es wird dich schon nicht umbringen«, beschwichtigt er Talia.

Ich erwarte fast, die Aufklärungstypen aus der Grundschule mit ihren Postern und Plakaten zum Thema »Gruppendruck« aufmarschieren zu sehen. Persönlich finde ich es ja eher lächerlich, wenn ein Erwachsener versucht, einen anderen zum Marihuanakonsum zu überreden, deshalb nehme ich einfach mal einen kräftigen Zug und lehne mich zurück.

»Probierst du was vom San Pedro, Iris?«, fragt Tamir.

»Nee, danke, mein letzter mieser Trip mit *Magic Mushrooms* reicht mir erst mal.«

»Au ja, erzähl mal!«, rufen sie alle im Chor. Talia setzt eine gelangweilte Miene auf, die ich ignoriere.

Ich gebe meine Anekdote mit der königlichen Kotfamilie zum Besten, und die anderen kugeln sich schon bald lachend am Boden. Talia guckt belämmert aus der Wäsche, denn sie sieht mich plötzlich in einem völlig anderen Licht.

»Ist das deine erste Reise nach dem Wehrdienst?«, fragt Tamir.

»Nee, ich war vor einem Jahr schon in Asien unterwegs.«

Plötzlich bringt mir der Haufen viel mehr Respekt entgegen.

»Wow! Hab gehört, die Partys sind das Weltenende*«, meint Rooli.

---

* Im Hebräischen umgangssprachlich für »großartig«. Angesichts der Lage in unserem Land überrascht es wenig, dass ein Begriff wie »Weltenende« für Israelis positiv besetzt ist.

»Stimmt. Manali ist der abgefahrenste Ort der Welt.«

»Das hier ist unsere erste Reise seit dem Wehrdienst«, erklärt Laffi, und seine Nase kräuselt sich ein wenig, so als würde sie gleich unter ihrem eigenen Gewicht abbrechen. Laffi könnte so süß sein, aber die als Riechorgan fungierende Schildkröte mitten im Gesicht stellt alles andere wortwörtlich in den Schatten.

»Wieso konntest du dir zwei Reisen leisten, sind deine Alten reich oder so?«, fragt Rooli. Schön, dass Israelis immer so direkt sind. Die meisten Nichtisraelis empfinden das als harsch, aber ich erfahre lieber von den Leuten selber, was sie gerade denken, als von anderen oder durch Stasi-Abhörmethoden.

Tatsache ist, ich bin nicht reich, aber meine Eltern haben mir immer Geld gegeben, wenn ich es brauchte. Mein Vater hat mich so erzogen, dass ich mir alles erarbeiten musste und nichts als selbstverständlich ansehen durfte. Manchmal hat er es etwas übertrieben, wie damals, als ich ihn mit fünfzehn in seinem New Yorker Büro in der Bank besuchte. Ich war so begeistert, weil ich von dort ins Ausland telefonieren konnte, dass ich Talia in Israel anrief und mich über eine halbe Stunde lang mit ihr über David Bowie unterhielt. Gerade als wir gemeinsam *Church on Time* anstimmten, kam mein Vater ins Büro und nötigte mich mit strengem Blick, den Hörer aufzulegen. Er zwang mich dazu, am nächsten Morgen in die Bank zu kommen und einen ganzen Tag umsonst dort zu arbeiten, um »meine Schulden zu tilgen«. Entweder meinte er, acht Stunden meiner Arbeit seien nur vierzehn Dollar wert, oder er dachte, das Telefonat nach Israel habe ein Vermögen gekostet. Ich danke ihm jedenfalls für dieses Lehrstück in Sachen Ethik. Es hat mich so geprägt, dass ich aus Schuldgefühl freiwillig zu viel Steuern zahle.

»Na ja«, erkläre ich der Gang. »Die Asienreise habe ich mir durch Kellnern zusammengespart, und für diese Reise habe ich das Geld von meiner Bat-Mizwa verbraten. Wie habt ihr euch finanziert?«

»Wir haben uns als männliche Begleiter verdingt.«

Ich warte lieber auf das »war 'n Witz«, bevor ich lospruste. Doch da kommt nichts.

»Ach, echt?«

»Ja, wir haben für Geld mit Frauen geschlafen. Haben 'ne Menge Kohle gescheffelt.«

Rooli und Laffi schlagen ein. Tamir lächelt stolz. Er wirkt nicht wie ein einfacher Stricher, sondern wie ein Edelcallboy, der sich seine Kundinnen aussucht und viel Geld für seine Gefälligkeiten verlangt.

Ja, ja, da haben wir es wieder. Der gute alte Unterschied zwischen Männlein und Weiblein. So emanzipiert eine Frau auch sein mag, so viel sie auch in der Gegend herumvögelt und sich dabei gut fühlt, sie würde doch einer Gruppe Fremden gegenüber niemals erwähnen, dass sie sich einige Monate lang prostituiert hat, um sich den Expresszug nach San Pedro leisten zu können. Doch wenn ein Typ sein Ding an Hunderte verzweifelte Schnullen verkauft, stellt er sich auf den höchsten Berg und wedelt stolz und fröhlich mit seinem abgewetzten Schlong. Ist das jetzt ein Zeichen des Rückschritts unserer Gesellschaft, oder sind Männer einfach blöd, wenn sie es attraktiv finden, ihre Haut zu verkaufen? Wo wir gerade beim Thema sind, wie ist es möglich, dass ich Tamir auf einmal noch anziehender finde?

Just in diesem Augenblick kommt eine Australierin Mitte vierzig, deren Gesicht von der Sonne gezeichnet ist, auf Tamir zu und drückt ihm einen Kuss auf die Stirn. Nur eine Freundin? Kundin? Er lächelt.

»Chelsea, das hier sind zwei neue Freundinnen von mir, Talia und Iris.«

»Hi, Mädels.« Sie begrüßt uns mit einem sexy Aussie-Akzent.

»Wo habt ihr euch kennengelernt?«, frage ich neugierig. Ich weiß, ich falle mit der Tür ins Haus, aber so was muss man vorher abklären.

»Ich habe Chelsea in Cuzco getroffen.«

Ich versuche zu erkennen, wie weit Tamirs Stimme das Schwärmometer ausschlagen lässt, komme aber zu keinem Ergebnis. Er steht auf und holt Chelsea einen Stuhl. Die beiden drücken sich innig die Hände, bevor sie sich setzt. Liebe ist auf jeden Fall im Spiel, aber eher die von der stillen Sorte. Die Art Liebe, die gesund ist und die ich mir wünschen sollte, aber nie erreichen kann, weil ich einfach zu viel Leidenschaft im Blut habe und nie weiterkomme als bis zur Stelle, wo ich merke, dass das Feuer erloschen ist. Das ist meistens zwei Wochen nach der Sexorgie der Fall, wo normalerweise eine echte Beziehung einsetzt.

Chelsea nippt an ihrem Tee und starrt in die Wildnis. Was findet Tamir nur an ihr? Ich bewundere Männer, die sich in ältere Frauen verlieben,* aber Chelsea hat so gar nichts Aufregendes an sich. Vielleicht leidet sie noch an den Nachwehen einer stacheligen Begegnung mit San Pedro, wer weiß. Oder er steht auf die ruhige, reife Nummer. Scheiße. Dann bin ich total chancenlos.

Natürlich blende ich eine Sache aus. Chelsea ist blond. Wäre an sich nichts Besonderes, aber israelische Männer fahren vollkommen auf Blondinen ab. Für sie ist es fast so, als zählten blonde Frauen zu einer anderen Spezies. Das ist auch der Grund, warum jedes noch so mollige deutsche Mädel, das nicht einmal bei einem aknegeplagten, dumpfbackigen Bauhausfan aus Bochum jemals zum Zug kommen würde, in den nächstbesten Kibbuz aufbricht, wo es

* Aber nur, wenn diese nicht aussehen wie die Mütter der Männer und keinerlei mütterliche Qualitäten besitzen, alles andere finde ich abartig.

sich sogleich den heißesten sexhungrigen Israeli aussuchen darf.

Wenn ich es recht bedenke, muss ein Mädchen nicht einmal blond sein, um in Israel abgeschleppt zu werden, es reicht schon, wenn die Haarpracht in blassem Maulwurfsgrau erstrahlt. Rona zum Beispiel, eine Frau aus meiner Highschool, verfügt über ein rattenartiges Gesicht, doch ihr langes Haar war gerade hell genug, dass sie in meiner Klasse als blonde Sexgöttin galt. (Auf Hebräisch sagen wir *koosit*, was wörtlich übersetzt »Vagina« heißt. Wir sind eben vorausschauend.)

Doch Chelseas Haare sind echt blond, so blond wie ein Weizenfeld, und dies in Kombination mit ihrem australischen Gleichmut verspricht ein geruhsames Leben, voll Einfühlungsvermögen und unerschöpflichen Kängurumilchreserven.

Ich dagegen kann lediglich mit einer gequälten Seele und einer Überdosis Hormone aufwarten. Und Liebe. Ich habe Liebe zu bieten. Ganz viel ungezügelte Liebe. Ich habe so viel Liebe in mir, dass es sich anfühlt, als flösse Gift in meinen Adern. Ich will damit nicht sagen, meine Liebe sei giftig, sondern nur, dass ich kein Ventil dafür habe. Und selbst wenn dieses Gefühl vor Urzeiten mal rein gewesen sein sollte, so läuft es mittlerweile so lange in meinem Körper Amok, dass es fault und fermentiert und bitter geworden ist. In mir schreit es nach einem Partner, der mich endlich einem Aderlass unterzieht. Oder so ähnlich.

In welchem Zustand es sich auch immer befinden mag, es muss wohl aus meinen Augenhöhlen hervorquellen, denn Tamir sieht mich plötzlich verwirrt an.

»Geht es dir gut, Iris? Du starrst so auf Chelseas Kopf.«

»Was? Oh, ’tschuldigung. War einen Augenblick ganz fasziniert von diesen vielen gelben Haarfollikeln, die sind echt fesselnd.«

Chelsea lächelt mit friedlicher Gelassenheit, nimmt Tamirs Hand und führt ihn in ihr Holzhäuschen, wohl um dort mit ihm känguruartig zu kopulieren. Die beiden geben ein schönes Paar ab, und plötzlich fährt mir ein stechender Schmerz in die Brust, ich sehne mich nicht nur nach Tamir, sondern nach einem Gefühl der Nähe, das sich nur zwischen Liebenden einstellt. So etwas habe ich noch nie erlebt. Zunächst kam nie eine Beziehung zustande, weil ich solche Angst vor Sex hatte, aber heute läuft Beziehung nur über Sex, denn sobald es persönlicher wird, flippe ich aus. Wann hört diese Scheiße eigentlich endlich auf?

Ich hätte meinen eigenen Hostessendienst gründen sollen.

»Wozu hast du jetzt Lust?«, fragt Talia und reißt mich aus meiner Identitätskriseritis.

»Weiß nicht ... Abhängen und chillen.«

Talia gefällt mein Vorschlag nicht. Ich hätte Talia nie als ruhelose Person eingestuft, ich hielt sie immer für die geeignete Partnerin für die gemeinsame katatonische Freizeitgestaltung in exotischer Umgebung, doch nach ihrem Anfall mit dem *Inca Trail* weiß ich, dass ich da falsch lag.

Talia steht auf und befragt unsere alterslose Gastgeberin nach Freizeitaktivitäten in der Umgebung. Sie kommt zurück und schleppt nicht etwa einen Stapel Broschüren für Wildwassertouren an, sondern Pazit, die Turbo-Augenbraue.

»Guck mal, wen ich getroffen habe«, frohlockt Talia.

»Hallo, Pazit, was machst du denn hier?« Das klang nicht so vorwurfsvoll, wie ihr denkt. Ehrlich nicht.

»Huaraz ist im Schnee versunken, deshalb bin ich hier.«

»Ich habe Pazit vorgeschlagen, sich für den Rest der Reise mit uns zusammenzutun!«, verkündet Talia stolz.

Ich werfe Talia einen entgeisterten Blick zu, doch sie lächelt nur. Sie ist sich überhaupt nicht bewusst, dass sie sich gerade den gröbsten Schnitzer erlaubt hat, den man sich unter Rucksackreisenden überhaupt vorstellen kann: Sie hat jemanden eingeladen, sich der Reisegruppe anzuschließen, ohne ihre Reisegefährten vorher gefragt zu haben.

»Oh. Okay!«, stimme ich ein und schicke ein gezwungenes Lächeln hinterher. Ich werde mich selber aus der Scheiße ziehen!

Gerade in diesem Augenblick treten Tamir und Chelsea mit postkoitalem Leuchten im Gesicht und Händchen haltend aus der Hütte.

Bei mir stellen sich die üblichen Symptome akuter Verliebtheit ein. Schmetterlinge im Bauch. Magengeschwür. Rektale Verkrampfung. Wow, das ist neu! Ich habe noch nie einen Krampf im Schließmuskel gehabt! Faszinierend. Schmerzhaft, aber cool. Vielleicht sollte ich meine Meinung zum Thema Analsex revidieren.

Was ist so anders an Tamir? Ich frage mich, ob ich so an ihm interessiert bin, weil er nicht frei ist und ich deshalb keine Angst vor Nähe haben muss. Wahrscheinlich. Gott, ich wünschte, ich wäre nicht den ganzen Tag so mit mir selber beschäftigt, die Kakofonie in meinem Hirn ist einfach zu viel für mich.

Wenn man es genau bedenkt, täte es mir vielleicht gut, mit der Turbo-Augenbraue zusammen zu sein und mich ein bisschen mehr in der Natur zu bewegen, statt ständig Männer anzustarren, die sowieso schon vergeben sind, und mich unablässig mit meiner Angst vor Nähe zu beschäftigen. Vermutlich verbringen deshalb so viele Menschen ihre Freizeit damit, unnütze Berge zu erklimmen. Sie wollen ihr Gehirn zum Schweigen bringen. Ich glaube, Gott will mir was sagen.

»Kommt ihr mit auf eine kleine Wandertour?«, fragt Pazit. »Es gibt einen wunderbaren Wanderweg am Fluss entlang. Der ist nur zehn Kilometer lang.«

»Ach, das würde ich gerne, aber ich habe um zwei eine Massage, und die will ich nicht absagen.«

»Ach?«, fragt Talia.

»Ja, habe ich ausgemacht … vorher …«

»Na, auch gut«, sagt Talia, wieder ohne eine Spur von Bedauern.

»Viel Spaß!«, rufe ich und flitze zum Empfang, um mich für meine bereits vereinbarte Massage anzumelden.

»Ja, sicher, wir haben hier eine ausgezeichnete Masseurin«, sprudelt es aus der skandinavischen Königin hervor, »und den schönsten Massageraum der Welt.« Sie deutet auf einen kleinen Hügel. Ganz oben kann ich einen Massagetisch ausmachen. Hola! Sie übertreibt nicht. Meine Entscheidung war goldrichtig.

»Die Masseurin ist in einer Viertelstunde bei dir, ziehe dich einfach aus, und leg dich auf den Tisch. Keine Sorge, keiner kann dich von hier unten sehen, du kannst dich also ganz ausziehen.«

Die Vorstellung, eine Masseurin könnte mir unter der ecuadorianischen Sonne die Brüste kneten, erfüllt mich mit brennender Vorfreude. Ich haste, ich eile.

Völlig außer Atem komme ich oben an, doch in der Stille entspanne ich mich schnell. Die Luft ist rein und klar, es weht ein mildes Lüftchen, und die Laken auf dem Massagetisch sind weich und kuschelig. Hier gibt es alles, was eine verkrampfte, neurotische Jüdin wie ich so braucht.

Ich zerre aggressiv wie Mr. und Mrs. Smith an meinen Klamotten, lege mich mit dem Gesicht nach unten auf den Tisch. Meine weißen Gesäßbacken werfen die Strahlen der heißen Sonne Ecuadors zurück in den Himmel.

Ich höre Schritte und versuche, mich zu entspannen, damit die Masseurin nicht merkt, wie weit ich vom Zen-Idealzustand entfernt bin, und nicht mit mir arbeiten will. So wie bei meiner Mutter, die einen Tag vor unserer Putzfrau die

Wohnung sauber machte, damit sie keinen schlechten Eindruck von uns hat. Ja, unsere Logik ist für 'n Arsch, ich weiß.

Die Masseurin sagt kein Wort. Nicht mal »Hallo … was für 'nen hübschen weißen Hintern du hast« … einfach nichts. Was ich völlig in Ordnung finde. Es gibt nichts Schlimmeres als eine geschwätzige Masseurin. Oder Friseuse. Oder Kellnerin. Die Liste ließe sich fortsetzen.

Meine Wellnessfee spritzt sich laut vernehmlich etwas in die Hände, dem Geruch nach ist es wohl Lavendelöl, und dann … mmmmh, beginnt die Reise ins Paradies.

Eine Stunde lang streichen mir diese magischen Hände die Spannung aus jedem Körperteil, sanft, aber bestimmt, hart, aber sinnlich. Diese Hände hören auf meinen Körper, lösen meinen überspannten Nacken, besänftigen die Angst in meinen Händen, die Qual in meinem Bauch. Plötzlich fange ich an, leise zu weinen, die Tränen laufen langsam und in natürlichem Strom aus meinem Körper. Die ganze Zeit über sprechen wir kein Wort, das brauchen wir nicht, wir atmen ein. Wir atmen aus. Perfekte Harmonie.

Als ihre magischen Hände meine Kopfhaut massieren, sind die Tränen versiegt, meine Nase tropft durch das Loch in der Kopfstütze, aber das ist mir egal. In meinem ganzen Leben habe ich mich noch nie besser gefühlt. Es ist, als wäre mir ein Lichtstrahl in den Körper gefahren und hätte mich im tiefsten Inneren gereinigt.

Ein kleiner Glockenschlag beendet die Massage. Ich würde am liebsten für immer hier liegen bleiben, das geht aber natürlich nicht, denn das wäre seltsam und rücksichtslos gegenüber den anderen Kunden. Also setze ich mich auf, möchte endlich meine Retterin sehen. Die Sonne blendet mich. Das Einzige, was ich erkenne, sind goldene Haarfollikel.

Okay, Tamir, jetzt verstehe ich dich! Total!

26
Warum fragst du?

Mir ist gerade etwas ganz Schreckliches eingefallen. Ich habe meine Mutter seit zwei Wochen nicht angerufen. Am Empfang treffe ich meinen Traumschiffprinzen Tamir, der gerade mit seiner Mutter telefoniert. Mann, bin ich froh, dass er gerade mal nicht kopuliert. Er lächelt und bedeutet mir mit einem israelischen Handzeichen, dass er gleich fertig sei. Vorsicht! In Italien bedeutet dieses Handzeichen: »Verpiss dich!«, also hält man in Rom besser keinen auf. Die Art, wie ein Mann mit seiner Mutter redet, sagt ganz viel über ihn aus. Er war ganz bestimmt ein guter Junge, hat immer sein Gemüse aufgegessen und hat seiner Mama beim Saubermachen geholfen, während sein Bruder eine Tüte durchgezogen und *King Crimson* gehört hat. Woran ja auch nichts auszusetzen ist.

Tamir legt auf und tritt beiseite. Ich will gar nicht, dass er geht. Er bleibt. Seltsamerweise macht es mir gar nichts aus, dass er mein Gespräch mithört.

»Hallo, Ima!«

»Hallo, Schätzchen. Wie geht's?«, fragt meine Mutter merkwürdig gelassen. Ich hatte das gesamte Programm erwartet, bis zum hysterischen Anfall und drohenden Herzinfarkt, weil ich nicht angerufen habe.

»Gut. Hast du dir gar keine Sorgen um mich gemacht?«

»Wieso sollte ich mir Sorgen machen? Du bist doch mit Talia unterwegs.«

Hoppla, Mama ist auf einmal ganz normal. Sehr seltsam.

»Seid ihr noch in Peru?«

»Nee, wir sind nach Ecuador weitergezogen.«

»Phantastisch. Wie geht es Talia?«

»Gut. Sie ist auf einer Wandertour. Wie steht es um Porsche?«

Stille.

»Du fährst einen Porsche?«, fragt Tamir tonlos. Er ist völlig baff. »So heißt mein Kater«, flüstere ich.

»Ima? Bist du noch dran?«

»Ja, ja, ich bin noch dran.«

»Ich hab dich gefragt, wie es Porsche geht.«

»Was? Äh, alles in Ordnung. Ich kann dich nicht so gut verstehen.«

Meine Mutter konnte noch nie gut lügen. Ich weiß, dass etwas passiert ist. Etwas Schlimmes. Ich frage sie rundheraus.

»Ima, ist Porsche tot?«

»Warum fragst du?«

»IMA!!!«

Ich unterdrücke die Tränen.

»Ist mein Kater gestorben?«

Ich höre, wie Ima lange an ihrer Zigarette zieht. Schließlich kommt die Antwort.

»Ja.«

»Wann?«

»Vor drei Wochen.«

»VOR DREI WOCHEN? PORSCHE IST SCHON SEIT DREI WOCHEN TOT? Warum hast du mir nichts gesagt?«

»Ich wollte dich nicht beunruhigen.«

Tamir legt mir den Arm um die Schultern. Ich fange an zu weinen.

»Lass dir davon nicht die Reise verderben, *mamaleh*.«

»Er war mein Kater, Ima. Fünfzehn Jahre lang.«

»Ich weiß, mein Schatz. Ich weiß. Ich war auch traurig. Lass dich davon nicht unterkriegen, ja? Ich hab dich lieb.«

»Ich hab dich auch lieb.«

»Tschüs.«

Ich lege auf, und Tamir nimmt mich fest in die Arme.

»Dieser Kater ist mit mir durch dick und dünn gegangen. Er war zwar nicht besonders helle, aber er war immer da, vor allem in schlechten Zeiten.«

»Warum hat sie es dir nicht gesagt?«, fragt er und drückt mich noch fester an sich.

»Meine Mutter hat mit zwei Dingen Probleme, die eng miteinander verbunden sind: schlechte Nachrichten und der Tod. Als sie noch recht jung war, starben ihre Eltern im Abstand von wenigen Monaten. Sie hat die Gräber nie besucht und setzt grundsätzlich keinen Fuß auf Friedhöfe. Sie glaubt, wenn schlechte Nachrichten nicht verkündet werden, dann könnte man die Dinge dadurch ungeschehen machen. Sie ist außerdem eine Anhängerin der damit verwandten, philosophischen Schule, deren Motto lautet: ›Gehe nicht zum Arzt, dann wirst du auch nie krank.‹ Anhänger dieser Schule gehören zumeist auch einer anderen, ähnlich gelagerten Glaubensgemeinschaft an, die davon überzeugt ist, dass ›furchterregende Krankheiten verschwinden, wenn man sie ignoriert oder einfach nicht behandelt‹. Ich musste erst mit Hungerstreik drohen, bloß um sie zu einer Mammografie zu bewegen, bei der man tatsächlich ein Geschwür fand. Dieses wurde gleich zweimal entfernt, und zwar von einem kompetenten wie arroganten Arzt und seinem treuen israelisch-arabischen Assistenten Osama. Während unseres Aufenthalts im Krankenhaus Haifa General baggerte Osama mich mehrere Male an, doch ich war viel zu sehr damit beschäftigt, mich um meine Mutter zu sorgen, um mich auf andere Dinge einzulassen.

Abgesehen davon, ist es auch ein wenig seltsam, wenn man mit jemandem rummacht, der die Brüste der eigenen Mutter geknetet hat.«*

Tamir lacht. Bingo! Die Frage ist, findet er es cool, dass ich trotz meiner Trauer Witze reiße, oder denkt er, ich ziehe immer alles ins Komische, damit man mir meine Unsicherheit nicht anmerkt? Hält er mich vielleicht für eine, die ständig Witze reißt und nie ernst sein kann?

Einmal stand ich sogar kurz davor, auf der Bühne als Comedienne aufzutreten, also wäre so eine Einschätzung gar nicht so abwegig.

Das war auf einer Kreuzfahrt im Jahre 1983, als meine Eltern sich auf dem Höhepunkt ihres grässlichen Scheidungskriegs befanden. Vom Wunsch beseelt, mal wieder etwas Schönes zu erleben, telefonierte meine Mutter mit ihren Freunden Carlos und Sara Ferrer in Miami. Die beiden stammten aus Kuba und hatten einen hamsterbäckigen, vorlauten, lebhaften Jungen namens Andy. Carlos war einer der wenigen Menschen auf diesem Planeten, die wirklich ein Herz aus Gold besitzen. Er tat keiner Fliege etwas zuleide, war immer bereit zu helfen, und in jeder Silbe, die er sprach, lag liebevolle Zärtlichkeit. Sara war eine ganz bezaubernde Frau mit einer Frisur, die sich in dreißig Jahren nicht verändert hatte.

Bei Carlos und Sara machten wir immer halt, wenn wir alle drei Jahre nach Disneyworld oder Epcot fuhren. Die Ferrers wussten, dass sich die Ehe meiner Eltern in fortschreitender Zerrüttung befand, und spürten instinktiv, dass meine Mutter und ich mehr brauchten als die Stadt Kairo in der Disney-Plastikvariante oder einen Perversen im Mickeymaus-Kostüm. Deshalb luden sie uns auf ihre

---

* Dachtet wohl, ich hätte ein Problem damit, mit jemandem auszugehen, der Osama heißt, hm? Dazu bin ich viel zu kosmopolitisch.

alljährliche Kreuzfahrt von Miami auf die Bahamas und die Florida Keys ein. Ich war noch nie auf einer Kreuzfahrt gewesen, aber vom *Traumschiff* wusste ich, dass so etwas ganz viel Spaß machte, es dabei immer einen leutseligen Steward, viel leckeres Essen und Shuffleboard gab. Ich war so aufgeregt. Meine Mutter war erleichtert und hielt die Reise für eine großartige Idee.

Wir flogen also nach Miami und trafen uns mit den Ferrers am Hafen. Meine Mami und ich gingen Hand in Hand an Bord eines riesigen Kreuzfahrtschiffes, wurden von der Besatzung begrüßt, der blaue Ozean lag vor uns, und ich kam mir vor wie im Märchen.

Wir folgten den Ferrers durch die mit Teppich ausgelegten Flure. An ihrer Kabine machten wir zuerst halt.

»Ich bringe Ruthie und Iris zu ihrer Kabine, Sara!«, verkündete Carlos, wie immer durch und durch Gentleman. Durch die offen stehende Tür sah ich, wie Andy ganz begeistert auf dem mit rotem Samt bedeckten Doppelbett herumsprang.

Carlos warf einen Blick auf unsere Tickets. »Folgt mir!«

Wir gingen weiter den Flur entlang und nahmen die Treppe ins untere Stockwerk. Sie hatte ganz viele Stufen, diese Treppe. Ich zählte ganze fünf Treppenabsätze. Tief und immer tiefer stiegen wir hinab. Ich warf meiner Mutter einen verwirrten Blick zu.

»Ist unsere Kabine unter dem Meeresspiegel?«, fragte ich.

»Nein, selbstverständlich nicht, Schatz. Wir konnten uns nur die teuren Kabinen auf dem oberen Deck nicht leisten.«

»Ach so.«

Die Kabinentüren auf diesem Deck lagen sehr viel dichter beieinander. Sie sahen aus wie eine Reihe kleiner Besenkammern.

Schließlich öffnete Carlos die Tür zu einer dieser Kammern. Darin fanden tatsächlich zwei Stockbetten Platz, und es gab ein winziges Bullauge, das gerade noch aus dem Wasser ragte.

Meine Mutter lächelte mir verlegen zu. Mir ging es schlecht, weil es ihr schlecht ging, und um die Situation zu retten, flitzte ich zum Stockbett und hüpfte darauf herum, wie ich es bei Andy gesehen hatte. Leider stieß ich mir dabei prompt den Kopf an der 1,20 Meter hohen Decke.

»Schatz, sei vorsichtig!«

Carlos schenkte uns ein mitleidiges Lächeln. »Wir sehen uns in einer Stunde beim Dinner. Freut euch schon mal auf das Essen, es ist phantastisch!«

Meine Mutter und ich lächelten und umarmten Carlos schnell, bevor dieser vor lauter Mitgefühl für unsere missliche Lebenslage in Tränen ausbrechen konnte. Die erschien mir in einer winzigen, klaustrophobischen Kabine, fünf Decks von Familienleben und Hoffnung entfernt, irgendwie noch misslicher.

Das Schiffshorn tutete laut, und meine Aufregung stieg.

»Lass uns ein bisschen spazieren gehen«, schlug meine Mutter vor.

Super Idee. Wir erklommen die Stufen hinauf zur Zivilisation und besichtigten das Unterhaltungsdeck, wo sich der Nachtclub und die Restaurants befanden.

An der Tür zum Nachtclub hing ein Schild: »TALENTSHOW, 20 Uhr«. Mein Herz tat einen Hüpfer. Ich glaube, das war der Moment, in dem mir klar wurde, dass ich Bühnenkünstlerin sein wollte. Plötzlich wünschte ich mir nichts sehnlicher, als an diesem Abend auf der Bühne zu stehen und irgendetwas Talentiertes vorzutragen. Ich wusste nur nicht genau, welches Talent das genau sein sollte. Meine Mutter schlug vor, ich sollte Akzente nachahmen. Das hatte auf unsere Gäste immer Eindruck gemacht. »Mach mal die

Spanierin, Iris!«, hatten sie mir zugerufen, und ich mit meinen fünf Lenzen hatte wie aus der Pistole geschossen irgendein Kauderwelsch geplappert, das sich überzeugend echt wie Spanisch anhörte. »Mach die italienische Fremdenführerin, Iris!«, bettelten sie, und ich machte die Frau nach, die uns durch Rom geführt hatte, indem ich eine lupenreine Imitation einer besonders charakteristischen Phrase zum Besten gab: »Diese iste der Marmorrr, dene sie aus Carara brachten.«

»Sag noch mal Carara, Iris! Bitte, sag es noch mal!«

»Carrrrarrrra!«, knurrte ich mit meiner kindlichen Piepstimme. Saul, ein Freund meines Vaters, sagte damals: »Die ist ein echter Renner, die Kleine. Die ist wie ein Radio!«, was alle anderen sofort verstanden, nur ich nicht. Warum war ich wie ein Radio?

Wir schrieben meinen Namen auf die Liste. Vor mir hatten sich bereits zehn andere eingetragen, doch ich befand mich an der ersten Stelle der Zehnerreihe! Ich konnte es gar nicht erwarten, meine Dialektnummer vor großem Publikum aufzuführen. Meine Mama war genauso aufgeregt wie ich und meinte, wir sollten schnell ins Restaurant gehen, um vor der Show um acht zu essen.

Im Restaurant konnte man riesige Eisskulpturen und weitere Sinnbilder der Dekadenz besichtigen, lange Tische waren der Förderung der Fettleibigkeit gewidmet, die Speisen auf unwiderstehlichste Weise präsentiert. Meine Mama und ich häuften unsere Teller voll und gesellten uns zu den Ferrers, die sich bereits mit jeweils zwei vollen Tellern eingedeckt hatten. Die Freuden des All-You-Can-Eat.

Plötzlich neigte sich das Schiff nach links. Ganz weit nach links. Ich hielt meinen Teller fest und spürte, wie mir langsam schlecht wurde. Mehr brauchte es nicht. Ein scharfer Linksruck, und mein Magen geriet in Panik. Jetzt neigte sich alles jäh nach rechts. Meine Mutter erblasste. Es lag an den Genen. Nur so war es möglich, dass wir den ganzen Mist erbten, den die Großeltern schon unseren Eltern vermacht hatten, und dazu noch ein paar miese Sachen, die eine Generation übersprungen hatten.

Das Essen drehte sich vor mir. Im Gegensatz zu uns verschlangen die Ferrers gierig ihre Mahlzeit, das Schlingern des Schiffes regte anscheinend ihren Appetit an.

»Ima, ich muss spucken!«, murmelte ich mit gepresster Stimme.

»Okay, wir gehen wieder in unsere Kabine.«

»Wollt ihr gar nichts essen?«, fragte Carlos rührend besorgt. Das Kartoffelgratin mit Speck ist phantastisch, und das Steak könnte nicht saftiger sein!«

»Ja, die Maiskolben mit Butter sind superlecker!«, rief Andy mit vollem Mund und stopfte sich gleich noch eine Gabelladung hinein.

»Ima, ich muss wirklich spucken!«

Ima nahm mich an der Hand und eilte mit mir zurück in unser Verließ. Das Schlingern war unterdessen schlimmer geworden. Aus unerfindlichen Gründen hatte meine Mutter die Wellenbewegung bei der Planung unseres kleinen Ausflugs nicht berücksichtigt, obgleich sie wusste, wie empfindlich wir beide auf solche Dinge reagierten. Ich wurde ja schon in der Badewanne seekrank.

Ich kotzte eine halbe Stunde lang, schwitzte ein wenig und legte mich auf mein Stockbett. Der Kapitän informierte uns, dass wir wegen eines starken Sturms die Florida Keys auslassen und gleich die Bahamas ansteuern müssten.

Ich sah auf meine Uhr. Mickeymaus zeigt auf halb neun. Für mich würde es keinen Talentwettbewerb geben. Ich weinte leise ins Kissen, während mein Körper auf der mit Plastik überzogenen Matratze hin- und herrutschte und die Wellen gegen das winzige Bullauge krachten.

Chelsea kommt um die Ecke. Wenn die mich jetzt umarmt, breche ich wieder in Tränen aus.

»Alles klar, Iris?«, fragt sie und umklammert Tamirs Hände mit ihrem Lavendelgriff.

»Ihr Kater ist gestorben«, erklärt Tamir.

»Ach, das tut mir aufrichtig leid.« Jetzt nimmt Chelsea mich in die Arme.

»Komm und iss mit uns«, schlägt sie vor.

Okay, jetzt wird's merkwürdig.

»Ja, komm doch mit!«, stimmt Tamir ein.

Total merkwürdig. Aber warum nicht, merkwürdig ist doch mein Fachgebiet.

Wir trotten zu dritt hinüber zu Chelseas Hütte. Tamir und ich hocken auf der Terrasse, und Chelsea serviert uns eine Käseplatte mit Tomaten, Oliven und frisch gebackenem Brot. Schweigend lassen wir uns die Mahlzeit schmecken, und ich komme zu mehreren Erkenntnissen, einige haben mit meiner gegenwärtigen Situation zu tun, andere mit meiner anderen gegenwärtigen Situation.

Unerwiderte, eingebildete Liebe ist unbefriedigend.

Wahrhaft gleichmütige Menschen sind irritierend.

Die Turbo-Augenbraue stellt weiterhin eine ernste Bedrohung dar.

Meine Brauen sind auch nicht besonders umwerfend.

Wen will ich eigentlich verarschen? Tamir ist in seine goldene, etwas gealterte Göttin verliebt, und ich verschwende hier meine Zeit und meine Gefühle. Ich brauche mehr, um mich wieder besser zu fühlen, und sollte mir nicht noch mehr Löcher in meinen Schutzpanzer reißen lassen. Es ist Zeit, mit den Mädels nach Quito aufzubrechen. Eine Großstadt, wo Menschen ohne Wanderlust wie ich sich wohlfühlen und Leute wie Pazit eben nicht. Da kann ich die Entertainerin, die Meisterfeilscherin und beste Freundin raushängen lassen.

27
Tiere zum Anbeißen

Auf dem Weg nach Quito macht unser »Schnellbus« einen außerplanmäßigen Zwischenstopp in Guayaquil. Wir steigen aus und erkunden das Terrain. Schon im Zwielicht der noch tief stehenden Morgensonne wird uns klar, dass es nur einen Grund gibt, Guayaquil zu besuchen, und der heißt Galapagosinseln. Die Einheimischen sind sich dessen offenbar bewusst, denn an jeder Ladenfassade und in jedem Reisebüro prangen Hunderte von Postern mit der Aufschrift »GALAPAGOS!«.

Unsere Erkenntnis wirft zwei Fragen auf. Erstens: Können wir uns die galaktische Summe leisten, die ein Besuch dieser weltberühmten Attraktion kostet? Zweitens und wichtiger: Wollen wir wirklich Tiere besichtigen, die so seltsam aussehen, dass man sie auf einer entlegenen Insel ausgesetzt hat? Wollen wir uns wirklich in einer Kolonie der Aussätzigen tummeln, denen man weisgemacht hat, sie seien etwas ganz Besonderes, nur damit sie nicht so traurig über ihren evolutionären Niedergang sind?

Darauf gibt es eine klare Antwort: Nein. Absolut nicht.

»Nichts wie weg hier!«, ruft Talia.

Moment mal. Hatte ich fast vergessen.

»Enrique wohnt in Guayaquil!«, verkünde ich aufgeregt. »Ihm gehören eine Shrimpsfarm und eine Bananenplantage! Wir könnten ihm einen Überraschungsbesuch abstatten!«

»Ist Enrique dieser Typ mit den Testikeljeans?«

»Genau der!«

»Cool!«

Ich flitze zur Telefonzelle und grabe nach meinem Adressbüchlein. Hoffentlich habe ich Enriques Nummer aufgeschrieben. Ja, da ist sie. Bingo!

Klingelingeling. Klingelingeling.

Enrique geht ans Telefon.

»*Sí?*«

Seine Stimme klingt sehr viel höher als in meiner Erinnerung aus Brown-Zeiten. Ich muss echt mal ein paar Takte mit ihm über Bekleidung unterhalb der Gürtellinie reden.

»Hey, Enrique! Ich bin's, Iris!«

Enrique zögert einen Moment.

»Iris«, sagt er im abschließenden Ton der Notenvergabe beim olympischen Gymnastikfinale.

»Ich bin hier! In Guayaquil! Mit meiner Freundin Talia! Unglaublich, oder? Ich bin echt in Guayaquil!«

Hoffentlich versteht er das nicht im Sinne von: »Unglaublich, ich bin echt in so einem überflüssigen Scheißkaff wie Guayaquil gelandet, das sich nur dank Darwin überhaupt am Leben halten kann.«

»Enrique ist gerade nicht da«, behauptet er mit krampfhaft verstellter Stimme. Nicht sehr überzeugend. Eine solche Scharade hatte ich nicht erwartet.

»Enrique, komm schon. Ich weiß doch, dass du's bist. Warum tust du so, als wärst du ein Mann?« Ja, gut, das war jetzt echt gemein. Kann aber nicht mehr zurückrudern, weil Enrique jetzt losredet, als trage er eine vorbereitete Rede vor.

»Enrique ist gerade nicht da, aber er lässt dir ausrichten, dass er dir nicht verziehen hat und dich nie wieder sehen will. Du solltest seinen Namen nie wieder in der Öffentlichkeit aussprechen.«

»Aber Enrique …«

Klick.

Ich suche nach Talia, die gemeinsam mit Pazit auf der anderen Straßenseite mit einem unterbelichteten Händler um den Preis eines Briefbeschwerers in Schildkrötenform feilscht.

Enriques Abfuhr setzt mir erstaunlicherweise richtig zu. Man sollte doch meinen, dass man jemandem verzeihen kann, zumal derjenige gar nichts verbrochen hat. Und auch wenn man was verbrochen hat, dann sollte man ihm doch trotzdem verzeihen, oder? Ich bin ein guter Mensch. Andere haben mir allen möglichen Scheiß angetan, und ich habe ihnen verziehen. Eine Menge Scheiß. Vielleicht ist das so bei Lateinamerikanern. Oder bei Männern. Ja, klar, bei Männern ist das so. Mein Vater war über zwanzig Jahre lang wegen einer Sache angepisst, die meine Mutter ihm nur angetan hat, weil sie wegen einer Sache angepisst war, die er ihr zuvor angetan hat.

Talia und Pazit kommen mit jeweils einer adipösen Schildkröte in der Hand auf mich zu.

»Was hat Enrique gesagt?«, fragt Talia.

»Er will mich nie wieder sehen.«

»Warum das denn nicht?«

»Er ist sauer auf mich.«

»Verstehe. Dann fahren wir eben nach Vilcabamba.«

Talia und Pazit laufen los in Richtung Busterminal. Ich würde mich gerne bei ihnen über meine Enttäuschung ausheulen, aber ich schäme mich für mein mimosenhaftes Verhalten. Warum kann ich nicht so sein wie Talia? Selbstbewusst genug, um es einfach an mir abprallen zu lassen, wenn jemand sauer auf mich ist, egal, ob sie gute Gründe dafür haben oder nicht. Ist das Selbstvertrauen? Reife? Alles zusammen? Ja, Dr. Friedmann, natürlich steht Enrique für meinen Vater, und mein inneres Kind reagiert, genauer, überreagiert darauf. Aber dieses lästige innere Kind ist

Herrscher über meinen inneren Pausenhof und hat all die anderen inneren Kinder, die mit solchen Situationen viel ruhiger und reifer umgehen, vertrieben.

»Ja, der soll sich doch ins Knie ficken, dieser Schwanzlutscher!«, erkläre ich und hoffe, dass mein inneres Kind ob dieser wilden Flüche, die Hände auf die Ohren gepresst, davonlaufen wird, um bloß keinen Ärger mit dem Schuldirektor zu bekommen.

28
Abres Los Ojos

Die Tomate war dreimal gewaschen? Blödsinn! Vielleicht in der Kloake. Sonst hätte sich mein Magen nicht so aufgeführt. Auf der restlichen Fahrt nach Quito. Geschlagene acht Stunden auf der Bustoilette. Schmuddeltomatenexplosion. Man könnte meinen, ein Alien mit Clogs trampele durch meinen Darm.

Scheißen, Kotzen, Scheißen, Scheißen, Kotzen, Röcheln, Husten, Ausspucken. Und noch mal von vorne. Dabei hocke ich wie ein Seiltänzer über der Schüssel und versuche, die Klobrille nicht zu berühren.

Als wir endlich in Quito ankommen, bin ich so schwach und ausgetrocknet, dass ich nicht mehr laufen kann und von Pazit und Talia aus dem Bus getragen werde.

Sie zerren mich in ein Taxi.

»Zum nächsten Krankenhaus, bitte!«, gebietet Talia ruhig und bestimmt.

Der Fahrer stiert uns ausdruckslos an. Offensichtlich spricht er kein Wort Englisch. Die Mädels kennen das spanische Wort für Krankenhaus nicht. Ich raffe mich noch ein letztes Mal auf, bevor mir langsam, aber sicher die Sinne schwinden.

»*Emergencia!*«, murmele ich, den wabernden Nebel vor meinem Hirn durchbrechend. Dann lehne ich mich erschöpft und erwartungsvoll zurück.

Der Fahrer rührt sich nicht.

»*Emergencia!*«, sage ich mit letzter Kraft.

Die Mädels stimmen ein: »*Emergencia, Emergencia, Emergencia!!!*«

Wir hätten auch Sanskrit sprechen können, die Wirkung wäre dieselbe.

Ich stöhne vor Schmerzen, das Alien in meinem Darm persifliert gerade Fred Astaire.

»*Emergencia!*« Ich versuche es noch neun weitere Male, dazwischen sabbere ich mich voll und verliere immer wieder die Besinnung. Ein letzter Versuch: »*EMERGENCIA!*«

Der Fahrer bewegt den Kopf wie ein Wackeldackel. Plötzlich erhellt sich sein Gesicht.

»Ahhh!!! *Emergencia!*«, kreischt er, nur weil er das Wort etwas anders betont. »*Claro! Emergencccccciiiaaaaa!!!*«

Willst du mich verarschen? Jetzt kapierst du es erst? Wenn ich noch genug Kraft hätte, würde ich dir was auf die Nuss geben, du Frisurständer. Egal, wenigstens bin ich jetzt auf dem besten Weg zur Gesäßtamponage, und das ist alles, was zählt.

Kaum bin ich in der *Emergencia* angekommen, lande ich umgehend auf einer Trage, und man flitzt mit mir im Schweinsgalopp durch die Gänge, Talia und Pazit hinterdrein. Ich bekomme kaum noch mit, was eigentlich los ist, und befürchte, dass ich wie in den guten alten Staaten noch Stunden auf medizinische Behandlung warten muss, doch schon wenige Minuten später zapft man mir von meinem anämischen Arm Blut ab, und kurz danach erscheint ein sehr süßer Arzt, der fließend Englisch spricht. Er hat sogar einen starken schottischen Akzent. Er teilt mir mit, dass ich gleich ein Medikament erhalten werde. Dann erzählt er mir noch, er nehme an einem Programm für Assistenzärzte in der Dritten Welt teil und freue sich sehr darüber, drei süße israelische Mädchen kennenzulernen.

In meinem Blutbild wimmelt es von Tierchen und Kringeln. Ich hatte ein Bett und eine Gesäßtamponade erwartet, doch Braveheart meint, das sei nicht nötig (Betten gibt es hier nur für Anwärter auf eine Herztransplantation). Er reicht mir ein Röhrchen Tabletten und bringt uns zum Ausgang, wo wir in ein Taxi hüpfen und zur Moomlatz-Pension namens *Buena Villa Guesthouse* fahren.

Talia und Pazit helfen mir in den zweiten Stock, bringen mich auf unser kleines Zimmer und verfrachten mich ins Bett. Ich habe zwar noch immer starke Schmerzen, aber der Refluxmuskel scheint gerade eine kleine Siesta zu machen.

Die ungeteilte Aufmerksamkeit, die Talia und Pazit mir entgegenbringen, ist mir, ehrlich gesagt, sehr unangenehm. Vielleicht liegt es daran, dass ich mir sonst immer um andere Leute Gedanken mache, um mich von meiner eigenen Misere abzulenken.

Es sind meine Schuldgefühle wegen der ungewohnten Aufmerksamkeit, die mich dazu bewegen, meinen Dämmerzustand kurz zu durchbrechen und zu murmeln: »Ist schon okay, ihr beiden, es geht mir gut, geht raus und amüsiert euch. Ich ruhe mich nur ein bisschen aus.«

»Was hast du gesagt, Iris? Ich kann dich nicht verstehen«, sagt Talia. Pazit wischt mir den Sabber vom Mund.

»Bleibt nicht meinetwegen auf dem Zimmer. Geht raus und amüsiert euch.«

Talia und Pazit reagieren prompt und fragen wie aus einem Mund: »Sicher?«, dann schnappen sie sich ihre Taschen und ziehen munter in die Schlacht um billige Socken und tragbare Küchenspülen.

(Merke: Die Frage: »Sicher?« sollte mindestens dreimal gestellt werden, wenn man dem Gegenüber auch nur annähernd suggerieren will, dass man sich wirklich um dessen Gefühle schert. Alles, was darunter fällt, ist nicht akzeptabel und peinlich.)

Ich schließe die Augen und höre, wie die Mädels die Treppe herunterpoltern. Es wird ruhig.

Ich habe keine Ahnung, wie viel Zeit verstrichen ist. Ein Gefühl der Taubheit hat sich mittlerweile in meinem Körper ausgebreitet. Manche erzählen davon, wie sie angeblich ihren Körper verlassen hätten, doch ich fühle mich, als hätte ich gar keinen Körper mehr, nur noch einen Kopf, einen Kopf mit einem grässlich wachen Verstand, der genau merkt, wie ihm der Saft ausgeht.

Langsam dämmere ich weg. Ich bin ausgetrocknet, verliere das Bewusstsein, und wenn nicht bald einer kommt und mir hilft, dann werde ich sterben, das weiß ich.

Die Frage ist, wie kann eine Vierundzwanzigjährige in zwei Jahren zwei Nahtoderfahrungen machen. Gut, sich im thailändischen Dschungel zu verlaufen ist keine Nahtoderfahrung, sondern einfach nur furchterregend. Was ich aber im Moment durchmache, fühlt sich definitiv todesnah an.

Ich habe Angst. Ich denke an meine Mutter. Meine Mutter, die jede Minute ihres Lebens mit furchtbaren Ängsten um mein Wohlergehen ringt. Wie erschüttert wäre sie, wenn ich sterben würde? Das würde sie nicht überleben, da bin ich mir sicher. Manche Eltern überleben den schmerzhaften Verlust eines Kindes, doch meine Mutter würde das nicht schaffen. Sie ist zu zerbrechlich. Womit hat sie es verdient, dass ausgerechnet ihre Tochter in der Dritten Welt Salat essen musste? Eine Tochter, die sie verlässt, um am Arsch der Welt zu studieren, und, statt ihre drei Monate Semesterferien für einen Familienbesuch zu nutzen, lieber drei Monate lang durch Südamerika gondelt? Was bin ich nur für ein Unmensch?

Wo wir gerade bei Unmenschen sind: Wo zum Teufel bleiben Talia und Pazit? Unglaublich, dass die mich einfach hier zurücklassen. Das hat nichts mit Abgrenzung zu tun, das ist einfach nur egozentrisch.

Ah, da kommen sie die Treppe hochgestiefelt. Wurde auch Zeit. Sie werden mich finden, mich wieder ins Krankenhaus bringen, und dann werden sie endlich einen Patienten, der auf eine Herztransplantation wartet, aus dem Bett werfen, damit ich behandelt werden kann. Ich werde unendlich dankbar sein und ihnen einen dicken Scheck für den Bau eines neuen Organschmugglertrakts oder die Installation eines Wasserspenders in der Lobby ausstellen.

Die Tür geht auf. Herein spaziert nicht etwa Talia oder Pazit, sondern eine große Ecuadorianerin mit zwei Rollen Toilettenpapier in der Hand. Ich brülle: »Hilfe! Bringen Sie mich ins Krankenhaus!«, aber sie dreht sich nicht mal zu mir um. Da wird mir klar, dass kein Ton aus meiner Kehle dringt. Die Klischees vom stumm vor sich hinleidenden Komapatienten, die man aus Film und Fernsehen kennt, erfülle ich gerade wirklich. Ich kreische im Geist, doch kein Laut kommt mir über meine Lippen. Mir fehlt die Kraft, den Mund zu öffnen.

Ich versuche, meine nicht unerheblichen Augenbrauen zu bewegen, um so eine dringende Kommunikationsabsicht zu bekunden, aber ich kann meine Gesichtsmuskeln nicht mehr kontrollieren. Am liebsten würde ich heulen. Verdammt, vielleicht heule ich schon und merke es nur nicht. Die Frau bleibt einen Augenblick stehen und sieht mich an, reagiert aber nicht darauf, dass ich hier wie ein Zombie im Bett liege und mein Blick wie bei Hannibal Lecter im Zimmer umherwandert. Sie legt das Toilettenpapier ins Bad und geht.

Ich wünschte, Tamir wäre hier und würde mir über die tauben Wangen streicheln … mich mit seinen wunderschönen grünen Augen ansehen … während seine Freundin mir die Schultern massiert und die Fäkalien auf dem Laken beseitigt. Aber er ist nicht da. Keiner ist da. Herrgott, das ist echt ’ne miese Nummer hier.

Bald kann ich meine Augen nicht mehr offen halten. Und genau wie in diesen Schrottfilmen legt sich eine friedliche Ruhe über meine Seele. Diese Art Frieden ergreift einen kurz vor dem Tod. Nicht sehr friedlich, diese Vorstellung. Man ergibt sich irgendwie in sein Schicksal, weil man erkennt, dass jeder Kampf gegen den Tod nur Schmerzen verursacht. Ich kann nichts mehr ausrichten und bin mit meiner Krankheit ganz alleine.

Sanft senken sich die Augenlider. Ich lasse mich ganz auf das befreiende Gefühl ein, mich das erste Mal in meinem Leben nicht mehr sorgen zu müssen. Dann nichts als Dunkelheit.

Jemand zerrt unsanft an meiner Schulter und reißt mich aus dem Schlaf.

»Iris, Iris, wach auf!«

Ich stöhne laut auf. Kann die Augen nicht öffnen. Talia und Pazit flüstern aufgeregt, so als hätten sie Angst, mich zu wecken. Ging es ihnen nicht gerade noch genau darum?

»Wir müssen einen Krankenwagen rufen!«, beschließt Talia.

Wieder Flüstern.

»Wir können sie nicht wieder ins Krankenhaus bringen, die schicken uns nur wieder nach Hause«, sagt Talia mit ungekannter Sorge in der Stimme.

So ist's recht. Halt mir bloß den Typen vom Leib, der sich für einen Arzt hält, nur weil er als kleiner Junge in Edinburgh bei Doktorspielchen mitgemacht hat.

»Wir sollten uns an die israelische Botschaft wenden!«, schlägt Pazit vor. Ich lächle (innerlich). Die Turbo-Augenbraue ist gar nicht so dumm.

Beide verlassen das Zimmer. Sie verlassen mich! Schon wieder. Warum müssen Frauen immer alles, sogar Telefonanrufe, zu zweit erledigen? Was, wenn ich das Bewusstsein verliere?

Die Toilettenspülung rauscht. Gott sei Dank, ich bin doch nicht alleine.

»Mist!«, murmelt Pazit, die das Toilettenpapier nicht finden kann.

Wenn ich ihnen doch nur verraten könnte, dass die Putzfrau es auf den Schrank gelegt hat. Da muss sie eben warten, bis alles von selber trocknet. Wenn wir nur alle ihre Problemchen hätten.

Talia stürzt völlig außer Atem ins Zimmer.

»Es geht keiner dran. Sie haben schon geschlossen.«

»Shit!«

»Was machen wir jetzt?«

»Was ist mit der amerikanischen Botschaft?«

»Prima Idee!«

Talia rennt raus. Pazit findet das Toilettenpapier und eröffnet eine zweite Runde.

Wieder eilige Schritte auf der Treppe. Talia stürzt erneut ins Zimmer.

»Die haben auch schon zu.«

Verflixt noch mal, was wird hier gespielt? Es ist fünfzehn Uhr mitten in der Woche.

»Was sollen wir nur machen?«, fragt Pazit.

»Keine Ahnung. Ich versuche es noch mal.«

»Ich komm mit.«

Sie laufen die Treppe hinab und kehren erst nach einer gefühlten Ewigkeit zurück. Ihre Schritte klingen optimistisch.

»Die deutsche Botschaft schickt uns einen Arzt!«, verkündet Talia so laut, dass mein Trommelfell zu platzen droht.

Du weißt, du steckst echt in der Klemme, wenn du die Deutschen um Hilfe bitten musst.

Pazit klatscht mir einen nassen Lappen ins Gesicht. Ich versuche, nicht darüber zu spekulieren, wo sie den wohl aufgegabelt hat, und genieße das wunderbar kalte Gefühl auf Wangen und Nacken.

Kaum eine Stunde später steht der Arzt vor der Tür. Gott segne die Deutschen. Er bohrt mir seinen Finger an diversen Stellen in die Weichteile und drückt mir dann den Magen bis an die Wirbelsäule. Ein stechender Schmerz durchfährt mich, und mir klappen unvermittelt die Augenlider hoch. Ich wünschte, sie hätten das nicht getan, denn der Mann über mir sieht nicht aus wie ein Doktor, sondern wie ein Statist für *Kojak* oder *Detektiv Rockford – Anruf genügt* und hätte auch gut in die Softpornos gepasst, die wir uns früher in Israel reingezogen haben.

In seinem Gesicht prangt eine riesige verdunkelte Sonnenbrille à la Coco Chanel, er trägt einen gerippten, popelgrünen Rollkragenpullover und darüber einen orangefarbenen Blazer. Sein auberginenfarbenes Haarteil sieht aus wie bei diesen Plastikfigürchen, denen man die Haare auf- und absetzen kann. Er wirft einen Blick auf die von Braveheart verschriebenen Tabletten.

»Woher hat sie die?«

»Aus dem Krankenhaus.«

»Idioten! Das sind die falschen Tabletten. Und wenn sie nicht bald rehydriert wird, dann stirbt sie.«

Das ist der Moment, in dem ich mich frage, warum mir keiner einen Schlauch in den Hals schiebt und mich mit Flüssigkeit vollpumpt. *Presto!*

Mein Retter hebt mich sanft aus den Kissen und träufelt mir etwas in den Mund. Diesen süßen Geschmack mit künstlichem Melonenaroma kenne ich doch? Talia verabreicht mir die »richtige« Arznei, Schiffsarzt Dr. Schröder empfiehlt sich eilig, damit er Chefhostess Beatrice auf Deck B noch erwischt, bevor auch sie sich in die Welt des Rausches verabschiedet.

29
NO.

Innerhalb von einigen Tagen bin ich wieder auf den Beinen, beherrsche sowohl Schließmuskel als auch Stimmbänder. Talia erwischt mich dabei, wie ich im *Lonely Planet* die Seite über Kolumbien studiere.

»Das meinst du nicht ernst, oder?«

»Wieso? Wir wollten als Nächstes nach Kolumbien, weißt du noch? Das sollte unser letztes Reiseziel sein.«

»Wir fahren nirgendwo hin. Vor drei Tagen lagst du noch im Sterben. Du solltest umgehend nach Providence zurückfliegen.«

»Wie bitte? Kommt gar nicht in die Tüte!«

»Iris …«

»Talia, ich meine es ernst. Wenn ich diese Reise jetzt unterbreche, ist das schlechter für meine Gesundheit als jede rätselhafte Krankheit, die ich mir hier noch einfangen könnte.«

Talia betrachtet mich aufmerksam, und ich glaube, sie erkennt zum ersten Mal, dass diese Reise ein verzweifelter Fluchtversuch ist und nicht etwa der Erkundung Lateinamerikas dient. Das Problem ist nur, dass sie nichts dazu sagt. Es scheint, als hätte es ihr beim Anblick meiner tiefen Traurigkeit die Sprache verschlagen, und das nicht, weil sie sich nicht darum schert, sondern weil solche Gefühle außerhalb ihres emotionalen Spektrums liegen.

Jetzt weiß ich es endlich. Was ich wirklich will, meine

ich. Ich will nicht, dass Talia mehr Zeit mit mir verbringt, mich mehr braucht als ich sie oder allen erzählt, dass ich ihre beste Freundin sei. Ich möchte endlich wahrgenommen werden, ich möchte diese eine Person finden, die mir das Gefühl der Einsamkeit nimmt, nicht weil sie mit mir zusammen ist oder mit mir lachen kann, sondern weil sie mich und meine Seelenqualen, mein wahres Wesen, das Sinnvolle und das Unsinnige an mir, wirklich versteht. Vielleicht ist das wahre Freundschaft. Vielleicht ist das wahre Liebe.

Wahrscheinlich verlange ich zu viel. Tatsache ist: Talia kann meine Seelenqualen nicht verstehen, weil solche Gefühle ihre Erfahrung übersteigen, sie kann gar nicht mitfühlen oder mitleiden. Manche weinen eben schon bei UNICEF-Spendenaufrufen, andere stellen dabei fest, dass sie Hunger haben, und schmieren sich erst mal eine Stulle, manche zucken innerlich zusammen und zappen schnell weiter, und andere stieren emotionslos auf den Bildschirm und warten auf die Fortsetzung des Films.

Kolumbien

Karibisches Meer
Tayrona-Nationalpark
Santa Marta
Barranquilla
Cartagena
Río Magdalena
Caracas
Maracaibo-See
Montería
PANAMA
VENEZUELA
Cúcuta
Bucaramanga
Arauca
Medellín
Puerto Carrano
Tunja
Manizales
Pereira
Pazifik
Bogotá
Armenia
Ibagué
Villavicencio
Cali
KOLUMBIEN
Neiva
Popayán
San Agustin
Pasto
Florencia
Mitú
Quito
ECUADOR
BRASILIEN
PERU
Leticia
Amazonas

30
Am Abgrund

Dank der gebetsmühlenartig wiederholten Warnungen, Kolumbien sei ein Staat im Ausnahmezustand und nur Lebensmüde würden sich dorthin wagen, erschien mir dieses Land als äußerst attraktives Reiseziel. Als Talia, Pazit und ich an der Grenze ins Reich der Finsternis treten, erinnere ich mich wieder daran, wie ich mich während unseres Wildwasserabenteuers mit Leichensuche fühlte. Warum bin ich hier? Schlummert in mir vielleicht eine unbewusste Todessehnsucht, oder warum sonst besuche ich ein derart gefährliches Land? Oder stehe ich einfach nur auf Abenteuer, bin mutig und unerschrocken und tue alles für eine gute Story? Vielleicht glaube ich, weil ich im Vorhof zur Hölle gestanden, ja sogar in Teufels Küche Brie und *Wasa*-Knäcke gegessen habe, wäre ich auf unerklärliche Weise unangreifbar. Sehr zu meiner Erleichterung hat Talia unsere Moomlatz-Route schon geplant, so kann ich mich mit ungeteilter Aufmerksamkeit dem Ausmalen von Schreckensszenarien widmen.

Wir begeben uns ohne Umwege nach San Agustin, unser erstes Ziel. Der Ort ist unter *muchilleros* dafür bekannt, dass man sich Pferde zum Ausreiten leihen kann. Bei meinem letzten Ausritt durch den Yellowstone-Nationalpark war ich zwölf Jahre alt. Damals lernte ich, was das Wort »Vaginalabrieb« bedeutet.

Der Pferdepfleger bietet uns jeweils zwei Pferde zur Auswahl an, von denen er immer eines als *»calma«* und das andere als *»poco calma«* bezeichnet. Talia und Pazit entscheiden sich für die Calmas, und ich habe mich aus unerfindlichen Gründen schon für ein Größeres entschieden, das, hinten an den Transporter gebunden, wie ein angestochener Kickboxer um sich tritt. »Das da«, bestimme ich. »Das da will ich haben.«

Der Gaucho wirft dem Pferd einen Blick zu und schüttelt den Kopf. *»No, no, esto es loco. LOCO!«* Weil ich finde, dass es an der Zeit ist, zu mir zu stehen, erwidere ich: »Das ist okay, mit *loco* kenne ich mich aus, vertrauen Sie mir!« Der Pferdepfleger verzieht das Gesicht zu einer grässlichen Grimasse mit Glupschaugen und Doppelkinn, legt die Stirn in Falten und flüstert ihm etwas wie »Ruhig!« oder »Diese Idiotin will auf dir reiten« ins Ohr, bevor er es losbindet. Das Pferd beruhigt sich jedenfalls sofort, und der Pfleger hievt mich hoch und greift mir dabei genüsslich in den Schritt.

Er selbst schwingt sich auf einen wunderschönen Rappen, und wir trotten den von Pferdeäpfeln gesäumten Bergpfad entlang. Beim Anblick der üppigen Haufen steigen Neidgefühle in mir auf. Manchmal wünschte ich, ich könnte mich einfach so hinhocken und eine riesige, körperverändernde Großpackung mitten auf die Straße setzen, so einen Bärenhaufen, der mit einem leichten Schmerz beginnt und mit einem lauten, erleichternden Brüllen endet, so laut, dass der Haufen sich fürchterlich erschreckt, vor Angst bebend auf mein Rektum starrt und winselnd um Wiedereinlass fleht.

Der Pfad ist schmal, deshalb reiten wir hintereinander, Clinto an der Spitze und ich mit Loco am Ende. Wir sind langsam genug, um zu fotografieren. San Agustin ist wunderschön. Ich würde die Landschaft gerne angemessen beschreiben, aber mir fallen nur Klischees ein, à la »sanfte Hügel, trockene, reine Luft und beeindruckende Naturschauspiele …«

Ich weiß nicht, warum Loco so einen schlechten Ruf hat. Ich kann seine Seelenqualen spüren. Auch ich habe die Schnauze voll von Leuten, die uns wie Verrückte behandeln, nur weil wir uns ein bisschen auffällig benehmen. Ja, vielleicht sind wir etwas überspannt, aber wir können auch ganz ruhig sein, okay? Aber nur, wenn ihr uns nicht sagt, wir sollen ruhig sein. Oder uns keine Sorgen machen. Oder wieder runterkommen. Das machen wir, wenn es uns passt, klar? Hab ich recht, Loco? Ich tätschele seinen Hals oder was ich für seinen Hals halte, Pferde haben einen komischen Körper, ich weiß nie, welchen Teil ich gerade vor mir habe. Loco schenkt mir ein Lächeln. Man muss den Irren einfach mit Verständnis begegnen, das habe ich schon immer gesagt. Die Leute mit ihren schrägen Blicken sind schuld, dass wir ausrasten.

Ich glaube, durch meine liebevolle Zuwendung wird Loco ein wenig selbstbewusster im Umgang mit anderen, weil er sofort auf Talias Calma zutrottet und die Schnauze in ihren Hintern/Unterkörper schiebt. Deswegen liebe ich Tiere, die machen nicht lange rum, sondern widmen sich gleich dem Penetrationspunkt. Vielleicht ist es besser, dass wir Menschen uns weiterentwickelt haben, denn sonst wären die Straßen voller Männer, die auf jede zufällig an ihnen vorbeikommende Vagina zulaufen und sie wie wild beschnüffeln würden. Jeglichen verbalen Kontakten würde ein intensives Beschnuppern vorausgehen, das dem einzigen Zweck diente, sich hernach nur noch aggressiver zu beschnüffeln und schließlich innerhalb eines für sinnvoll befundenen Zeitrahmens von ungefähr vierzehn Minuten zu einem zügellosen Kopulationsakt überzugehen.

Ich beobachte, wie Loco versucht, mit dem Maul Calmas

Schweif beiseitezuschieben, damit er ihren Hintern besser riechen kann. Talia zuckt zusammen und dreht sich um. Ich lache.

»Mein Pferd will mit deinem pimpern!«, rufe ich vergnügt.

Loco stupst Calma etwas forscher ins Hinterteil, sodass Talia fast aus dem Sattel stürzt.

»Mensch, Iris, lass das!«

»Ich? Ich mach doch gar nichts.«

»Dein verrückter Gaul bringt mich noch um.«

Ich stelle fest, dass wir mittlerweile ziemlich weit oben sind und der Pfad noch schmaler ist. Womöglich hat sie recht.

»Aus, Loco. Gepoppt wird später!«

Schmuddeleinlage Nr. 2

Vor einiger Zeit erreichte mich eine Mail mit dem Betreff »Unbedingt lesen«. Ich hasse Kettenmails, besonders die, die mit dem sofortigen Tod drohen, wenn man sie nicht unverzüglich an 14 liebe Freundinnen weiterschickt. Aber dieser Freund hatte mir noch nie eine Kettenmail geschickt, also schenkte ich der Nachricht etwas mehr Aufmerksamkeit.

Die E-Mail informierte mich darüber, dass ein Mann in irgendeinem Agrarstaat im Nordwesten der USA von seinem Pferd getötet worden war.

Der Tod des Mannes war von seinem Freund mit einer Videokamera festgehalten und die Aufnahmen der Polizei zugespielt worden. Kurz danach gab die Polizei eine Warnung heraus, die die Bürger darüber informierte, dass Sex mit großen Tieren zwar geduldet, Geschlechtsverkehr mit kleinen Tieren aber streng verboten sei.

Das Video war angehängt. Vielleicht bin ich ja morbide, egal, jedenfalls musste ich dieses Video anschauen.
Also klickte ich auf die Datei im Anhang.
Man stelle sich einen nackten Mann mit Penispiercings vor. Dann stelle man sich ein Pferd mit einem Ständer vor. (Ich bin ein Stadtkind, habe noch nie ein Pferd mit Erektion gesehen, aber das Teil zog mir echt die Schuhe aus.) Ich habe keine Ahnung, wieso das Pferd einen Ständer hatte, aber dazu später. Zurück zum Video.
Der Mann stellt sich hinter das Pferd und ich vermute, dass er gleich zur Sachen kommen wird. Mir wird schlecht. Sex mit Nutztieren macht mich nicht an. Ich verstehe ja, warum einige meiner Freunde in der Armee während ihrer Stationierung in der Pampa einen gewissen Genuss dabei empfanden, den Kühen beim Pimpern zuzusehen, aber das waren ja auch Tiere unter sich, die es da miteinander trieben.
Moment mal! Der Mann will das Pferd gar nicht poppen. Er positioniert sich so unter dem Pferd, dass es ihn besteigen kann. Also, das ist jetzt echt was Neues oder, wie im Polizeibericht formuliert: »ungewöhnlich«.
»Das Pferd wird dich totvögeln!«, rufe ich entsetzt. »Mach dir nichts vor! Du bist kein Pferd!« Aber der Mann hält sein Versprechen und führt den Megatorpedo des Pferdes einen Zentimeter in seinen Hintern ein. Es weht der Hauch der Verzweiflung. Nicht, dass ich mich mit Pferdemimik auskenne, aber dieser Gaul ist ganz offensichtlich tief betrübt. Jetzt schiebt er es noch ein paar Zentimeter tiefer. Autsch! Das muss doch wehtun!

Aber dieser Typ sieht wie ein Profi aus, wer weiß, welche Haushaltsgegenstände der sich schon in die Kimme gestoßen hat. Vielleicht hat er es ja sogar schon mal mit echten Torpedos getrieben? Noch ein Zentimeter. Ich bin beeindruckt! Das Pferd sieht einen Moment lang in die Kamera, schüttelt missbilligend den Kopf und schiebt dann seinen ganzen, gut einen Meter langen Schwengel in den Hintern des Mannes. Ich schreie auf. Der Mann gibt ein Grunzen von sich und fällt tot zu Boden. Ich habe noch nie einen Film gesehen, in dem jemand wirklich gestorben ist, und es ist ein zutiefst verstörendes Erlebnis. Angewidert, dass ich mir so einen abstoßenden *Snuff-Movie* angesehen habe, schalte ich den Computer ab – und überlege mir sofort, an wen ich die Mail weiterleiten könnte.

Wenn ich eines aus diesem Video gelernt habe, dann, dass Pferde nur bis zu einem gewissen Grad kontrolliert werden können. Also bin ich nicht überrascht, dass Loco meine Warnung ignoriert. Stattdessen verpasst er Calma immer aggressivere Stöße. Mittlerweile finde ich das Ganze auch nicht mehr witzig.

Er stupst die Stute noch einmal mit Schmackes in den Hintern. Er will sie gar nicht besteigen, jetzt ist es mir klar.

»Er will sich nur vordrängeln!«, rufe ich Talia zu, die mittlerweile blass und wütend ist – eine unheilschwangere Mischung.

»Und wie soll das bitte gehen?«, fragt sie zickig.

»Keine Ahnung, Talia, ich bin doch kein Pferdeflüsterer. Mach einfach ein bisschen Platz und lass uns durch.«

Talia gibt nach und manövriert Calma näher an die Felswand heran. Loco drängelt sich an ihr vorbei, überholt gleich auch noch Calma 2 und trabt dann hurtig nach vorne zu Clinto.

»*Hola!*«, begrüße ich ihn. Er wirft mir einen bewundernden Blick zu. Ich weiß, dass er beeindruckt ist, weil ich den mutmaßlich schizophrenen Gaul voll im Griff habe. Weil er uns für unterfordert hält, geht er zu Schwierigkeitsstufe zwei über und bringt sein Pferd zum Traben. Die Calmas tun es ihm nach und traben bald munteren Hufes hinter ihrem Vorreiter her. Loco hat da andere Vorstellungen, und bald reiten wir wieder hintenan.

»Los, Loco, jetzt blamiere mich bloß nicht.«

Ich verpasse dem Tier einen sanften Stups in die Rippen. Es war wirklich nur ein ganz leichter Tritt, ehrlich! Man sollte meinen, ich hätte ihm Rasierklingen in die Flanken getrieben, denn er jault laut auf wie eine Hyäne mit Ebola und prescht los, überholt die Calmas, hängt Clinto ab und galoppiert den Bergpfad hinunter, dass mir angst und bange wird.

Kreischend klammere ich mich an Loco fest, als hinge mein Leben davon ab. Ein Blick auf den Boden verrät mir, dass seine Hufe immer wieder ausgleiten und wir den Abhang ansteuern. Talia und Pazit schreien, und ich bin mir sicher, Loco versteht ihr Gebrüll als Aufmunterung. Clintos Rufe »*Paraleh*! *Paraleh*!« verhallen ohne Wirkung. Wir haben mittlerweile ein solches Tempo drauf, dass ich mein Gesicht in Locos Kinn/Schulter/obere Rückenpartie vergrabe. Ich drücke die Füße so fest wie möglich in die Steigbügel, damit ich nicht runterfalle, doch die schlenkern wild herum und sorgen dafür, dass ich Loco immer wieder in die Rippen kicke, was ihn irritiert und meine Lage nur noch schlimmer macht.

Und wenn ich mich einfach in mein Schicksal ergebe? Ich werde dieses Pferd nicht zum Halten bringen, und statt es beherrschen zu wollen, sollte ich ihm die Zügel in die Hand geben. Ich sollte Loco einfach vertrauen, er ist so ein schönes Tier. Außerdem wirft er mich sonst ab.

Ich löse die Hände von seinem Hals, und meine panische Umklammerung wird zu einer selbstbewussten Umarmung, meine Füße entspannen sich, und unsere Körper verschmelzen (keine Sorge, hier wird es kein Polizeivideo geben. Unsere Verbindung ist rein seelischer Natur.) Mein Rücken wölbt sich (nein, nicht aus Leidenschaft, ihr denkt auch immer nur an das Eine, ihr Schweineigel!), und wir reiten durch den Wind. Die panischen Rufe der anderen verhallen, und es gibt nur noch mich und Loco, wir fliegen durch Zeit und Raum, ein ekstatisches Gefühl ergreift uns, und ich könnte schwören, dass wir beide gleichzeitig zum Höhepunkt kommen. Einen asexuellen Höhepunkt. Ja, das gibt es: Ein Gefühl puren Glücks ergreift den ganzen Körper mit voller Wucht, und für einen Augenblick steht man mit sich und der Welt in völligem Einklang.

Wieder auf dem Boden der Tatsachen und zurück auf der Ranch, sonne ich mich in der Bewunderung der Mädels. Clinto ist ebenfalls beeindruckt, doch man kann es nicht richtig erkennen, denn seine 450 Gesichtsmuskeln haben sich vom Ausdruck der Panik noch nicht ausreichend entspannt. Er fasst mir in den Schritt, hilft mir beim Absteigen und zerrt meinen Seelengefährten prompt in seine Schamecke hinter dem Transporter. Loco und ich tauschen Blicke, wir wissen, dass wir gemeinsam einen besonderen Augenblick erlebt haben, ein schmerzloses, nicht pervertiertes, zweifellos transzendentales Zusammenspiel von Pferd und Mensch.

31

Poetry in Motion

Bogotá. Wo Verbrechen, Drogen, Armut, Korruption und Not regieren. Läge vor den Toren der Stadt eine Fußmatte, sie besäße giftige Stacheln. Es ist nicht weiter verwunderlich, dass die Mitarbeiter der Touristeninformation schon vor Jahren geflohen sind, doch leider haben es die Drogenbarone auch nicht für nötig gehalten, neue Mitarbeiter einzustellen. Bogotá wartet an jeder Straßenecke mit bewaffneten Räubern auf, in dieser Stadt sind die Verbrecher als Polizisten verkleidet, die dich zunächst unter Drogen setzen und dann ausrauben, während die echten Polizisten andernorts das Gleiche tun. Herzlich willkommen!

Unsere Pension befindet sich im schlimmsten Viertel der Stadt, aber keine Sorge, sie trägt das Moomlatz-Qualitätssiegel und besitzt eine kugelsichere Eingangstür aus doppelt verstärktem Stahl. Hier ist Terror völlig alltäglich, er liegt in der Luft, beherrscht die Straßen und lauert vor der Pension, wo eine Nacht zuvor ein junger Israeli erstochen wurde, weil er sich weigerte, seinen Fleecepullover einer mit Messern bewaffneten Gang auszuhändigen.

Das ist mein Patagonia-Pullover, Jorge! Meiner!!! Ist mir egal, ob du ein Messer hast. Ich heiße Giland und komme aus Israel, und das ist mein Fleecepulli, und den geb ich nicht her. Nein. Nein, ich geb ihn nicht her, Mann. Aua, aua. Das tut weh, hör auf! Hast du mir gerade den Arm abgeschnit-

ten? Ja, tatsächlich. Aber das hilft dir auch nicht weiter, meinen Fleecepulli kriegst du trotzdem nicht. Autsch, jetzt hast du mir auch noch den anderen Arm abgeschnitten, du Trottel! Hältst dich wohl für besonders gerissen, hm? Denkst wohl, ich hab Angst vor dir, hm? Jetzt habe ich zwar keine Ärmel mehr, aber du kriegst auch nur noch 'ne ärmellose Weste, und die sind schon lange out, ätschibätsch!

Ganz zufällig kenne ich hier einen ehemaligen Studenten der Brown University, der mittlerweile in Bogotá lebt. Er hat drei Vorzüge: 1. Er ist heiß. 2. Ich will mit ihm ins Bett. 3. Er wünscht mir nicht die Pest an den Hals.

Nach dem Enrique-Fiasko ist Talia skeptisch, ob Guillermo sich tatsächlich als nützlicher Kontakt erweist, aber ich räume die Zweifel aus und wähle seine Nummer. Und siehe da, er freut sich sogar, von mir zu hören, und bietet sich sogleich als Touristenführer an. Ha! Vielleicht lande ich schon heute Nacht mit ihm in der Kiste! Als wir uns an der Uni begegneten, hätte ich nicht im Traum daran geglaubt, dass er mit mir schlafen würde. Damals war ich für ihn nichts anderes als eine israelische Schnalle aus der Mittelklasse mit mittelmäßigen Salsakünsten. Aber hier bin ich auf einmal eine exotische Ausländerin, die es wert ist, von ihm ins Nachtleben der Reichen und Schönen eingeführt zu werden.

Er verspricht uns die pralle Szene. Wir sollen um sieben fertig sein, um die Nacht im heißesten Club von Zona Rosa durchzutanzen und zu saufen. Ich gebe ihm die Adresse unserer Pension und versichere ihm, dass meine beiden Freundinnen und ich schon ganz wild darauf sind, einen draufzumachen.

Langes Schweigen.

Guillermo entschuldigt sich und murmelt dann, er könne nicht fest zusagen.

Ich bin verwirrt.

»Sind drei Mädels zu viel für dich?«

»Nein, natürlich nicht«, entgegnet er. »Ich bin Latino, ich steh auf Frauen!«

»Was dann?« Liegt es an mir?

»Na ja, ähm, ihr wohnt in einer ziemlich gefährlichen Gegend. Da war ich noch nie, und da werde ich auch nicht hinfahren. Nicht einmal Taxis kommen in euer Viertel.«

Peinliches Schweigen. Mir fehlen die Worte, ich halte die ganze Situation für lächerlich, um nicht zu sagen, für eine echte Zumutung. Talia und Pazit wechseln vielsagende Blicke. Großstadtmenschen und alles, was in der Großstadt abgeht, haben sie schon vorher zum Feind erklärt.

Ich bin fest entschlossen, ihnen das Gegenteil zu beweisen. Zeit, es mit einer neuen Strategie zu versuchen. Da gibt es zwei Stimmlagen, die für diese Situation passend sind. Die Frage ist nur, welche die größere Wirkung hat, die piepsige Kleinmädchenstimme, die sagt: »Ich weiß es nicht besser, du kannst mich auch von hinten nehmen«, oder die dunkle, raue, sinnliche Nummer, die ihm klarmacht: »Du kannst mich so richtig hart in den Hintern ficken, und noch schöner wär's mit einem stacheligen Kondom.«

Ich werde es mit der Mitleidstour versuchen, also nehme die Kleinmädchenvariante und versetze sie mit weinerlichem Timbre und ein bisschen Weltschmerz.

»Wir waren alle schon so aufgeregt und haben uns gefreut, mit dir auszugehen, Guillermo, und das nicht nur, weil du so ein heißer Typ bist. Aber ich kann dich verstehen. Dann müssen wir Mädels unsere israelischen, zu allem bereiten Knackärsche wohl wieder zurück ins Zimmer schieben und die engen Fetzen wieder ausziehen, hm?«

»Nein, nein, ist schon gut. Ich komme und hole euch ab.«

»Bist du sicher?« (Ja, ich frage nur einmal nach.)

»Ja, klaro! Ich bringe meinen Freund Pedro mit, der ist echt gut drauf.«

Ich recke die Daumen in die Höhe und grinse den Mädchen triumphierend zu. Talia und Pazit geben ein entzücktes Kreischen von sich. Er bittet uns allerdings, beim Abholen in seinen noch rollenden Wagen zu springen, und vorher nicht lange auf der Straße herumzulungern, damit wir bei den Carjackern, Kidnappern, Räubern und Mördern keine Aufmerksamkeit erregen. Sein Wunsch ist uns Befehl.

Wir sausen die Treppen hinauf und machen uns kichernd fertig. Ich hatte schon vergessen, wie es sich anfühlt, Party zu machen. Ich bin so aufgekratzt, dass ich Pazit sogar mein süßes kleines lilafarbenes Top und meine Pinzette zum Augenbrauenzupfen leihe.

Um sieben bringen Talia, Pazit und ich uns hinter der Stahltür in Stellung und warten auf Guillermos Auto. Ich erspähe einen knallroten Mercedes (echtes Tarnkappenmanöver!), der mit aberwitzigem Tempo die Straße hinunterbraust. Pedro, sein Freund, sitzt auf dem Beifahrersitz.

Das Tempo verlangsamt sich, und ich kann Guillermos nervöses Gesicht erkennen.

Wir stürzen aus der Tür, laufen zum Auto, Guillermo entriegelt die Hintertüren, wir hüpfen hinein, und er fährt los, bevor Talia die Tür wieder zuschlagen kann.

»Warte!«, keife ich. »Die Tür ist noch offen!«

Guillermo fährt los. Talias Bein hängt noch raus.

»Los, los, los! Wir müssen hier weg!«, schreit Guillermo panisch und fährt Zickzack, um dem eingebildeten Kugelhagel auszuweichen.

Vergeblich versuchen wir, Talia ins Auto zu ziehen. Ich sehe schon vor mir, wie Talias Bein vom nächsten Straßenmast in Stücke gerissen wird.

»GUILLERMO, HALT AN!«, kreischen wir im Chor.

Seine Augen sondieren nervös die Umgebung, doch er nimmt den Fuß nicht vom Gas.

»GUILLERMO!«

Endlich bremst er den Wagen, wir zerren Talia hinein, und sie schlägt die Tür zu. Guillermo bringt uns mit Lichtgeschwindigkeit auf die andere Seite der Stadt, wo seine reichen Brüder in ihrer sicheren Enklave wohnen.

Gott, so ein Weichei! Ich verstehe ja, dass Bogotá nicht ganz ungefährlich ist, aber ich dachte, das mit der Stuntnummer war nur als Witz gemeint. Ich meine, wenn du blöd genug bist, bei einem Überfall an deinem Fleecepulli festzuhalten, dann kriegst du eben ein Messer in deinen sturen Israelihintern, aber nicht anzuhalten, wenn drei supersüße israelische Sahneschnitten einsteigen wollen, wie übertrieben ist das denn, Mann?

Während der Fahrt herrscht eisiges Schweigen. Guillermo und sein Kumpel schäumen, mussten sie doch das Reich der Finsternis betreten, nur um uns abzuholen.

Ich spüre, dass es den Mädels genauso beschissen geht wie mir, nicht weil wir Schuldgefühle haben, nein, wir kommen uns vor wie Bürger zweiter Klasse. Jemand hat uns abgewertet, und das mögen wir gar nicht.

Wehe, die Musik in diesem Club ist nicht gut!

32
Schuh-In

Zona Rosa ist wie Tel Aviv mit teuren Klamotten und mehr Haargel. Guillermo ist kaum wiederzuerkennen, nachdem wir Zona Rosa erreichen. Er dreht sich zu uns um und schenkt uns ein Strahlelächeln und ist auf einmal unser glücklicher Reiseführer.

»Tut mir leid, dass ich vorhin so nervös war. Mein Bruder wurde letztes Jahr gekidnappt, und mein Vater musste ein hohes Lösegeld bezahlen. Das möchte ich nicht noch mal erleben.«

Mein Gott, ist der heiß! Ich würde sogar so weit gehen zu behaupten, dass er noch heißer als Matt Dillon ist, und dieses Urteil fälle ich nicht leichtfertig, denn ich finde Matt Dillon verdammt heiß. Ja, Dillon hat so was latent Böses, fühlt sich zu Huren hingezogen und neigt zu gelegentlichen Verbalattacken, zum Beispiel, wenn er dich nach einem besonders heftigen Streit beim Rummachen mit deinem Exfreund erwischt.

Vielleicht liegt genau da mein Problem. Ich mag Männer mit Schattenseiten. Habe ich denn gar nichts aus meiner Affäre mit Johnnie in Thailand gelernt? Genau, ich spreche gerade von Tamir. Es ist nicht nur sein Aussehen, obwohl das ein Pluspunkt ist. Heißt nicht, dass ich oberflächlich bin. Nur dass der Mann aufgrund der Tatsache, dass er in der Genlotterie zufällig den Hauptgewinn erwischt hat, deswegen keine Vorwürfe verdient.

Tatsache ist, Tamir hat sich prostituiert. Warum widert mich das nicht an? Vielleicht ist es ja gar nicht abstoßend, vielleicht wird uns das nur von der Gesellschaft suggeriert. Der Mann hat seinen Körper verkauft, aber es hat ihm Spaß gemacht, keiner hat ihn dazu gezwungen, es war sein freier Wille. Vielleicht waren einige der Frauen, mit denen er geschlafen hat, eklig, vielleicht aber auch nicht. Geht es hier wieder mal um den guten alten Unterschied zwischen Männlein und Weiblein? Ist es das? Was ist abstoßender? Wenn Frauen sich gegen Geld von fremden, vermutlich ekligen, seltsamen Verlierertypen bumsen lassen, oder wenn Männer Geld dafür nehmen, um Frauen mit Sex zu beglücken, die wahrscheinlich einfach einsam sind oder ein bisschen Schwung in ihren Alltag bringen wollen? Was sind das überhaupt für Frauen, die einen Mann für Sex bezahlen? Also, *jede* Frau, die flachgelegt werden will, findet doch bestimmt einen, der es ihr umsonst besorgt, oder? Ist diese ganze, etwas lächerliche Debatte Zeitverschwendung?

Vielleicht ist das Ganze aber auch gar nicht so lächerlich. Ich denke nämlich gerade über relevante sozioökonomische Genderfragen nach, die auf einem anthropologischen Dilemma basieren. Abgesehen von depressiven Schüben, billigem Rindfleisch und Bier hat mir mein Aufenthalt an der Brown University vermutlich auch besser ausgeprägte intellektuelle Fähigkeiten beschert.

Tamir hat sich einen Platz in meinem Herzen erobert, und zwar dauerhaft. Klar, ich kenne ihn kaum, er ist schon in festen Händen, und ich bin eine kindische Idiotin, verwechsle Liebe mit Teenagerschwärmerei. Doch ich habe keinen Einfluss auf meine Herzensangelegenheiten. Mein Herz ist eben stärker als mein Verstand, und diejenigen, die versuchen, sich über ihr Herz hinwegzusetzen, gehen wie ein Trauerkloß durchs Leben. Oder sie sind glücklich verheiratet, haben drei Kinder und eine sichere Anstellung. Aber so weit bin ich noch nicht.

Ich frage mich, was er gerade treibt. Massiert Chelsea ihm gerade den Analbereich? Das kann sie wahrscheinlich richtig gut. Ich weiß nicht, wie ich gerade auf anal komme. Vielleicht liegt es an meinen ständigen Verdauungsbeschwerden. Das Rektum ist ein zentraler Teil meines Körpers, nicht weil es so groß wäre – ich bin ja kein Bonobo-Affe, dann wäre ich echt ein hoffnungsloser Fall –, sondern weil es so aktiv ist.

Darum habe ich auch keine Lust auf Analsex. Klar, die Typen versuchen mich immer vom Gegenteil zu überzeugen, aber ich möchte dem Portal zur Kloake meiner Gedärme einfach keine weitere Funktion zuweisen. Das erzähle ich auch stets den Männern, was ihnen umgehend die Lust auf meinen Analbereich und leider auch auf die restlichen Teile meines Unterleibs nimmt. Solche Abende enden normalerweise mit hastigem Ankleiden und schnellem Rückzug, und mein zweites Türchen blieb bisher, Gott sei Dank, stets verschlossen.

Würde ich Tamir zur Hintertür hereinlassen, wenn er mich darum bäte? Gute Frage. Ich weiß es nicht. Ich würde ihm einen kleinen Finger geben, so viel ist klar. Ach, ein paar Finger, ja, vielleicht sogar die ganze Hand, so verliebt bin ich kleine unschuldige Teenagerin.

Wir folgen Guillermo bis zum Eingang des Clubs, der sich in einem eindrucksvollen Gebäude befindet. An Samtkordeln, auf roten Teppichen und unter blinkenden Lichtern stehen Unmengen reicher Kolumbianer. Talia ist so aufgeregt wie ich, ihre Möpse wippen mit jedem Schritt. Pazit ist vor Begeisterung entrückt wie ein Kleinkind in Disneyland. Mich beschleicht das Gefühl, sie hat noch nie in ihrem Leben einen Club betreten.

»Pedro!«, ruft Guillermo plötzlich.

Pedro ist ein hamsterbäckiger Kolumbianer mit heller Haut und einem straßenköterblonden Mopp. Reiche haben andere Wuschelköpfe als Arme, habe ich festgestellt. Es gibt zwei Arten von zerzausten Haaren: »Ich finde keinen Job, meine Familie ist pleite und braucht mich« unterscheidet sich ganz eindeutig von »Ich brauche keinen Job, meine Eltern sind Billionäre, sie haben mir gerade ein Pferd gekauft«. Ich weiß nur nicht genau, warum. Komme später wieder darauf zurück.

Pedro hat einen schrecklichen Gehfehler. Jetzt habe ich ein ganz schlechtes Gewissen, weil ich darüber hergezogen habe, wie leicht es reiche und behütete Kinder haben, und dann kommt Pedro mit seiner Behinderung daher. Gott, der hat wahrscheinlich sein ganzes Leben gelitten, konnte nie mit den anderen Kindern Fußball spielen und wurde von allen aufgezogen.

Er sieht, dass ich auf sein Bein starre. Warum muss ich eigentlich immer auf irgendwelche Körperteile starren?

»Du fragst dich, warum ich humpele, ja?«

»Ach, entschuldige. Du hast recht, ich sollte nicht so neugierig sein.«

»Letzte Woche haben mir ein paar Carjacker ins Bein geschossen.«

»Oh, Scheiße! Was hast du in der Innenstadt gemacht?«

»Das war nicht in der Innenstadt. Es passierte nur einige Häuserblocks von hier.«

Na, da hat Guillermo sich wohl im falschen Viertel gefürchtet. Unser Ghetto ist wahrscheinlich sicherer als deines!

»Sie haben den Wagen aber nicht gekriegt!« Er wirft die Autoschlüssel in die Luft und fängt sie mit einem siegessicheren Funkeln in den Augen wieder auf.

Also sind meine Landsleute nicht die einzigen sturen Idioten hier.

Ich hasse es, in Schlangen vor Clubs zu warten. Als ich noch in der Highschool war, haben mein Freund Dganit und ich immer die heißesten Läden abgeklappert, aber weil wir nirgendwo auf der Gästeliste standen, mussten wir uns immer kreative Ausreden einfallen lassen. Meistens taten wir so, als wären wir Ausländer, und drängelten uns mit einem deutlichen englischen Akzent sprechend bis zum Türsteher vor. Das hat fast immer funktioniert. Klar, ich wäre auch lieber ein großes, wunderschönes cooles Model gewesen, das von einem heißen Typen mit knackigem Arsch und geschmackvollem schwarzen Rollkragenpulli in den Club geführt wird, aber es war ausgemachte Sache, dass das bei Dganit und mir nicht zu erwarten war, und deshalb dachten wir uns eben etwas anderes aus. Es ging uns nicht darum, mit den Reichen und Schönen gesehen zu werden, uns gefiel die Musik, und wir tanzten sorglos die ganze Nacht hindurch. Wenn man einmal akzeptiert, dass man nie akzeptiert werden wird, dann giert man auch nicht mehr danach. Das könnt ihr euch ruhig auf euren Glückskeks schreiben.

Aber jetzt gehören wir zu den Coolen, oder zumindest weilen wir unter ihnen. Pedro und Guillermo kennen alle. Dutzende heißer Mädels und Typen mit gegelten Mopps bestürmen die beiden Jungs und begrüßen sie mit viel Bussi-Bussi und spanischem Small Talk, während wir Mädels schweigend und staunend die Lage abchecken. Wir stiefeln Guillermo hinterher und kommen an das erste Seil, das die Schlange ordnen soll. Guillermo umarmt den Türsteher und küsst ihn auf die Wange. Der lässt uns alle durch bis zum zweiten Eingang, wo eine umwerfende Penelope-Cruz-Schönheit wartet.

»Halt!«, ruft der Türsteher uns hinterher. Wir drehen

uns um. Nur Guillermo läuft weiter. Offenbar ist dieser Imperativ nicht Teil seines Wortschatzes.

»Die Mädchen können nicht mit diesen Schuhen rein.«

Wir betrachten unsere Schuhe. Ich habe schwarze Puma-Turnschuhe an, Talia trägt Trekking-Sandalen, und Pazit schlammverkrustete Wanderschuhe.

Mist!

Guillermo guckt verlegen aus der Wäsche. »Warum habt ihr solche Schuhe angezogen?« Guillermo ist die Sache so peinlich, als klebte an unseren Schuhen das Blut Christi.

Ich habe dieses »Nicht gut genug«-Getue langsam satt.

»Wir ziehen seit drei Monaten mit dem Rucksack durchs Land und haben leider unsere Stilettos nicht eingepackt«, entgegne ich gereizt. »Lasst uns hier abhauen, Mädels! Wir nehmen ein Taxi nach Hause.«

Talia und Pazit nicken, dann traben wir trotzig die Treppe wieder hinunter.

»Nein, wartet, ich rede mit Pia.«

Guillermo eilt hinüber zu Cruzette und flüstert etwas, das sich anhört wie: »Die sind aus Israel, die wissen es nicht besser.« Pia taxiert uns mit kritischem Blick, noch mehr angeregtes Flüstern. Schließlich geleitet man uns durch einen Seiteneingang hektisch in den Club, damit die anderen Gäste ja nichts von unserem Schuhwerk mitbekommen.

Der Club ist einer dieser riesigen *Domes*, wo man vor lauter Pumpen, Dröhnen und Lichtshow taub und blind wird, bevor man noch ein paar Schritte getan hat. Die Musik ist eine Mischung aus Euro-Pop und Elektro-Beat. Den kolumbianischen Clubbern ist das egal, sie bestehen darauf, dazu Salsa zu tanzen. Ist irgendwie seltsam, zu *Daft Punk* Salsa zu tanzen, aber ich hab ja sowieso keinen Plan, bei uns hüpft und zuckt man wie ein Roboter mit schmuddeligen Turnschuhen auf der Tanzfläche herum.

Guillermo und Pedro werden sofort von allen Seiten von Hüften und Busen bestürmt, und am Ende tanzen die Mädchen und ich in einer Dreieckskonfiguration,und ich komme mir vor wie ein brauner Farbklecks, der aus Versehen auf ein Gemälde von Miró getropft ist.

Ich bin tatsächlich erleichtert, als wir wieder in unserer *No-Go-Area*-Pension sind. Dass ich mich wie ein Alien fühle, ist ja nichts Neues, aber zum ersten Mal seit Langem bin ich dankbar dafür, ein Alien zu sein. Ich möchte gar nicht zu den anderen gehören, mit ihnen zusammen sein oder diesen fremden Planeten noch einmal besuchen.

Ich bin froh, Talia und Pazit im Schlepptau zu haben. Ich mag Pazit. Sie ist haarig, aber in Ordnung, sie hat keine Allüren, ist nicht eingebildet, weiß, wer sie ist, und fühlt sich wohl damit.

»War wohl nicht so klasse, hm? Tut mir echt leid, Mädels.«

»Überhaupt nicht! Ich habe mich prima amüsiert!«, behauptet Pazit.

»Ich mich auch«, stimmt Talia zu.

»Eines habe ich heute Nacht gelernt«, erkläre ich.

»Und was?«

»Die Großstadt ist unser Feind!«

33
Frischluftklasse

Unser nächstes Ziel ist Santa Marta, der Ausgangspunkt für einen Besuch des Tayrona-Nationalparks, der unter Rucksacktouristen hoch gehandelt wird, weil er den schönsten Strand der Welt beherbergt – ohne Türsteher, Möchtegern-Starlets und Kleidervorschriften.

Am Abend erreichen wir Santa Marta, und ich habe sofort das Gefühl, mein Traum vom »Erlebnis Karibik« ist endlich wahr geworden. Die Bevölkerung ist überwiegend schwarz oder farbig. Die feuchtwarme Luft ist stiller als still ... duftend ... himmlisch, und ich atme tief aus, genieße diese Atmosphäre mit jeder Pore meines Körpers, während sich die Mücken an mir laben.

In unserer Pension in Santa Marta tanzt der Papst im Kettenhemd. Eine Gang *muchilleros* sitzt im Hof, sie trinken und quatschen miteinander, streunende Katzen tollen umher, und ein ausgemergelter Hund hockt träge in der Ecke. Unsere füllige schwarze Gastgeberin begrüßt uns mit einer herzlichen Umarmung und einer Kokosnuss.

Wir Mädels genießen den lauen Sommerabend, holen weitere Informationen über den Tayrona-Nationalpark ein, der, ganz dem Klischee von Kolumbien entsprechend, überwiegend aus Kokaplantagen bestehen soll. Angesichts des Ausnahmezustands überrascht es nicht, dass der Eingang zum Park streng bewacht wird. An verschiedenen Stellen sind sogar Scharfschützen postiert, die die Felder schützen sollen. In der gegenwärtigen Situation besuchen ohnehin nur noch Israelis den Park. Um den Strand zu betreten, ohne erschossen zu werden, muss man die Wachen erst einmal mit dreißig Dollar Bestechungsgeld schmieren, damit diese einen überhaupt in den Park lassen.

Anscheinend handelt es sich hierbei um eine zuverlässige Maßnahme, die bei allen *muchilleros* bisher ohne Schwierigkeiten funktioniert hat, also schlage ich vor, ganz früh am nächsten Morgen aufzubrechen und uns vorher intensiv der Enthaarung unserer Bikinizone zu widmen.

Talia meint, dreißig Dollar seien eine Menge Heu (man erinnere sich an das Ein-Dollar-Sockenfiasko).

»Ja, ich finde auch, dass wir nicht so viel Geld dafür bezahlen sollten«, stimmt Pazit zu.

Achtung, Pazit, ich habe gerade was Nettes über dich gesagt, mach jetzt nicht alles wieder kaputt!

»Was schlägst du vor?«, frage ich. »Wir können uns wohl kaum ungesehen an den Wächtern vorbeischmuggeln.«

»Doch, das können wir«, meint Pazit bestimmt. Talia nickt einfach mal, als hätten die beiden das bereits besprochen. Ich fühle mich mal wieder wie das fünfte Rad am Wagen.

»Wie soll das gehen?«

»Wir gehen nachts.«

»Nachts?«

»Ja. Dann können uns die Wächter nicht sehen, und wir müssen nichts bezahlen.«

»Das ist verrückt. Und gefährlich.«

»Mag ja sein, aber es ist noch verrückter, dreißig Eier zu bezahlen, nur um reinzukommen«, mischt Talia sich ein.

Aber natürlich! Welch dummer Vorschlag von mir.

Pazit bietet an, sich um die Organisation eines perfekten Dschungelcamps inklusive Vorräte und Wasser für zwei

Wochen zu kümmern. Ich bin so froh, sie in unserem Team zu wissen, in solchen Dingen ist sie echt gut. Ich glaub es nicht, jetzt werden wir doch tatsächlich Pazits Turbo-Campingkocher benutzen. Ich muss zugeben, ein bisschen aufregend finde ich das alles schon.

Pazit tanzt wenig später mit zwei Plastiktüten voller Töpfe und Pfannen, vierzehn Nudelpackungen und einer Dose Salz an. Das mit dem abwechslungsreichen Speiseplan und den leckeren Meeresfrüchten kann ich wohl vergessen. Ich werfe einen Blick auf Talias und Pazits Riesenrucksäcke und biete an, die Vorräte zu tragen.

Pazit trägt ihre Wanderuniform. Wenn ich recht überlege, trägt Pazit eigentlich immer ihre Wanderuniform. Die Frau wechselt nie die Kleidung. Sie riecht zwar nicht, aber sie steckt immer in denselben Klamotten. Vielleicht saugen ihre üppigen Augenbrauen Schweiß und Gerüche auf? Wer weiß. Die Hitze und hohe Luftfeuchtigkeit machen mir echt zu schaffen, und die einzige Wanderausrüstung, die ich an meine Haut lasse, sind ein leichtes Sommerkleid und Flipflops.

Wir laufen eine breite unbefestigte Straße entlang und erreichen nach kurzer Zeit das Wachhäuschen. Es brennt kein Licht, vielleicht hatte Pazit ja recht.

Wir schleichen auf Zehenspitzen am Wachposten vorbei.

Meine Fresse! Pazit atmet vielleicht laut. Die schnauft, als liefe sie einen Marathon. Ich kann ihr ja nicht sagen, sie soll aufhören zu atmen, weil das unter Umständen unsere Chancen ruiniert, unerkannt am Wachposten vorbeizukommen.

Mein Flipflop knickt vorne an den Zehen um, und ich verliere das Gleichgewicht. Die Töpfe klirren mit einem lauten KLOINK aneinander. Wir erstarren. Gleich werden wir abgeschossen.

Nichts.

Puh!

Wir trippeln am Häuschen vorbei und gehen noch ein paar Hundert Meter schweigend weiter.

»Wo ist der Strand?«, erkundige ich mich.

»Ist noch ein bisschen hin«, erwidert Pazit.

»Was soll das heißen ›noch ein bisschen hin‹?«

»Wir müssen erst noch ein wenig durch den Dschungel laufen.«

»Was? Wir sollen so durch den Dschungel laufen? Ich habe Flipflops an, es ist stockdunkel, und der Griff meiner Plastiktüte reißt gleich ab.«

»Es bleibt uns nichts anderes übrig«, meint sie und hüpft mit ihren Moonboots über Stock und Stein.

»Wir können nichts sehen!«

»Ich habe eine Taschenlampe«, verkündet Talia freudestrahlend.

»Wo hast du die denn her?«, frage ich verwirrt.

»Die habe ich vorher gekauft.«

»Das hast du mir gar nicht erzählt.«

»Warum sollte ich dir erzählen, dass ich mir eine Taschenlampe gekauft habe?«

»Weiß nicht, ich dachte, wenn wir schon zusammen unterwegs sind, dann erzählst du mir so wichtige Dinge auch.«

»Das ist doch lächerlich.«

»Nein, ist es nicht!«

»Doch, ist es wohl!«

»Gibt es noch andere Dinge, von denen ich nichts weiß?«, frage ich, und die Töpfe in der Plastiktüte scheppern verärgert.

»Mädels!«, blökt Pazit. »Ruhe!«

Wir gehorchen.

Talia schaltet ihre Überraschungs-Taschenlampe ein, die exakt achtzehn Zentimeter des Weges vor ihr ausleuchtet, sodass ich und Pazit in totaler Finsternis neben ihr hertappen.

»Dämliche Taschenlampe«, murmele ich mit Genugtuung.

»Die hatten keine andere.«

»Die war sicher ein Sonderangebot!«

»Wie bitte?«

»Nichts. Lass uns einfach weiterlaufen.«

Wir durchqueren den Dschungel im Schneckentempo. Während wir uns einen Pfad durch steiniges, dicht mit Palmen bestandenes Terrain bahnen, versuche ich, meine Nerven und die Töpfe ruhig zu halten.

Zehn Minuten später fängt es an zu regnen. Aus Kübeln. »Unerwartete Umstände«, wie man so schön sagt. Während Pazit und Talia mühelos weitergehen, gestaltet sich die Fortbewegung für mich plötzlich ziemlich schwierig, denn in meinen Flipflops gleite ich ständig aus. Jedes Mal, wenn ich ausrutsche, schwingen die Plastiktüten hin und her, worauf ein Konzert aus metallenem Klirren und quietschender Gummisohle ertönt, das mit Flüchen unterlegt ist.

Nach einer scheinbar Stunden dauernden täppischen Blindwanderung durch den Dschungel vernehmen wir endlich Meeresrauschen, und nach einigen Schritten spüre ich Sand unter den Füßen. Wunderbar! Pazit kämpft mit einem letzten Palmwedel, dann erscheint urplötzlich die betörend schöne, mondbeschienene Karibik vor uns. Bis auf das sanfte Rauschen des Meeres und das Knarzen von Hängematten herrscht Stille.

Auf einmal erklingen Schritte in der Dunkelheit. Ein kleiner, durchtrainierter Kerl nähert sich, eine Fahne von Kokoszigaretten umgibt ihn.

»*Hola!*«, begrüßt er uns mit rauer, aber freundlicher

Stimme, sichtlich beeindruckt von unserer nächtlichen Mutprobe.

»*Hola!*«, grüßen wir zurück.

Wir folgen ihm zu einem einige Meter vom Wasser entfernten Lager. In dessen Mitte stehen Palmen, an die mehrere Hängematten gebunden sind. Schweigend legen wir unser Zeug auf den Boden und bereiten uns auf eine wohlverdiente Mütze Schlaf vor.

Hängematten wurden geschaffen für Menschen ohne Rückgrat oder zumindest für solche, die keinen Sinn für Komfort besitzen. Und die, in denen wir hier liegen, sind besonders straff gespannt und stellen eine echte Herausforderung dar.

Ich habe noch nie versucht, in einer Hängematte zu schlafen, und es ist tatsächlich so unbequem, wie es klingt. Wir sind einfach nicht dafür gemacht, gekrümmt wie eine Banane zu schlafen. Ich versuche, mich auf die Seite zu drehen, die Matte dreht sich mit und katapultiert mich in auf den Boden, der glücklicherweise nicht sehr tief unter mir liegt.

Nach einigem Hin und Her bleibe ich schließlich auf dem Rücken liegen, lege das Kinn verkrampft auf die Brust und lasse alles hängen. Die kühle Meeresbrise singt mich schließlich in den Schlaf.

Heiliger Bimbam! Immer wenn ich einen Sonnenaufgang wie diesen erlebe, weiß ich mein Augenlicht zu schätzen. Dieser Ort wirkte schon letzte Nacht friedlich und zauberhaft, doch der märchenhafte Anblick, der mich jetzt bei Tageslicht begrüßt, ist einfach unvergleichlich. Das Wasser ist smaragdgrün, der Sand trägt mal die Farbe von purem Gold, mal ist er weiß wie ein Marshmallow, ein Palmenhain säumt den Strand.

Pazit und Talia schlafen noch tief und fest in ihrer Brezelposition.

Ich laufe ans Wasser. Kokos-Fluppe ist schon auf den Beinen und schwenkt eine lange Machete. Als er mich sieht, kommt er auf mich zu. Hoffentlich hat er keine schlechte Laune.

»*Hola!*«, grüßt er wieder mit seiner rauen, aber freundlichen Stimme.

»*Hola!*«, grüße ich zurück. Eigentlich braucht man nicht viele Worte, um ein zufriedenes Leben zu führen. Man würde sich begrüßen, und danach bräuchte man nichts mehr zu sagen. Dann gäbe es auch keine Neurosen oder Dysfunktionen. Ich sollte eine Sekte gründen! Die *¡Hola!*-Sekte, in der Mitglieder nur dieses eine heilige Wort aussprechen dürften, und alles wäre gut. Paare würden sich zum Geschlechtsakt zusammenfinden, nach dem Höhepunkt »*Hola!*« zueinander sagen, und alles wäre gut. Es gäbe keine tief schürfenden Unterhaltungen über Wünsche und Unzulänglichkeiten. Kinder könnten nicht mehr herumnörgeln oder jammern, sie würden ihre Eltern morgens mit »*Hola!*« begrüßen und sich abends mit »*Hola!*« von ihnen verabschieden. Bei der ersten Verabredung wären Paare nicht mehr verkrampft, und diese Treffen wären beim ersten Mal genauso effizient und aufregend wie beim neunten Mal, weil sie immer wieder neu und zugleich vertraut sein würden. Perfekt! In der Welt der *¡Hola!*-Sekte wäre es wie in *Und täglich grüßt das Murmeltier* (Gott, ich liebe diesen Film!).

Erstaunlich flink klettert MacGruff eine nahe gelegene Palme hinauf. Er ruft mir von oben zu und bedeutet mir, ich solle mich ein paar Schritte von der Palme entfernen. Mit einem deftigen Messerhieb hackt er drei Kokosnüsse ab, die mit lautem Aufprall einige Meter von mir entfernt im Sand landen.

Dann gleitet er wie ein geölter Blitz den Stamm hinab. Entweder hat der Mann keine Eier, oder er hat sie sich gerade blutig geschrammt.

Er spaltet die Kokosnuss, und ich trinke die Milch. Frische Kokosmilch finde ich zwar ganz lecker, aber irgendwie erinnert sie mich immer an Sonnencreme, die jemandem vom unteren Rücken heruntergelaufen ist.

Inzwischen sind Talia und Pazit aufgewacht. Wir schlüpfen in unsere Bikinis und machen uns auf Richtung Strand. Wie ich es nicht anders erwartet hatte, bedeckt Talias Oberteil knapp ihre Brustwarzen. Genauso wenig überrascht mich, dass Pazit nichts von Haarentfernung hält. Das ist bedauerlich, denn sie ist ein dunkler, behaarter Typ. Wenigstens färbt sie ihr Haar nicht blond wie manche Perserinnen, die aussehen wollen wie Marylin Monroe. Diese Frauen sind so haarig, dass sie auch ihre Körperbehaarung blond färben müssen, damit der krasse Unterschied nicht auffällt. Am Ende sehen sie aus wie eine Kreuzung zwischen Salma Hayek und Bibo aus der Sesamstraße.

Der Vormittag verläuft herrlich katatonisch. Wir braten in der Sonne, und mein Körper nimmt viel schneller als sonst einen sexy Bronzeton an. Auf wundersame Weise bleibt mir diesmal die Ferkelphase erspart, die ich sonst erst durchleiden muss, bevor ich überhaupt braun werde.

Bald ist Mittagszeit, und schon klappern Töpfe und Pfannen. Da Pazit keine versierte Köchin ist, brauchen wir eine geschlagene Stunde, bis der magische Kocher endlich funktioniert. Just als die erste Flamme emporzüngelt, fallen die ersten dicken Regentropfen. Der starke Wind und der hereinwehende Sand tun ein Übriges, das Feuer ist schon bald wieder erloschen (so viel zum Thema Magie). Wir müssen eine weitere Stunde warten, bis der Regen nachlässt. Ich habe einen Bärenhunger, denn außer der Kokosmilch zum Frühstück habe ich nichts im Magen.

Wir sitzen vor dem Topf und warten, bis das Wasser kocht. Ich hege starke Zweifel, dass es je so weit kommen wird.

Mir fällt auf, dass MacGruff uns betrübt beobachtet. Hat er etwa Mitleid mit uns?

Ich gehe zu ihm hinüber.

»*Hola!*«, grüße ich. Daran schließe ich gleich die Frage an, ob etwas nicht in Ordnung sei: »*Hola?*«

»*Hola!*«, lautet seine Antwort. Er geht den Strand entlang und bedeutet mir, ich solle ihm folgen. Wir kommen an einem Palmenhain vorbei, hinter dem sich ein voll funktionstüchtiges, gut ausgeleuchtetes, wenn auch bescheidenes Restaurant mit musikalischer Unterhaltung verbirgt. Mit Besteck und allem, was dazugehört.

»*Hola!!*«, mache ich und umarme den guten Mann.

Ich flitze zurück zu Pazit und Talia, um ihnen die gute Nachricht zu überbringen. Pazit sieht aus wie ein begossener Pudel.

»Ich koche aber«, sagt sie trotzig. »Lebensmittel sollte man nicht verschwenden.«

»Welche Lebensmittel? Wir haben nichts als vierzehn Packungen Nudeln. Und Salz«, erwidere ich.

»Ich möchte lieber kochen. Selbst gekochtes Essen schmeckt immer besser.«

Die will mich wohl verarschen!

Talia ist kaum überraschend wieder einmal derselben Meinung. »Ich will kein Geld ausgeben, wenn es nicht nötig ist.«

Ich beschließe, mich nicht weiter mit ihnen zu streiten. Aber ich habe auch keine Lust, klein beizugeben.

»Okay, ich esse mit MacGruff. Wir sehen uns beim Nachtisch.«

Sie verstehen die Ironie dieser Bemerkung nicht, oder es ist ihnen egal. Mir auch!

MacGruff bringt uns eine Öllampe und wischt den verkrusteten Holztisch mit der Hand ab. Er bedeutet mir zu warten und verschwindet in der Küche. Es gibt keine Speisekarte, aber das betrübt mich gar nicht, ich bin einfach froh, dass ich keine wertvollen Stunden meines Urlaub darauf vergeuden muss, Wasser beim Kochen zuzusehen.

Einige Minuten später kommt er mit dem Tagesgericht (dem einzigen) zurück: einer großen Schüssel Nudeln mit Ketchup und einem Riesenhaufen Pommes obendrauf. Die regionale Spezialität enthält genug Stärke, um ein kleines Tier zum Erstarren zu bringen, doch das kümmert mich nicht. Der Schmaus ist einfach köstlich, die Pommes schön schlabbrig, der Ketchup lecker wie Bolognese, die im üppigen Ölbad darunter schwimmenden Nudeln flutschen wunderbar über meinen Gaumen und erinnern mich an chiantigetränkte Ferien in der Toskana.

Ich bedanke mich bei MacGruff für seinen Supertipp und begebe mich zurück ins Lager, um zu sehen, wie es Talia und Pazit ergangen ist. Sie haben auch schon gegessen und stehen gerade am Strand, um Töpfe und Pfannen mit Sand und Meerwasser zu waschen. Ich helfe ihnen beim Verstauen der Utensilien und habe ein schlechtes Gewissen, weil ich sie zurückgelassen und wie eine Königin gespeist habe. Warum habe ich eigentlich immer Schuldgefühle? Warum kann ich nicht einfach akzeptieren, dass die Menschen Entscheidungen treffen und ich nicht dafür verantwortlich bin, wenn sie sich gegen Spaß und Vergnügen entscheiden? Ich kann die Welt nicht auf meinen Schultern tragen. Wo ist Dr. Friedmann? Ich brauche jemanden, der meinen Eltern die Schuld an diesem Fiasko zuschiebt. Ich brauche ihn! Er soll mir sagen, dass ich nichts dafür kann und dass ich lediglich den Mustern meiner Kindheit folge! Wo ist der liebe Eierkopf?

Es schüttet wieder. Wir flitzen zurück ins Lager und wickeln uns in unsere Hängematten. Wie drei jüdische Bohnen in der Schote trotzen wir schaukelnd den Elementen.

Das Unwetter dauert die ganze Nacht an. Talia und Pazit schlafen tief und fest, während ich mit wohligem Gefühl von meinem Kokon aus das Chaos da draußen beobachte. Die Bäume biegen sich im Wind, die Hängematten schaukeln wie wild hin und her, die Wellen krachen an den Strand, und es kommt mir vor, als lebe die Natur meine inneren Stürme aus. Dann herrscht plötzlich Ruhe. Der Sturm ist abgeflaut, es hat sich ausgedonnert. Der Morgen graut, und ich schlafe friedlich ein, als hätte ich neunzehn Stunden leidenschaftlichen Sex mit einem Kickboxer und ein masochistisches Rückenpeeling hinter mir.

Als ich aufwache, ist es immer noch nicht hell. MacGruff führt einen Neuankömmling ins Hängemattenparadies. Das Letzte, was ich will, ist ein nerviger Eindringling in unserer friedlichen Enklave. Ist sicher ein weiterer Geizhals wie Pazit, der sich bei Nacht und Nebel über die Grenze geschlichen hat. MacGruff weist dem Trittbrettfahrer die Hängematte direkt neben mir zu. Der stellt seine Tasche ab, klopft MacGruff dankbar auf den Rücken und flüstert ihm etwas zu. Das kann doch nicht wahr sein! Gruffkie bringt einfach einen Fremden in unsere Östrogengemeinschaft. Was, wenn der Typ ein echter Schleimbeutel ist, der nur nach Tayrona kam, um nichts ahnende Mädels in Hängematten zu vögeln?

Ich beobachte jede Bewegung des Neuankömmlings wie ein Habicht. Er klettert so leise wie möglich in seine Hängematte. Pass bloß auf, Schmidtchen Schleicher! Er liegt einen Augenblick still da, dann entfährt ihm ein wohliger Seufzer. Ich merke, dass ich den Atem angehalten habe, und lasse ebenfalls die Luft raus. Der Typ hebt plötzlich den Kopf. Er weiß, dass ich wach bin.

»Willste ’ne Fluppe?«, flüstert er.

»Nein danke«, erwidere ich. Ich kann es kaum erwarten, Talias Gesicht zu sehen, wenn sie feststellt, dass unser neuer Mitbewohner ein Mann und Raucher ist. Die wird sich seine Eier zum Frühstück braten.

Er zündet ein Streichholz an und beleuchtet sein Gesicht. Mein Herz macht einen Satz.

»Tamir?«

»Iris!«

Er schenkt mir sein zauberhaftes Lächeln.

Der Sturm wütet wieder los.

34
Gebratene Möpse

Wir tauschen uns die nächsten zwei Stunden lang im Flüsterton über alles aus, von Tamirs Hurentagen bis zu meinen traumatischen Erlebnissen an der Brown University, und erzählen uns sogar unsere Zukunftspläne. Ich vermeide es, ihn nach Chelsea zu fragen, ich bin sicher, sie stößt schon in den nächsten Minuten zu uns, ist vermutlich nur kurz aufgehalten worden, weil sie den Wachleuten noch schnell den Rücken massieren musste.

Bei dem Gespräch mit Tamir fühle ich mich wohler als bei meinen Sitzungen bei Eierkopf Dr. Friedmann. Vielleicht müssen Therapeuten gestörter sein als ihre Patienten. Sie vermitteln ihnen jedenfalls das Gefühl, gestörter zu sein, damit die wahren Gestörten sich wegen ihrer eigenen Armseligkeit nicht so mies fühlen.

Tamir ist nicht so verrückt wie ich, doch er besitzt eine eindrucksvolle Samsonite-Sammlung, und er vertraut mir Dinge an, die noch keiner von ihm weiß. (Na gut, das nehme ich mal an, denn sein australischer Maiskolben versteht ihn bestimmt nicht.) Er gesteht mir, dass er Angst vor seinem Studium hat, er lange Zeit unter Depressionen litt, sein Bruder in einem Erziehungsheim sitzt und dass Rooli und Laffi für ihn nicht so enge Freunde sind, wie sie meinen. Ich erzähle ihm, dass meine Reise eine Flucht vor Depressionen ist, ich im Leben am meisten Angst davor habe, allein zu sein und mich nach dem Tod meiner Eltern um meinen geistig schwerbehinderten Bruder kümmern zu müssen, und dass ich das Gefühl habe, meine Freundschaft zu Talia sei einseitig.

Dann fange ich an zu weinen. Ich kenne diesen Typen kaum, und er hat mich schon zweimal heulen sehen, der hält mich bestimmt für ein Weichei. Moment mal! Sehe ich da nicht auch ein paar Tränchen in seinem Gesicht? Wir sind beide Weicheier! Gott, dieser Augenblick ist so wunderbar.

Er küsst mich. Wir küssen uns mit Tränen in den Augen. Wäre das ein Film, ich würde schnurstracks aus dem Kino rennen und dem Kartenabreißer mein Popcorn über den Kopf kippen, aber hier tobt das wahre Leben, und diese Sache passiert mir gerade wirklich!

Seine daunenweichen Lippen sind himmlisch. Seine Zunge ist besonders dick und groß, und er küsst ein wenig aggressiv und manipulativ, von der übereifrigen Speichelproduktion mal ganz zu schweigen. Aber damit kann ich leben. Vielleicht ist das ein Zeichen dafür, dass ich ein wenig reifer geworden bin. Mein altes Ich hätte mir aus irgendeinem albernen Grund wie zu viel Speichel sofort alle weiteren Chancen mit Tamir vermasselt, doch mein neues Ich ist begeistert von unserer Art zu kommunizieren, von unserer geistigen Verbindung, und ist bereit, an seinen Knutsch- und Sabberfähigkeiten zu arbeiten.

Als ich bemerke, dass wir dringend ein Taschentuch bräuchten, ziehe ich mich zurück und stelle die unvermeidliche Frage.

»Wo ist Chelsea?«

»Sie ist nach Australien zurückgegangen.«

»Ach … (Heißa!) Warum?«

»Sie ist eine wunderbare Frau, aber unsere Beziehung war nur ein Urlaubsflirt, nichts weiter.«

»Sie hat magische Hände.«

»Ja, wirklich magisch. Aber keine Libido.«

»Echt?«

»Ja. Sie hat mir erzählt, dieser Teil von ihr sei zur Ruhe gekommen. Ich nenne das eher frigide.«

»Also hattet ihr keinen Sex?«

»Nicht so richtig. Ich meine, klar hatten wir Sex, aber nicht so oft, wie ich wollte.«

»Verstehe.«

»Wie steht's mit dir? Irgendwelche Urlaubsbekanntschaften?«

»Nicht der Rede wert.«

»Warum nicht?«

»Ich habe noch niemanden getroffen, den ich wirklich mag. Mein letzter Flirt war mit einem Typen namens Raoul in Cuzco, und das ging ziemlich in die Hose.«

»Der schöne Raoul?«

»Ja!«

»Ist er so gut im Bett, wie sie alle behaupten?«

»Wir hatten keinen Sex.«

»Nicht? Warum?«

»Die Umstände waren nicht geeignet.«

»Hast du 'ne Vollmeise?«

»Nee, aber manchmal meine Regel.«

»Kapiere.«

Schweigen.

»Ich muss sagen, Iris, ich verstehe das Verhältnis zwischen dir und Talia nicht ganz.«

»Wie meinst du das?«

»Ihr seid völlig verschieden, du bist wie ein Feuerwerk, und sie ist schweigsam und irgendwie verstockt.«

»Man muss sie wahrscheinlich einfach besser kennen … oder vielleicht bin ich auch verstockt, und du hast es noch nicht gemerkt.«

»Ich glaube, das bist du nicht.«

»Du wirst dich noch wundern.«

Tamir gesellt sich zu mir in die Hängematte. Sein zusätzliches Gewicht stabilisiert uns, sodass ich mich auf die Seite legen kann und wir die ganze Nacht in Löffelstellung verbringen.

Die Sonne geht auf, und ich wache zufrieden, aber auch angespannt auf. (Geduld, liebe Leute, es ist ein langer Weg von neurotisch zu Zen, das hier ist eine notwendige Übergangsphase, okay?) Ich betrachte Tamirs friedlich entspanntes Gesicht. Er schläft tief und fest. Ich weiß, er wird aufwachen und sich fragen: »Was zum Teufel mache ich neben dieser Frau? Habe ich den Verstand verloren? Die Meeresbrise muss mir das Hirn versalzen haben!«, deshalb bleibe ich starr wie eine Leiche neben ihm liegen und genieße jede Minute der Nähe, bevor der Zauber vorbei ist und meine Hängematte wieder hin und her schaukelt. Eierkopf Friedmann würde jetzt sagen, ich durchlebe kindliche Verlustängste, die entstanden, als mein Vater uns verließ. Aber das Problem sitzt vermutlich viel tiefer.

Eine Stunde lang liege ich wie versteinert da und male mir in grellen Farben aus, wie Tamir mich verlässt. Talia schlägt die Augen auf und entdeckt Tamir neben mir in der Hängematte. Etwas in ihrem Blick sagt mir, sie freut sich für mich. Darin liegt der große Vorteil, wenn man eine unemotionale, gleichgültige Freundin hat. Man ist ihr zwar egal, aber sie wird auch nicht eifersüchtig. Wenn sie sich für dich freut, dann ist das Gefühl echt. Selbstverständlich nur im Rahmen ihres emotionalen Spektrums.

Endlich wacht auch Tamir auf und sieht mich an.

»Hey, du«, flüstert er sanft. »Was denkst du gerade?«

Ich könnte lügen und ihm einfach irgendeinen Mist erzählen, aber das mache ich nicht, nicht bei ihm. Bei ihm fällt es mir leicht, ehrlich zu sein, und die Wahrheit sprudelt nur so aus mir heraus.

»Ich frage mich, wann du merkst, auf was du dich eingelassen hast, und dich vom Acker machst.«

»Wie kommst du auf so was?«, fragt er in unerwartet unüberraschtem Ton.

Der Fluss der Wahrheit tost weiter über Stock und Stein.

»Weiß nicht. Vielleicht will ich mich auf Verletzungen vorbereiten, indem ich vorher wie besessen darüber nachgrübele, so, als könne man sich dadurch an die Vorstellung gewöhnen, aber der Scheiß funktioniert nicht. Ich habe immer versucht, mir schon mal vorsorglich den Tod meiner Eltern auszumalen. Wieder und wieder habe ich mir vorgestellt, wie es passiert, wie plötzlich nur noch ich und mein Bruder auf der Welt sind und wie er total ausflippt, weil mein Vater auf einmal nicht mehr da wäre, um ihn jede Woche zu besuchen, und wo wäre ich überhaupt? Würde ich ihn jede Woche besuchen? Das einzige Mal, das ich ihn alleine besucht habe, weil mein Vater verreist war, hat er sich immer und immer wieder selbst geschlagen und gerufen: ›Wo ist Aba? Wo ist Aba?‹ Ich habe so furchtbar geweint, dass ich nicht mehr aufhören konnte und fast erbrochen hätte. Die ganze Rückfahrt nach Manhattan über habe ich geweint, und die ganze Sache hat meine Angst davor, was passieren wird, wenn meine Eltern nicht mehr da sind, nur noch geschürt. Wenn du es nur oft genug im Geist durchlebst, habe ich mir weismachen wollen, wenn du dir den Schmerz richtig vorstellst, den du fühlen wirst, wenn die Tragödie über dich hereinbricht, dann bist du auf alles besser vorbereitet.

Und dann hatte ich eines Nachts in meinem Apartment in Tel Aviv diese Vision, wie mich ein Anruf aus irgendeinem New Yorker Krankenhaus erreicht und man mir mitteilt, mein Vater hätte eine rätselhafte Krankheit und würde diese vermutlich nicht überleben. Die Vision war so verstörend, dass ich wütend auf mich selbst war, weil ich mir dieses Szenario selber ausgemalt hatte. Wie bekloppt war ich eigentlich? Ich war zu jung, mir einen solchen Mist einzubilden. Zwei Tage später erhielt ich um drei Uhr morgens einen Anruf. Man rief mich aus einer New Yorker Klinik an, um mir mitzuteilen, dass mein Vater schwer erkrankt sei. Es sei fraglich, ob er die Krankheit überlebe, und ich solle so schnell wie möglich zu ihm in die Staaten reisen. Ich rannte sofort ins Bad und verlor über diverse Körperöffnungen gleich mehrere Kilo in einem Rutsch. Super Sache, dachte ich, jetzt kann ich also hellsehen, aber warum musste ich unbedingt etwas Schreckliches vorausahnen? Warum hatte ich keine Vision von einem frisch gebadeten Johnny Depp gehabt, mit dem ich nach dem feierlichen Vollzug Bananen-Lassies schlürfe?«

Tamir lacht und drückt meine Hand. »Wie ging es weiter?«, fragt er sanft.

»Ich flog noch in der Nacht nach New York und quartierte mich bei der damaligen Frau meines Vaters in meiner alten Wohnstätte in der Bronx ein. In diesem Haus gibt es mindestens 5000 schreckliche Erinnerungen, die bei meiner Ankunft in geballter Ladung auf mich einströmten. Sie lauern praktisch in den Wänden. Die nächsten Wochen verbrachte ich am Rande eines Nervenzusammenbruchs. Mein Vater lag auf der Intensivstation, er war nicht bei Bewusstsein, Gesicht und Körper waren angeschwollen, weil die Körperflüssigkeiten nicht ausgeschieden wurden, selbst die Lungen waren voll. Das Schlimmste war, dass keiner wusste, was ihm fehlte. Jede Minute konnte seine letzte sein, so sagte man mir. In diesen zwei Wochen verlor ich weitere sieben Kilo, magerte bis aufs Skelett ab, klapperte tagtäglich zur Intensivstation, nervte Ärzte und Schwestern alle Viertelstunde mit lästigen Fragen, klapperte wieder zurück zum Haus meines Vaters und rief von dort aus jede Viertelstunde die Schwestern auf der Intensivstation an. Ich konnte nicht essen, nicht schlafen und hatte die ganze Zeit Angst, den entscheidenden Anruf zu erhalten. Was hatte mir also die ganze emotionale und seelische Vorbereitung gebracht? Nichts! Überhaupt gar nichts. Wenn die Dinge gut liefen, machte ich mir Sorgen darüber, dass etwas Schreckliches passieren könnte. Wenn das Schreckensszenario dann eintrat, ging es mir trotzdem beschissen.

Also wandte ich mich Gott zu. Ich habe immer an Gott geglaubt, mal stärker, mal weniger stark, doch ich glaubte nie aus praktischen Überlegungen – ich habe mich in meinem Schmerz nie an Gott gewendet, weil ich mir stets sagte: Ja, es gibt einen Gott, aber das war's dann auch. Ich fand die Vorstellung, Gott um etwas zu bitten, seltsam. Er schuldete mir doch nichts, oder? Es war ja nicht etwa so, als ob er oder ich einen bestimmten Zweck erfüllten, er war einfach da, so wie mittelmäßige Jazzmusik in einer Bar, nur eben als transzendentes, allmächtiges und himmlisches Wesen.

Aber in jener Nacht betete ich. Ich schloss die Augen, und zum ersten Mal in meinem Leben spürte ich, was es bedeutete, ein flehendes Gebet gen Himmel zu schicken. Mein ganzes Wesen jammerte und bettelte Gott an, er möge meinen Vater wieder gesund machen. Mir war klar, dass ich Gott etwas zum Tausch anbieten musste, schließlich gefällt es nicht einmal Gott, über den Tisch gezogen zu werden. Also bot ich Gott an, keine Schalentiere mehr zu essen, wenn er meinen Vater genesen ließe. Dabei ist es wichtig zu wissen, dass Schalentiere zu meinen Leibspeisen gehören. Gäbe man mir einen Eimer Austern, Muscheln, Schnecken, Shrimps – ich wäre im Paradies. Also handelte es sich keineswegs um ein einfaches Versprechen, das ich leichten Herzens einlösen könnte.

Das merkte Gott sofort, denn schon am nächsten Tag

stellten die Ärzte endlich eine Diagnose. Mein Vater litt an einer äußerst seltenen, grippeähnlichen Infektion, Legionärskrankheit genannt. Innerhalb einer Woche war er dank medizinischer Behandlung wieder in der Lage eigenständig zu atmen, bei Bewusstsein und froh, wieder unter den Lebenden zu weilen. So froh, dass er mich gleich anmotzte, weil ich während der schlimmsten Stunden sein Handy für ein Telefonat mit meiner Mutter benutzt hatte. Aber das führt jetzt zu weit.«

»Ich finde es toll, dass du mir das alles erzählt hast«, sagt Tamir und zieht mich enger heran.

»Echt? Das waren jetzt zwanzig Minuten deines Lebens, die du nie wieder zurückbekommst.«

Er kichert. »Ich habe alle Zeit der Welt für dich«, erwidert er mit verliebtem Blick.

Wir verbringen die nächsten Tage mit Knutschen, Händchenhalten und in Löffelstellung in der Hängematte liegend. Ich weiß, er will Sex, nicht weil ich grundsätzlich davon ausgehe, dass alle Männer immer nur das Eine wollen, sondern weil er mir klipp und klar sagt, dass er mit mir schlafen will. Oft. Mindestens eine Stunde lang. Aber ich habe Angst. Ich habe Angst, nicht gut genug zu sein, ihn zu langweilen. Ich befürchte, Sex mit ihm könnte schmierig und schleimig sein und den Zauber unserer Beziehung zerstören. Also belüge ich ihn und behaupte, dass ich für Sex am Strand zu schüchtern sei und gerne ein bisschen Privatsphäre dafür hätte. Ich erkläre ihm, wie unangenehm das ist, mit Sand in allen Ritzen ... Schließlich brauche ich kein Gebärmutterpeeling. Von betrunkenen Ameisen, die sich in meine Schnulle verirren könnten, mal ganz zu schweigen. Außerdem habe ich meine Tage. Chronisch.

Gott, das ist doch lächerlich! Warum muss ich jetzt so keusch und verklemmt reagieren? Ich schlafe doch sonst auch mit jedem. Ist doch wahr! Und hier liegt er, neben mir, der Mann meines Lebens, und ich fertige ihn mit der alten Lüge von der Regel ab. So verständnisvoll er auch reagiert, ich weiß, das wird nicht lange anhalten. Bald muss ich seine Erwartungen erfüllen, sonst macht er die Fliege.

35
Kolumbianische Grippe

Ich wache auf und stelle fest, dass Tamir nicht neben mir in der Hängematte liegt. Jetzt ist es also so weit, er ist abgehauen. Ich wusste es. Ah, er läuft im Restaurant herum. Gott sei Dank!

»Tamir«, rufe ich und winke ihm wie wild zu.

Er lächelt und kommt mit einem ernsten, fest entschlossenen Blick, den ich nie zuvor bei ihm gesehen habe, zu mir herüber.

»Guten Morgen!«, grüße ich ihn nervös.

»Ich brauche Koks.« Er sagt das, als bitte er mich, ihm die Kaffeesahne zu reichen.

»Was?«, frage ich entgeistert. Koks ist die Droge, die ich mit wütenden Hedgefond-Arschlöchern und nicht mit meinem süßen, lieben, wunderbaren Tamir verbinde.

»Warum willst du koksen?«

»Warum nicht?«

Gute Antwort. Wenn ich jetzt was dazu sage, klinge ich nur wie eine besorgte Mama, also verkneife ich mir jeglichen Kommentar, obwohl sich in meinem Kopf gerade eine ganze Liste möglicher Antworten sammelt.

»Hast du das schon mal gemacht?«

»Ja, ein paar Mal in Ecuador, aber hier sitzt man natürlich direkt an der Quelle. Der Stoff hier soll supersauber und irre billig sein.«

»Ist es nicht gefährlich, hier nach Koks zu fragen, Tamir?«

»Ich bin sicher, der Restaurantbesitzer hat was, ich kann ihn nur nicht finden.«

Scheiße! Was soll MacGruff jetzt von seinem süßen Mädchen mit der Kokosnuss denken? Wie soll er mit seinem begrenzten Hola-Wortschatz auf unsere Fragen nach lebensbedrohlichen Rauschmitteln reagieren? Die Möglichkeiten, sich misszuverstehen, sind endlos. Vielleicht hält er Tamir für einen Drogenfahnder, alarmiert die echten Koksdealer, und die hacken uns die Birne ab und schlürfen unser Hirn aus.

Ich hoffe inständig, MacGruff ist die nächste Woche in der Stadt, um Ketchup und Öl zu kaufen, doch schon einen Augenblick später erklingt sein munteres *»Hola!«*, und Tamir eilt auf ihn zu und zieht ihn auf die Seite, um Geschäftliches zu besprechen.

Ich beobachte, wie Tamir sein Anliegen mit einem fröhlichen Schnüffeln und der dazugehörigen Gestik zu verdeutlichen sucht. MacGruff, der auf Anhieb versteht, klopft ihm auf den Rücken.

Tamirs Begeisterung für das Koksen ist beunruhigend, aber ich kann gerade noch widerstehen, umgehend eine innere Mängelliste zu erstellen, wie ich es sonst immer tue. Schließlich bin ich die Überspannte, jeder zieht sich das Zeug rein, und wenn man in Kolumbien ist und das nicht mal ausprobiert, dann ist man einfach zu blöd dazu.

MacGruff überreicht uns einen prall mit Kokain gefüllten Gefrierbeutel, für den ihm Tamir ein paar Scheine in die Hand drückt. Als er den Finger in die Tüte steckt, funkeln seine Augen vor Aufregung. Plötzlich bin ich unsichtbar für ihn. Moment, offenbar nicht ganz.

»Alles klar?«, fragt er mich und streichelt mir über die Wange.

»Ja.«

»Willst du auch was?«

»Nein.«

»Warum nicht?«

»Will eben nicht.«

»Na gut.«

Er reibt sich etwas weißes Pulver auf das Zahnfleisch und zieht ein wenig mehr mit der Nase ein.

»Halleluja! Der Stoff ist der Hammer. Weißt du, wie wenig ich dafür bezahlt habe?«

»Keine Ahnung.« Wenn ich nur wüsste, wie viel so was normalerweise kostet.

»In Israel hättest du 500 Dollar dafür blechen müssen. Ich hab zwanzig bezahlt.«

Talia wäre stolz auf ihn.

Plötzlich springt Tamir wie von der Tarantel gestochen aus der Hängematte, legt Trance Music auf und fängt an zu tanzen. Er benimmt sich wie ein Besessener, stampft auf dem Boden herum, und seine Pupillen sind groß wie ukrainische Dörfer. Ich starre ihn nur an. Ein Teil von mir möchte an dieser offenbar aufregenden Erfahrung teilhaben, ein anderer Teil fragt sich, was die Leute an Koks finden.

Das heißt nicht, dass ich keine Erfahrung mit dieser Droge hätte. Natürlich nicht direkt. Während meines ersten Monats an der Brown University nahm mich mein neuer Freund Vincent, ein großer, muskulöser Kerl, zum Haus seines Kumpels an der Barnes Street mit. Wir trabten also alle gemeinsam los, ich war vor Aufregung ganz kribbelig und konnte es kaum erwarten, lauter neue coole Freundschaften zu schließen, er war hocherfreut, einen exotischen Neuzugang aus Israel im Schlepptau zu haben.

Wir klopften an die Tür. Ein Mann mit ungepflegtem, fettigen Haar, aufgedunsenem Gesicht und blauen Knopfaugen ließ uns herein. Durch die dichte Graswolke spähte ich ins Wohnzimmer, wo sich andere coole Mitglieder der

Multikultigang auf zerschlissenen Sofas und Ledersesseln fläzten.

»Brian, altes Haus!«, rief Vincent und vollführte das übliche Ghettoritual mit Handschlag, Umarmung, Rückenklopfen.

»Hi! Ich bin Iris«, murmelte ich und eilte zu ihm hin, um ihn auf gleiche, wenn auch sparsamere und weniger koordinierte Art und Weise zu begrüßen.

»Wie geht's?«, fragte Knopfauge und verzog keine Miene.

»Prima! Alles prima! Bin seit einem Monat zurück in den Staaten und fühle mich großartig!«, antwortete ich und sehnte mich verzweifelt danach, von diesem merkwürdig aussehenden Geschöpf gemocht zu werden.

Brian starrte mich an, zog an seiner Tüte und nahm Vincent unvermittelt zur Seite. Ich blieb verwirrt im Türrahmen stehen.

»Wir sollten abschwirren«, rief Vincent und lief Richtung Barnes Street.

»Was ist denn los?«

»Brian meint, du hättest zu viel Schnee intus, um hierzubleiben. Du machst ihn total kirre.«

»Zu viel Schnee intus? Wovon redet der Typ?«, rief ich erbost. »Ich habe in meinem ganzen Leben noch kein Koks angerührt. So bin ich eben einfach.«

»Du meinst, du läufst immer so hochtourig?«

»Ja!«

Vincent betrachtete mich eindringlich. Offensichtlich glaubte er mir kein Wort. Keiner konnte auf Dauer so aufgekratzt sein.

»Hör mal, Brian ist der größte Koksdealer auf dem Campus, der weiß, wovon er redet. Vielleicht solltest du dich mal um dich kümmern, wenn du damit ein Problem hast.«

Na, dufte! Der größte Koksdealer auf dem Campus hält mich für eine verdammte Kokserin. Das hat man nun davon, wenn man lächelnd und gelöst durch die Weltgeschichte trottet. Scheiß Koks!

Mir gefällt nicht, wie Tamir sich verändert. Dass er schwitzend wie ein stampfender Roboter im Sand herumtanzt, beunruhigt mich viel weniger, als dass sein für gewöhnlich so liebevolles Lächeln nun aggressiv wirkt und stundenlang so bleibt. Wie eine Mutter mit ihrem im Sandkasten spielenden Sohn mit ADHS warte ich geduldig und liebevoll, bis er sich ausgetobt hat.

Er stampft weiter im Sand herum. Wenn er so weiter macht, hat er bald einen Tunnel nach Asien gegraben. Jede Minute wird ein Chinese mit dreieckigem Hut aus dem Loch hüpfen und ihm eine Schüssel Reis über den Kopf schütten. Ganz sicher, wartet nur ab.

Plötzlich guckt Tamir besorgt aus der Wäsche. Sehr besorgt.

»Bist du auf einen Chinesen getreten?«, frage ich leichthin.

Er starrt mich an.

Scheiße, er sieht schlimm aus.

»Geht's dir gut?«, frage ich.

»Mein Herz!«

»Was ist damit?«

»Es schlägt furchtbar schnell.«

»Vielleicht solltest du nicht mehr auf den Boden stampfen.«

»Nein, nein, das will ich aber nicht.«

Er stampft wie besessen weiter. Immer im Kreis.

»Tamir, du machst mir Angst. Bitte setz dich hin.«

»Mir geht es gut, gut, gut, alles gut!«

Ich gebe ihm ein Glas Wasser. »Hier!«

Er trinkt.

»Tamir, bitte hör auf zu tanzen, du musst dich ausruhen.«

»Du bist wunderschön!«

»Was hast du gesagt?«

»Ich sagte, du bist wunderschön.«

Das hat noch keiner zu mir gesagt. Manche Typen nannten mich »quirlig«, »süß«, »bezaubernd« und »frech« oder bedachten mich mit sonstigen, elfenhaften Attributen, aber keiner hielt mich je für »wunderschön«.

Ich könnte mich jetzt darauf versteifen, Tamir hätte das nur im Koksrausch gesagt. Das hieße, ich hielte mich nicht für wunderschön. Um ehrlich zu sein, habe ich mich bis jetzt auch nie für schön gehalten. Aber die Dinge haben sich geändert. Ich glaube Tamir. Ich glaube, der Mann, der sich benimmt, als sei er vom Teufel besessen, spricht die Wahrheit. Ich fühle mich hübsch. Bin ich auch. Ich bin hübsch, verdammt noch mal. Ich bin eine hübsche Frau, die sich rührend um ihren zugekoksten Freund kümmern darf. Und dafür liebe ich ihn.

Ich frage mich, warum ich diesem Mann, der mich für einen wertvollen Menschen hält, nicht wie sonst sofort an den Kragen gehe. Habe ich doch sonst immer so gemacht. Schon bei Yogev, dem ersten Jungen, der mich mochte (ja, gut, da gab es noch Ronan in der Sechsten, aber da hatten wir noch nicht einmal Schamhaare, das zählt nicht). Yogev mochte mich so sehr, dass er ein Lied für mich schrieb und es an unseren lokalen Radiosender schickte – und die haben es auch noch gespielt! Ich habe mit ihm Schluss gemacht. Ich hatte keine andere Wahl. Er mochte mich, also war er minderwertig. Ist uns doch allen schon mal passiert, oder? Obwohl die meisten von uns, wenn sie diese kindlichen Verhaltensmuster nicht bereits abgelegt haben, zumindest bei einigen Arschlöchern abgeblitzt sind und so die

Ungerechtigkeit wieder ausgeglichen haben. Ich habe mich emotional einfach nicht auf Männer eingelassen und mir so den ganzen Ärger erspart.

Nicht, dass die Trennung von Yogev mir leichtgefallen wäre. Ich bin die Königin der Schuldgefühle. Ich verfüge über ein Gewissen so groß wie der Bundesstaat Texas, doch mein Herz ist aus Glas. Deshalb tat ich, was ich tun musste: Ich fragte Yogev, ob wir einfach nur Freunde sein könnten. Er war sofort einverstanden, bat mich aber umgehend, ihm als »Freundschaftsdienst« den Songtext von *Smoke on the Water* zu übersetzen. Das tat ich dann auch. Die ganze Prozedur dauerte mehrere Stunden (die Kassetten von damals waren echt nervig), doch ich lieferte schon am nächsten Tag. Als ich ihn später anrief, um ein Treffen in der Eisdiele vorzuschlagen, ertönte am anderen Ende der Leitung ein Gackern. Dann gestand er mir, er sei gar nicht an meiner Freundschaft interessiert und habe mich nur benutzt, um an den Songtext zu kommen. »Ha, ha, Rache ist Blutwurst«, rief er in den Hörer, ehe er auflegte.

Damit wollte ich eigentlich nur klarstellen, dass ich Tamir nicht dafür verachte, dass er mich mag. Ich halte ihn nicht für minderwertig. Ich verabscheue ihn nicht, nur weil er ein Mann ist. Er muss mich auch nicht erretten. Für mich ist er einfach ein phantastischer Typ, nicht, weil er mich toll findet, oder obwohl er mich toll findet, und auch nicht, weil er auf dem Boden herumstampft wie sonst keiner, sondern weil es stimmt. Phantastisch. Und ich vertraue ihm. Befürchte ich immer noch, dass diese Schmonzette nach neunzig Minuten, wenn einem vom Popcorn schon schlecht ist, vorbei sein könnte? Und wie!

Irgendwann schläft Tamir in meinen Armen ein. Er stinkt nach Schweiß, und an seinen Nasenlöchern hängt noch ein wenig weißes Pulver. MacGruff kommt vorbei und inspiziert den tiefen Krater neben unseren Hängematten.

»*Buena Cocaina, ha?*«, fragt er stolz, als hätte er die Kokablätter selbst geerntet.

Die nächsten Tage und Nächte verschmelzen zu einem unwirklichen, postapokalyptischen Ganzen. Postapokalyptisch im wahrsten Sinne des Wortes: Es scheint, als gäbe es auf der Welt nur Tamir, den Tayrona-Nationalpark und mich. Eigentlich gar nicht so übel.

Tamir hat sich damit abgefunden, dass wir während unseres Aufenthaltes hier keinen Sex haben werden, und ich habe meine Angst überwunden, dass er mich verlassen wird und eine andere findet. Warum? Ganz einfach, hier gibt es keine Konkurrenz! Keine pornesken, dänischen Supermodels mit blauen Augen, gebräunter Haut, keine Schlafsackschlampen, einfach niemanden. Neben Talia und Pazit bin ich die Königin von Tayrona!

Doch die Dinge bleiben nie so, wie sie sind. Talia schlendert vorbei und überbringt mir eine überraschende Neuigkeit: Helena Christensen ist gerade angekommen und isst mit gespreizten Beinen im Restaurant Pommes. War 'n Witz! (Wo ist eigentlich Chris Isaak geblieben, der mit ihr dieses heiße Musikvideo drehte? War wohl auch nur eine Eintagsfliege …)

»Pazit und ich fahren weiter nach Cartagena«, verkündet Talia.

»Was?«, frage ich schockiert. »Was soll das heißen: ›Pazit und ich fahren weiter nach Cartagena‹?«

»Ich lass euch Mädels mal kurz allein«, meint Tamir, der Taktvolle.

»Du bist offensichtlich mit Tamir zusammen, und Pazit und ich finden es hier ziemlich langweilig. Also fahren wir weiter nach Cartagena.«

»Aber wir reisen zusammen! Ich trenne mich doch jetzt nicht von euch!«

»Ich bin nicht sauer auf dich, Iris. Ist schon in Ordnung.«

»Nein, nein, ich will nicht, dass du gehst. Wir sind zusammen unterwegs.«

Warum mache ich eigentlich so ein Drama daraus? Talia ist die Sache offensichtlich egal, sie ist gerne mit Pazit zusammen, und ich habe die Liebe meines Lebens getroffen. Aber ich bin noch nicht bereit. Freundinnen waren mir schon immer wichtiger als Männer, vielleicht weil ich Männer für unzuverlässig, Beziehungen für flüchtig und Freundschaft für wichtiger halte. Schon in der Schule waren mir meine Freundinnen das Wichtigste, und ich war immer enttäuscht, wenn sie mich fallen ließen, wenn sie einen Freund hatten. Vielleicht sind meine Prioritäten kindisch? Ist es nicht angezeigt, die Liebe meines Lebens an die erste Stelle zu setzen? Zumal meine Freundin damit einverstanden ist? Mist! Vielleicht will Talia ja sogar getrennte Wege gehen, hast du schon mal daran gedacht, du neurotische Tante? Vielleicht hat sie mit Pazit mehr gemeinsam, und jetzt bietet sich die ideale Gelegenheit für sie, endlich in himmlischen Bergeshöhen Cappuccino zu trinken. So ein Schlamassel: Schon wieder brauche ich Bestätigung von ihr.

»Willst du mit Pazit allein weiterreisen – ohne mich?«

»Das ist mir egal. Du kannst machen, was du willst.«

Ich weiß, ich weiß. Talia hat keinen Schimmer, warum ich ihr diese Frage gestellt habe, also sollte ich keine Antworten erwarten, die ich hören will. Aber ich kann es einfach nicht lassen.

»Ich meine, *willst* du, dass ich mitkomme?«

»Mach das, womit du glücklich bist, Iris. Du magst den Typen doch, oder?«

»Wir haben uns doch gerade erst kennengelernt.«

»Und?«
»Ich will mitkommen.«
»Sicher?«
»Ja, aber …«
»Aber was?«
»Ich möchte, dass er auch mitkommt …«
»Klar, von mir aus.«

Als ich ihn einlade mitzukommen, ist Tamir hellauf begeistert. Er gesteht mir, meine Unterhaltung mit Talia von Weitem verfolgt und meine Abreise befürchtet zu haben. Wie schön, dass mal jemand anderes das Wort »befürchten« verwendet. Ich bin mir sicher, er kann es kaum erwarten, einen sexfreundlicheren Ort aufzusuchen, damit sein Schwanz nicht katatonisch wird. Wie bereits erwähnt, kann ein Mann nur ein begrenztes Maß an Fummeln, sich gegenseitig verliebt anstarren und gelegentliches Eierschaukeln ertragen, bevor er explodiert.

36
Wie ein Fels in der Brandung

Cartagena ist pittoresk und gleicht mit seinem architektonischen Stilmix keiner anderen Stadt, die ich in Lateinamerika besucht habe. Wir betreten die Moomlatz-Pension, ein wunderschönes altes Gebäude mit Bogenfenstern und komplexen Mosaiken am Boden. Ich bin hocherfreut zu erfahren, dass für uns vier nur noch Betten im Schlafsaal frei sind. Garantiert sexfreier Aufenthalt!

Der Besitzer fragt nach unseren Reisepässen. Talia und Pazit schieben ihm ihre rüber. Tamir nimmt mich zur Seite.

»Ich habe eine Überraschung für dich«, flüstert er mir ins Ohr.

»Was denn?«

»Wir werden heute Nacht in einem schönen Hotel schlafen.«

Scheiße! Ein Hotel! Heute Nacht!

»Es hat fünf Sterne«, fügt er aufgeregt hinzu.

Der Ärmste. Ich weiß, dass er sich kein Hotel leisten kann. Der muss inzwischen wirklich aus dem letzten Loch pfeifen. So ein Mist. Ich muss einfach ins kalte Wasser springen und die Sache hinter mich bringen. Halt die Klappe, Panickio*! Rauch 'nen Joint und komm wieder runter, klar?

---

* Panickio (lat.: kleine Panik). Mikroskopisch kleines Wesen, das nur dazu dient, bei seinem Wirt Panik auszulösen. Trägt zumeist schwarze Cargohosen, Hosenträger, olivfarbenes T-Shirt und Doc Martens oder Chucks, je nach Jahreszeit.

Kaum sind wir im Zimmer, fällt Tamir über mich her und schleckt mich ab. Ich atme tief ein und beschließe, mich der Herausforderung zu stellen. Wir reißen uns die Kleider vom Leib, ich schlecke zurück, während wir uns hin- und herwälzen wie zwei anorektische Wale. Ehe ich mich versehe, sind wir beide vollständig entkleidet, und Tamir zieht meine Schnulle auf sein Gesicht. Er ist ein begeisterter Cunnilinguist, doch ein bisschen zielgerichteter und spitzer könnte seine dicke Zunge schon sein. Bei ihm fühlt es sich an, als würde er mich mit einem Quast einkleistern, was ein paar Minuten lang Spaß macht, dann aber ist die ganze Gegend taub. Kaum ist er voll dabei, muss ich an das Großstadtmärchen von dem Mädel denken, das sich Trockenfutter zwischen die Beine streute, um damit ihren Hund dazu zu bringen, es ihr von den Schenkeln zu lecken. Was sie nicht wusste: Ihre Freunde hatten sich im Zimmer versteckt, um sie an ihrem Geburtstag zu überraschen. Vielleicht könnte sie mir ja beibringen, wie man es genießt, wie ein Lolli abgeschleckt zu werden.

Aber wir wollen uns auf etwas Positives konzentrieren: Sein Penis ist gesund, länglich und dick. Um die Sache schnell hinter mich zu bringen, verpacke ich das Teil in Latex und stopfe es ohne Sinnlichkeit und Technik in mich rein. Wir treiben es, während ich die ganze Zeit über innerlich mein Mantra wiederhole: »Schalt deinen Verstand aus, lass dich gehen, schalt den Verstand aus, lass dich gehen«, was natürlich dazu führt, dass mein Verstand auf Hochtouren läuft und ich mir jeder Bewegung bewusst bin. Was vielleicht gar nicht so schlecht ist, weil die Sache dann schon vorbei ist, bevor ich sie beurteilen und ausflippen kann. Tamir, der Gute, zögert den Höhepunkt heraus, so lange er kann, und das ist eine ganz schöne Leistung, nachdem er die letzten Wochen darben musste.

Ich merke sofort, dass er enttäuscht ist. Vielleicht liegt es daran, dass wir uns die ganze Zeit über nicht angesehen haben, oder er ist nicht so begeistert, weil ich ihm auf seine Frage, ob es mir gefiele, erklärte, dass seine Art, mich abzuschlecken, mir rasch ein taubes Gefühl verursache, und ihn bat, seine Zunge doch etwas pointierter einzusetzen. Könnte aber auch daran liegen, dass ich ihn immer wieder mit: »Los, komm, jetzt komm!« anfeuerte, obwohl ich selber keinerlei Anzeichen von Orgasmus zeigte. Ich finde, Tamir und ich haben soeben eine meterhohe emotionale Hürde genommen, obwohl die Sache selber weniger berührend, zärtlich oder intim war als die Augenblicke, in denen wir uns gegenseitig liebevoll in die Augen geschaut und gestreichelt hatten.

Doch vielleicht fand Tamir es ganz toll, ist ja bekannt, wie wenig Männer in diesem Bereich erwarten.

Und das Vorspiel, Jack?

Braucht doch keiner, Pete! Ein feuchtes Tor – und eine Latte mehr brauche ich nicht!

Wo du recht hast, haste recht, Kumpel!

Ich gebe Tamir einen sanften Kuss. Er wirft mir einen verletzten Blick zu. Ich möchte mich für meine Gestörtheit entschuldigen, aber dann unterdrücke ich das Bedürfnis und kuschel mich in seinen Arm. Hoffentlich hat er Geduld mit mir.

Am nächsten Morgen treffen wir uns mit Talia in der Pension.

»Ich habe dich vermisst!«, sagt sie und umarmt mich herzlich. Ich glaub's ja nicht!

»Wie war's?«, will sie wissen.

»Super!«, lüge ich.

»Cool!«

»Wo ist Pazit?«

»Ihr Turbokocher ist kaputt, sie versucht, ihn reparieren zu lassen.«

»Was ist ein Turbokocher?«, fragt Tamir verwirrt.

Talia und ich brechen in Gelächter aus.

»Eure Betten sind auch schon fertig. Wir haben zwei zusammengeschoben.«

»Ähm, Tamir und ich würden gerne ein eigenes Zimmer nehmen, wenn es euch nichts ausmacht.« Das kam jetzt ganz plötzlich aus mir raus, ich bin völlig verdattert, dass ich auf einmal klar und deutlich sagen kann, was ich will. Tamir sieht mich begeistert an.

Ich werde dafür sorgen, dass diese Beziehung funktioniert, verdammt. Egal, wie oft ich mich dafür abschlecken lassen muss.

37
Bei Mama Petrelli

Die nächsten Tage in Cartagena sind unerträglich heiß und machen jede Bewegung zur Qual. Es ist zu heiß, um das Zimmer zu verlassen, und sogar zu heiß zum Atmen. Damit nicht genug. Mein Magen hat mal wieder einen neuen Mieter bekommen, dieses Mal stammt er aus der Familie der Amöben. Ich werde die Symptome hier nicht in allen Einzelheiten schildern. Es ist wahrhaft ritterlich, dass Tamir sich nicht angeekelt abwendet, und mehr sage ich nicht. Er will mich ins nächste Krankenhaus bringen, aber ich lehne ab und erzähle ihm von meinem Erlebnis mit Doktor Braveheart. Stattdessen versuche ich es mit der naturkundlichen Behandlung von Amöben: Knoblauch. Riesige, rohe und unbehandelte Knoblauchzehen, die man wie Pferdepillen unzerkaut schlucken muss.

Tamir bezweifelt, dass ein menschliches Wesen rohe Zehen von der Größe überhaupt herunterschlucken kann. Vielleicht will der Herr mir damit den Weg zum Drogenschmuggel weisen. Jeder kennt den Film *Maria voll der Gnade*, oder? Ich kann genauso unschuldig gucken wie sie, auch ich kann Kondome mit billigem Kokain schlucken wie er. Das wird richtig gut! Ich werde mit MacGruff ein Kartell gründen, das berüchtigte Bahr-Kartell, und wir übernehmen die Route Medellin–Miami. Die Einheimischen werden uns fürchten. Die Drogenbehörde wird uns jagen. Die

Arschlöcher an der Wall Street werden uns anbeten. Ich wäre Tamirs Dealer, er könnte ein kleines Tiefbauunternehmen gründen, und wir wären glücklich bis an unser Lebensende.

Als ich völlig verschwitzt aus dem Bad komme, liegt Tamir splitternackt auf dem Bett.

»Du riechst wie ein italienisches Restaurant«, begrüßt er mich.

»Tut mir leid.« Ich hatte vergessen, dass man Knoblauch ausschwitzt.

»Nee, riecht gut. Gott, hab ich einen Hunger!«

»Ich auch!«

»Ich werde dich vernaschen.«

Au weia. Der Mann ist ein Heiliger, aber ich habe im Moment überhaupt keine Lust, mich abschlabbern zu lassen. Aber er hat sich zwischen meinen Schenkeln schon zu schaffen gemacht und kleistert mich mit seiner Zunge ein, was das Zeug hält. Außerdem sollte ich ihn langsam auch mal befriedigen. Der Ärmste hat noch gar keinen geblasen bekommen. Hier ist noch eine schockierende Nachricht: Ich habe noch nie jemandem einen geblasen. *Noch nie.* Hab's einmal versucht, aber der Typ roch da unten nach Erdnüssen, und dann ging gar nichts mehr. Jemandem einen zu blasen macht mich überhaupt nicht an, aber ich weiß, es ist unfair, sich verwöhnen zu lassen und nichts zurückzugeben. Nicht, dass Tamirs orale Zuwendungen besonders befriedigend wären, aber er gibt sich Mühe, und ich kann mir seine Zunge ja nun mal nicht auf die gewünschte Form zurechtfeilen.

Ich möchte Tamir was Gutes tun, doch ich habe lieber frigiden Sex mit ihm, als ihn mit meinen dilettantischen Blasversuchen zu enttäuschen.

»Tamir«, sage ich vorsichtig. Er schleckt mich noch ein

letztes Mal ab. Er könnte da unten genauso gut Poker spielen, ich spüre ohnehin nichts mehr.

»Ja?«

»Ich will dir einen blasen.«

»Okay!«

Ich beschließe, ausnahmsweise mal ehrlich zu sein.

»Ich weiß nicht, wie so was geht. Ich habe das noch nie gemacht.«

»Echt nicht? Magst du es nicht? Wenn du es nicht magst, musst du es auch nicht machen.« (LÜGE! Jeder Mann, der das behauptet, lügt.)

»Nein, es macht sicher Spaß. Ich meine, ich weiß es nicht, aber ich will es mal ausprobieren. Kannst du mir helfen?«

»Na gut.«

Ich nähere mich nervös meinem Zielobjekt. Tamir ist spürbar erregt. Ich schnüffle herum, keine Erdnüsse – gut. Im Zimmer stinkt es sowieso wie in Mama Petrellis Bistro. Also nehme ich seinen Schlong zwischen die Lippen. Er ist größer, als ich dachte, und füllt meinen gesamten Mund aus.

Dabei muss man wissen, dass ich einen sehr kleinen Mund habe. Als Kind hat mir ein sehr fieser Zahnarzt, der mit dem Schlächter von Lyon hätte verwandt sein können, mehrere Zähne gezogen. Er war aber Jude. Und kein Nazi.

Mir ist also klar, dass meine enge Mundhöhle einen Vorteil für Tamir, aber einen Nachteil für meinen Kiefer darstellt. Jetzt, wo ich seinen Penis also schon einmal hereingelassen habe, muss ich auch irgendetwas damit anstellen. Ich schiebe ihn, so tief es geht, in meinen Mund – also nicht sonderlich tief. Ich bewege ihn ein paar Mal vor und zurück. Jedes Mal schiebe ich ihn ein bisschen tiefer hinein. Wenn ich meinen Gaumen anhebe, dann kann ihn bis zum Schlund vorlassen, und *deep throat*, habe ich mir sagen lassen, kommt doch immer gut an, oder?

Tamir hat die Augen geschlossen, daher weiß ich nicht, ob er genießt oder von einer Frau träumt, die ihn besser bedient. Ich mache noch ein paar Mal so weiter wie vorher und hoffe, dass mein Würgereflex sich nicht meldet. So weit, so gut.

»Ohne Zähne«, flüstert er.

Ich halte ratlos inne. Ich habe nun mal Zähne im Mund, wie soll ich die bitte loswerden? Ich stelle mir vor, wie meine Großmutter ihr Gebiss in einen Becher legt. Bingo! Ich ziehe die Lippen ein und bedecke so die Zähne. Das klappt ganz gut.

»Oh jaa!«, stöhnt er. Heißa!

Ich lege die Hände um den unteren Teil seines Penis, um ihn so vollständig zu umschließen. Mir ist ein bisschen schwindelig, weil ich kaum noch atmen kann. Muss durch die Nase Luft holen. Geht doch! Ich atme ruhig und fließend, kann mich ganz seinem Lümmel widmen, Coltrane gibt das Tempo vor. Jetzt habe ich ihn fast vollständig in mir, bewege ihn vor und zurück, stimuliere ihn, sauge mit eingekniffenen Lippen und atme durch die Nase. Alles läuft mit eleganten Bewegungen ab, ich übe nicht zu viel Druck aus und streiche ihm dabei noch gelegentlich über die Hoden.

»Oh, Gott, Iris! Du bist unglaublich!«

Und ob ich das bin! Ich wünschte, ich hätte einen Penis, das hier fühlt sich bestimmt eindrucksvoll an.

Plötzlich spüre ich etwas wie Luftblasen im Mund. Ich glaube, jetzt kommt er gleich. Ich würde es gerne schlucken (LÜGE! Jede Frau, die das behauptet, lügt), bin aber nicht so recht darauf vorbereitet. Also erledige ich die Sache mit einigen Handbewegungen, und alles landet auf seinem Bauch.

Im Gegensatz zu unserer ersten sexuellen Begegnung strahlt Tamir dieses Mal über alle vier Backen.

Sein glückseliger Zustand wird von einem Klopfen an der Tür abrupt unterbrochen.

»Iris, ich bin's, Talia!«

Ich lege Tamir ein Handtuch über den Unterleib und öffne die Tür.

Talia verzieht das Gesicht zu einer Grimasse. Es geht doch nichts über den Duft von Knoblauchsperma.

»Hier stinkt's wie in einem italienischen Puff!«, befindet sie.

»Die Kandidatin hat hundert Punkte!«, entgegne ich stolz.

»Ich habe gerade unsere Rückflüge bestätigt, morgen geht's los.«

»Was?«, frage ich verdattert. Ich werfe Tamir einen Blick zu, der unser Glück jäh zerstört. Wie konnte ich das nur vergessen? Seit ich mit Tamir zusammen bin, habe ich jegliches Zeitgefühl verloren.

Schlagartig erinnere ich mich: Wir fliegen zurück nach Quito. Von dort aus bricht Talia einige Tage später nach Tel Aviv auf und ich nach New York. Dann muss ich an der Brown University ein weiteres Höllensemester absolvieren.

Tamir setzt sich unvermittelt auf. Talia erspäht einen Hoden und wendet den Blick ab.

»Ihr reist morgen ab?«, fragt er in verunsichertem Ton. Mir wird klar, dass wir eigentlich nie über die Zukunft gesprochen haben. Er beginnt ein Studium in Israel, und ich muss zurück an die Brown University. Beides ist unumstößlich.

»Ja.«

Eine Welle der Traurigkeit überkommt mich, reißt die Strandhütten namens Glück und Zufriedenheit mit sich.

Talia zieht sich in ihr Zimmer zurück, und ich lege mich zu Tamir ins Bett. In seinen Augen stehen Tränen. Mir war nicht klar, dass er sich dermaßen in mich verliebt hat. Das hätte ich nie für möglich gehalten. Echt nicht. Ich fange an zu heulen, nicht wegen unseres Abschieds, sondern weil ich zutiefst davon berührt bin, dass dieser Mann tatsächlich weint, weil ich gehe.

Im Geiste gehe ich alle Männer durch, deren Herzen ich gebrochen habe, und mir wird klar, dass ich das mit den gebrochenen Herzen nie wahrhaben wollte. Deshalb machte ich auch munter so weiter. Stattdessen erfand ich immer neue Gründe für die Reaktion der von mir so schnöde Verlassenen: Ich redete mir ein, sie hätten aus gekränkter Männlichkeit gehandelt, was dann ohnehin nichts mit mir zu tun hatte, oder ich unterstellte ihnen, sie hätten sich in ein Idealbild verliebt, mein wahres Ich nicht erkannt. Vor allem glaubte ich, sie würden in ein bis zwei Tagen eine andere finden, ein normales Mädchen zum Verlieben.

Doch zum ersten Mal in meinem Leben sehe ich Tamir ins Gesicht, und ich glaube ihm. Ich habe das Gefühl, er liebt mich wirklich, mein ganzes Wesen, mit guten, schlechten, neurotischen, überspannten, witzigen und verrückten Seiten. Das macht mir eine Heidenangst. Ich weine hemmungslos über meine Dummheit und Angst, über anderen zugefügte wie selber erlittene Verletzungen und trauere um all die Liebe, die ich nie zuließ. Meine Knoblauchtränen fließen so reichlich, dass ich damit das ganze Bett nass mache. Tamir küsst mich liebevoll auf die feuchten Wangen.

»Hmmm!«, macht er und leckt sich die Lippen. »Lecker!«

Wir sitzen noch einen Augenblick da, versuchen, die Situation ins Witzige zu retten und uns mit Organisatorischem abzulenken.

»Ich habe mit Rooli und Laffi ausgemacht, dass wir uns für ein paar Tage in San José treffen, bevor wir nach Tel Aviv fliegen.«

»Aha.«

»Iris.« Tamir drückt meine Hand.
»Ja?«
»Soll ich mit dir nach New York fliegen?«
Die Antwort kommt ganz spontan.
»Ja.«
Wir umarmen uns tief erleichtert.
Zögern wir damit nur den unvermeidlichen Abschied unnötig heraus? Es ist nicht etwa so, dass Tamir nach Providence ziehen könnte. Was sollte er da wohl machen? Nein, er kommt nur mit nach New York, wir verbringen drei Tage damit, über den bevorstehenden Abschied zu jammern, und dann trennen sich unsere Wege. Wir haben keine Wahl. Wir lieben uns, deshalb quälen wir uns so, wir brauchen einander wie Drogenabhängige und benehmen uns dabei wie die Idioten. Doch ich könnte nicht glücklicher sein. Bei allem im Leben gibt es auch immer einen Abschied, und deshalb sollte man die Dinge so genießen, wie sie kommen. Auch wenn sie einem letztendlich nichts gebracht haben. Oder?

38
Löffelstellung

Heute ist ein Tag des Abschiednehmens. Pazit trampt nach Venezuela, Tamir trifft sich mit Rooli und Laffi in San José, Talia und ich besteigen eine weitere fliegende Blechdose auf dem Weg nach Quito. Der Pilot sitzt allerdings diesmal in einem abgeschlossenen Cockpit. Weichei!

Es ist komisch, wieder mit Talia allein zu sein. Irgendwas hat sich verändert, oder ist es zerbrochen? Die Tatsache, dass wir uns so schnell entfremdet haben, bestätigt nur, dass wir nie enge Freundinnen waren. Talia hat schon was für mich übrig, aber sie ist sich selbst die Nächste, und wenn unsere Freundschaft ab morgen vorüber wäre, würde sie mir keine Träne nachweinen. Aber das tut mir nicht mehr weh, warum, weiß ich auch nicht. Vielleicht weil es da draußen Menschen gibt, die mir durchaus eine Träne nachweinen würden. Menschen wie Tamir. Und andere Freunde, die ich nur noch nicht gefunden habe. Tatsache ist, dass es diese Leute gibt und ich es verdiene, sie zu finden. War Talia eine gute Reisegefährtin? In gewisser Weise schon. Man muss ihr nicht viel bieten, sie neigt nicht zu Gefühlsausbrüchen, sie ist entspannt, flexibel, und es hat ihr nichts ausgemacht, dass ich mich für längere Zeit mit einem Typen abgeseilt habe. Das war gut. Am wichtigsten war aber, dass sie mich nicht kritisiert hat. Dadurch bin ich auch weniger kritisch mit mir ins Gericht gegangen. Durch *ihre* gleichgültige Haltung mir und meiner neurosenbeladenen Persönlichkeit gegenüber konnte ich *mir* und meiner komplexen Persönlichkeit mit etwas mehr Gleichgültigkeit begegnen (Richtig! Das heißt heute nicht mehr »Probleme« oder »emotionales Gepäck«, sondern »komplexe Persönlichkeit«).

Mit Talia zusammen zu sein bedeutet, seine Gefühle auf Eis zu legen: Es ist kalt, aber es betäubt auch die Seele. Und es macht Spaß!

Kaum sind wir in Quito angekommen, machen wir uns auf zur altbekannten Pension, in der ich fast mein Leben ließ. Zur Feier meines Überlebens gibt uns die Wirtin das größte Zimmer im obersten Stockwerk zum halben Preis. Sie meint es echt ernst! Das »Zimmer« besteht aus fünf angrenzenden Räumen mit Doppelbett. Talia und ich hüpfen vor Freude wie die kleinen Kinder auf den Betten herum, als hätte man uns die Präsidentensuite im *Waldorf* zugewiesen.

Die Freude währt nicht lang, denn schon am nächsten Tag ziehen fünf Israelis bei uns ein, die sich auf dem Weg nach Kolumbien befinden. Sie sind ein rauer Haufen, und wir verbringen die nächsten Tage damit, übermäßig viel Gras zu rauchen und die Geschäfte nach abgedrehten Klamotten zu durchforsten. Ich erschließe völlig neue Dimensionen des bekifften Rollenspiels und werde zum Hofnarren unserer Truppe gewählt.

Tamir ist jetzt wieder mit Rooli, Laffi und dem anderen Typen mit dem komischen Namen zusammen. Was er wohl treibt? Vielleicht betrügt er mich gerade. Wie komme ich nur auf so einen Mist? Warum mache ich mir solche Gedanken? Ich albere hier mit sieben Typen herum, und einer von ihnen schläft in Löffelstellung mit mir in einem Bett. Mache ich da einen Fehler? Glaube ich, Tamir könnte mich weniger verletzen, wenn ich ihn zuerst betrüge? Das ist doch lächerlich! In Löffelstellung mit jemandem einzuschlafen ist doch kein Betrügen. Würde Tamir jetzt mit einer Schnalle in Löffelstellung schlafen, wäre ich allerdings ziemlich sauer. Gott, das ist mir zu anstrengend. Ich wünschte, es gäbe ein Handbuch, in dem genau zwischen »richtig« und »falsch« unterschieden wird. Dann könnte man es sich nicht so zurechtlegen, wie es gerade passt. Mein Bauchgefühl hält ohnehin alles, was ich mache, für falsch, also kann ich mich darauf nicht verlassen. Vielleicht würde es Tamir gar nichts ausmachen. Wen will ich hier eigentlich verarschen? Das liegt alles an meiner Angstneurose. Wenn ich bei dem, was ich tue, das Gefühl habe, ich müsste es verheimlichen, dann ist es falsch, also auch die Löffelstellung mit einem anderen. Ich sage Tamir trotzdem nichts davon, weil ich ihm nicht wehtun möchte. Na gut, das ist gelogen. Ich erzähle es ihm nicht, weil ich seine Reaktion fürchte. Also, Ende der Löffelstellung. Vielleicht sollte ich auch ein bisschen weniger Gras rauchen, meine Gedanken jagen im Schneckentempo dahin. Eine schlechte Kombination.

Ich beschließe, einen Tag früher abzureisen und Tamir am Flughafen von San José zu überraschen, weil ich weiß, welchen Flug er nach New York gebucht hat. Ganz (und gar nicht) überraschend ist Talia meine verfrühte Abreise völlig gleichgültig, doch zum ersten Mal verletzt, enttäuscht und überrascht mich das nicht. Echt wahr!

Ich umarme sie ganz besonders herzlich und küsse sie zum Abschied liebevoll auf die Wange. Ich weiß nicht, wann und ob sich unsere Wege wieder kreuzen werden, doch es wird nicht so bald sein, denn ihre Art der Freundschaft ist mir nicht genug. Das war schon immer so, und das ist auch in Ordnung. Unterm Strich ist sie nicht die Freundin, die ich brauche. Freunde, wie ich sie mir wünsche und wie ich sie brauche, haben Verständnis, Mitgefühl und bringen sich ein – und erhalten dasselbe von mir zurück.

Ich stehe eine Stunde zu früh in der Abflughalle. Als ich meinen Blick erwartungsvoll über die Menge streifen lassen, droht mein Herz vor Aufregung zu zerspringen. Vielleicht hat er ein anderes Mädchen im Arm und sagt mir: »Tut mir leid, Iris, ich habe vor zwei Tagen Vera getroffen. Wir sind in Löffelstellung eingeschlafen, und ich habe gemerkt, dass ich dich nicht mehr liebe.«

Gott, mein Verstand ist ein kleines, trauriges Kasino*.

Plötzlich sehe ich Laffi und Rooli zum Flugsteig schlurfen. Keine Spur von Tamir. Doch, da ist er, er bindet sich den Schnürsenkel. Ich springe so übermütig aus meinem Sitz, dass ich mich damit einige Zentimeter in die Luft katapultiere. Der ganze Terminal glotzt mich an – auch Tamir. Seine Gesicht erstrahlt wie eine Chanukkalampe.

Er läuft auf mich zu.

Mein Herz macht einen Satz. Er hebt mich hoch und drückt mir den dicksten Schmatzer auf die Lippen, den ich bisher bekommen habe. Ich fange an zu heulen.

»Was ist los?«, fragt er.

»Ich bin mit einem Typen in Quito in Löffelstellung eingeschlafen.«

Er grinst und küsst mich gleich noch mal.

»Nicht so schlimm. Das macht nichts.«

»Heißt das, du hast dasselbe mit einer Frau gemacht?«

»Nein, natürlich nicht. Ich freue mich nur, dich zu sehen.«

Ich drücke ihn ganz fest an mich, und für einen Augenblick stehen alle Spielautomaten still.

---

* Diesen Ausdruck verdanke ich meinem lieben Freund Patrick, der sich damit auf *Harrah's Casino* in New Orleans bezog.

39
Das hatten wir doch schon mal

Wir landen spätabends in New York und fahren zu Tamirs Freund Nadav, der den freundlichen Spitznamen »Die Schlange« trägt. Ich mag die Schlange nicht. Sie starrt ständig auf die Behaarung meiner Arme. Nein, ich bin nicht stark behaart, ich kenne Frauen mit dichtem Pelz auf den Armen, und zu denen gehöre ich nicht. Aber ich bin auch keine Asiatin ganz ohne Behaarung, und daran möchte ich nicht ständig erinnert werden. Meine Arme sind außerdem extrem dünn, nicht dürr, aber zart genug, um mir den Spitznamen »Holocaustüberlebende« einzuhandeln. Den hat mir übrigens Boaz verpasst, der süße Surfertyp, der mir in der Highschool vorgaukelte, er stehe auf mich. Dabei wollte er nur, dass ich ihm bei seinen Englischhausaufgaben helfe.

Die Schlange haust in einer Absteige im fünften Stock, ohne Lift, im East Village. Sie steht auf Koks und macht in Umzügen. Das ist typisch für israelische Männer: Sie besorgen sich entweder vor oder direkt nach dem Wehrdienst einen Nebenjob bei einer Umzugsfirma, wohnen in kleinen Abstellkammern, ziehen jede Nacht um die Häuser und »leben ihren Traum«. Glücklicherweise hat Tamir seit seinen Grabungen in Kolumbien kein Kokain mehr angerührt.

Morgen geht mein Studium an der Brown University weiter. Ich kann es nicht fassen. Das alles ist so weit weg.

Fast so, als wäre ich nie dort gewesen, als läge der dicke, blaue Studienführer noch auf meinem Bett, ich könnte ihn einfach wieder ins Regal stellen und doch in Israel studieren. Will ich das? Weiß nicht. Ich bin gerade total verunsichert. Gut, vielleicht nicht verunsichert ... Gott, jetzt bin ich mir nicht einmal sicher, ob ich verunsichert bin. So ein Blödsinn! Ich freue mich nicht darauf, wieder zur Uni zurückzukehren, und ich freue mich definitiv nicht darüber, Tamir verlassen zu müssen. Aber ich will auch nicht auf Gedeih und Verderb hierbleiben. Ich bin einfach nur traurig.

»Woran denkst du gerade?«, fragt Tamir.

Gott, der weiß genau, was los ist. Ein unglaubliches Gefühl, wenn jemand so achtsam ist. Man vergisst immer, wie toll das ist, bis man an einen Typen gerät, der nur kapiert, dass es einem mies geht, wenn man in Tränen ausbricht und sich die Augen aus dem Kopf heult.

»Ich muss morgen zurück zur Uni«, murmele ich leise. Mein Herz ist so schwer wie die Sätze, die ich gerade aussprach.

»Ich weiß«, erwidert er traurig. Er fragt mich nicht, wie ich mich fühle. Vielleicht merkt er, wie verunsichert ich bin, und das tut ihm sehr weh. Ja, wenn ich ihn genau ansehe, merke ich, wie verletzt er ist. Ich weiß, es liegt daran, dass er mich wirklich liebt.

Ich lege mich neben ihn und vergrabe meine Nase in seiner Achselhöhle. Er legt den Arm um mich. Vom vielen Trauern und Grübeln müde, schlafen wir schnell ein.

Um vier Uhr morgens weckt mich meine innere Uhr, und ich liege lange in Tamirs Armen wach, versuche, jeden Augenblick zu genießen und mir ins Hirn zu brennen, wie es sich anfühlt, dieses Alles-ist-gut-Gefühl.

Als der Morgen dämmert, höre ich den Crown Vic meines Vaters in der Einfahrt. Es besteht natürlich überhaupt kein Grund, im Morgengrauen aufzubrechen, doch so tickt mein Vater nun mal. Tamir ist noch im Halbschlaf, sodass er nicht wirklich merkt, was passiert. Das macht den Abschied in gewisser Weise leichter. Ich drücke ihm einen langen Kuss auf die Lippen, wir umarmen uns, und ich schaffe es, nicht loszuheulen. Ich bin sicher, das kommt noch. Später.

»Ich liebe dich«, sagt er.

»Ich liebe dich auch«, erwidere ich, denn erst jetzt weiß ich, was Liebe bedeutet.

Ich flitze zur Tür und springe in den verrauchten Wagen. Im Auto herrscht die ganze Fahrt über künstliches Schweigen. Mein Vater untermalt pfeifend das Musikrepertoire seines Lieblingssenders und vergnügt sich damit, die Namen der gespielten klassischen Komponisten schon nach den ersten Anklängen laut zu erraten. Jedes Mal, wenn er richtig liegt, wirft er mir einen stolzen Blick zu, und zum ersten Mal wird mir klar, wie sehr mein Vater sich nach Liebe sehnt. Ich wusste immer, dass seine Fehlhandlungen und sein mieses Verhalten kein Ausdruck von mangelnder Liebe waren, doch es ist mir im Traum nicht eingefallen, dass auch er vielleicht von seinen Eltern nicht genug geliebt wurde. Hier sitzt ein erwachsener Mann, der nach Anerkennung giert. Von mir, seiner Tochter. Die Rollen sind vertauscht. Teufel auch, vielleicht war es immer schon so.

Wir kommen an meinem neuen Wohnheim an, ein himmelweiter Unterschied zu dem Zuchthauskomplex, in dem ich letztes Jahr ausharrte. Hier habe ich ein richtiges, sonnendurchflutetes Apartment in einem echten Gebäude mit echten Nachbarn, erwachsenen, reifen Menschen. Drei Mädchen bewohnen mit mir zusammen unser Quartier, darunter Carla, die noch eine weitere Jamaikanerin im Schlepptau hat. Gott sei Dank! Ich bin die Erste, die ankommt, laufe aufgeregt durch die Wohnung und suche mir ein Zimmer mit breiter Fensterfront aus. Mein Vater schleppt im Akkord Kartons aus dem Auto, denn er will den Einzug schnell hinter sich bringen.

Ich erwische ihn, wie er hyperventilierend an seinem Glimmstängel zieht.

»Papa, geht es dir gut?«

»Alles klar«, antwortet er, die Hand auf die Brust gepresst.

»Ich hole die restlichen Kartons. Du bleibst hier.«

»Na gut«, stimmt er zu und zündet sich noch eine Zigarette an. Ich reiße sie ihm aus der Hand.

»Papa, du musst dein Herz untersuchen lassen!«

»Mir geht es gut. Ich verbringe jeden Tag eine Stunde im Schwimmbad. Ich bin nur erschöpft, du hast viel Zeug.«

»Papa, wenn du wieder in New York bist, gehst du bitte zu einem Kardiologen, ja?«

»Iris, es geht mir gut!«

»Papa, wenn du nicht zum Kardiologen gehst, brauchst du mich nicht mehr anzurufen. Ich rede erst wieder mit dir, wenn du dein Herz untersuchen lässt.«

Papa weiß, dass ich es ernst meine mit meinem Ultimatum. Ich habe die gleiche Nummer mit meiner Mutter abgezogen, als sie zur Mammografie sollte.

»Gut, wie du willst. Ich gehe nächste Woche zum Arzt.«

»Du gehst morgen«, sage ich laut und bestimmt. Jetzt bestimme ich mal, wo es langgeht, denke ich, als ich die Treppe zu meinem neuen Apartment hinauflaufe.

40
Eine Seele aus Teflon

Als meine Mitbewohnerinnen ankommen, habe ich bereits ausgepackt und eine verstörende Anzahl Wandteppiche und Nippes von meinen Reisen im Zimmer verteilt. Die neuen Mädchen sind klasse, die eine heißt Julia, hat rote Haare, und ihr Freund sieht aus wie sie (Narzissmus? Einfallslosigkeit?). Die zweite Jamaikanerin ist groß, hat einen kurzen Oberkörper, dafür aber einen Hintern wie ein Regal.

Das Telefon klingelt, als wir gerade fertig gegessen haben. Julia geht ran.

»Iris! Ramirez will dich sprechen.«

»Wer?«

»Ramirez oder so ähnlich. Vielleicht Ameren?«

»Tamir?«

»Ja, ich glaub, so heißt er.«

Wie schön, dass Amerikaner immer so genau hinhören.

Ich wetze zum Apparat.

»Hi!«

»Hi!«

Schweigen. Oh je, ich hoffe, jetzt wird's nicht seltsam. Das ist unser erstes Telefonat, ein gerüttelt Maß Beklemmung ist fast nicht zu vermeiden.

Glücklicherweise hält Tamir die Unterhaltung am Laufen. Er fragt mich nach meinem Wohnheim, ich antworte angeregt. Nachdem wir alle Neuigkeiten ausgetauscht haben, herrscht wieder betretenes Schweigen. Jetzt geht's ans Eingemachte. Als wir uns gegenseitig Liebesschwüre ins Ohr säuseln, klingen unsere Stimmen gleich eine Oktave höher. Damit meine ich aber nicht die Dutzi-Dutzi-Tonlage, das wäre zu peinlich. Lieber würde ich mich steinigen lassen. Alles, was mit unserer gemeinsamen Zukunft zusammenhängt, klammern wir aus. Tamir verspricht mir lediglich, so lange wie nötig auf mich zu warten, und gesteht mir, ich sei die Liebe seines Lebens. Ich versichere ihm, auch er sei die Liebe meines Lebens, und verschweige dabei, dass er auch die erste Liebe meines Lebens ist. Ich befürchte, dann klingt mein Geständnis weniger bedeutend, ich meine, Tamir hat unzählige Beziehungen hinter sich, deswegen ist es ein schwerwiegendes Geständnis, wenn er mich als Liebe seines Lebens bezeichnet. Ich hingegen habe nur mit vielen Männern geschlafen, die ich gleich wieder loswurde, bevor es mir zu emotional wurde.

Tamir schickt mir ein Küsschen durch die Leitung. Wir gestehen uns noch einmal unsere Liebe. Ich wünsche ihm einen guten Flug, und wir legen gemeinsam auf. Da sieht man mal, wie harmonisch unsere Verbindung ist.

Eine Sekunde später klingelt das Telefon erneut. Ich grinse. Es geht doch nichts über einen Mann, der sich nicht mit dem ersten Abschied zufriedengibt.

»Ja, Tamir, was ist?«

»Iris?«

Meryl ist am Telefon. Es ist 23 Uhr.

»Hi, Meryl.«

»Dein Vater ist im Krankenhaus.«

»Was?«

»Er war heute Nachmittag beim Kardiologen, wie du es ihm geraten hast. Nach dem Belastungs-EKG haben sie ihn gleich ins Krankenhaus gebracht, um ihm einen vierfachen Bypass zu legen. Der Chirurg meinte, wenn er heute nicht zum Arzt gegangen wäre, dann hätte er mit Sicherheit einen Infarkt erlitten.«

Mein Herz benimmt sich wie ein Turmspringer, hüpft mit voller Wucht aufs Sprungbrett und taucht dann reglos ins eiskalte Wasser.

Als es wieder auftaucht, verspreche ich Meryl, so schnell wie möglich nach New York zu kommen. Ich nehme gleich den ersten Zug in der Früh.

Mit zitternden Fingern wähle ich Tamirs Nummer. Die Schlange hebt ab. »Hey, Iris! Was geht ab?«, brüllt sie in den Hörer. Schnee rieselt aus der Leitung.

»Ist Tamir da?«

»Ja! Einen Augenblick!«

Ich erzähle Tamir, was passiert ist. Er versucht es mit Optimismus, aber nicht auf die falsche Tour im Stil von: »Das wird schon werden, mach dir keine Sorgen.« Das ist auch gut so, denn wir wissen ja mittlerweile alle, dass ich auf diesen Spruch eher nicht so stehe.

»Wenigstens sehen wir uns wieder«, sagt er freudig.

Ich weiß nicht, wie ich darauf reagieren soll, und lege vor ihm auf.

Als ich ins Krankenhaus komme, ist mein Vater schon zurück aus dem OP und wieder putzmunter.

Ich verbringe die Nacht mit Tamir in der Absteige der Schlange. Dieses Mal bin ich sehr distanziert, doch das kann ich nicht ändern. Es ist fast so, als sei das Kapitel Tamir für mich schon vorbei, obwohl er es erst aufgeschlagen hat. Er erzählt mir, wie sehr er mich vermisst habe, wie sehr er sich nach mir sehne, und verspricht, in Tel Aviv auf mich zu warten. Mir ist klar, dass der Krankenhausaufenthalt meines Vaters mein inneres Kind rüde aus seinen Träumen gerissen hat. So lange hat das Gör noch nie geschlafen, und jetzt ist es ganz verstört, weil es all die schlimmen Dinge verschlafen und zugelassen hat, die in der Zwischenzeit passiert sind. Genug, diese Metapher hat ausgedient. Ich weiß nur, dass mich der Gedanke daran, mit Tamir eine ernste Beziehung zu beginnen, momentan einfach überfordert. Das kann ich ihm aber nicht sagen, und so verharre ich in meiner Distanziertheit und gebe den Ereignissen der letzten 24 Stunden die Schuld an meiner emotionalen Kälte.

Ich habe noch einen weiten Weg vor mir. Tamir hat ein kleines Loch in die Mauer um mein Herz gebohrt, und dafür bin ich ihm dankbar. Doch sie steht noch, und ich kann einem Mann immer noch nicht offen begegnen, ohne mir sogleich Sorgen über das zu machen, was als Nächstes kommt. Ich weiß, dass ich eines Tage so weit sein werde. Aber der richtige Zeitpunkt ist noch nicht gekommen.

Tamir möchte, dass ich noch eine Nacht bei ihm bleibe, doch ich erzähle ihm, ich müsse zur Uni zurück. Wir küssen uns zum Abschied. Wir wissen beide, dass wir uns lange Zeit nicht sehen werden. Tamir weint. Ich nicht. Ich habe keine Tränen mehr. Zumindest im Moment nicht.

Ich wünsche der Schlange und ihren Nüstern viel Glück und trotte in Richtung Penn Station, um den letzten Zug nach Providence zu erwischen.

Es ist zwei Uhr morgens, als ich endlich wieder im Wohnheim aufschlage. Ich öffne ganz leise die Tür, und zu meiner Überraschung sind alle drei Mädchen noch wach und warten auf mich. Carla kommt schnell auf mich zu und umarmt mich auf ihre herzliche, jamaikanische Art. So liebevoll bin ich bis jetzt noch nie umarmt worden. Als ich ihnen mitteile, dass es meinem Vater wieder gut geht, sind meine Mitbewohnerinnen aufrichtig erleichtert. Ich hingegen bin aufrichtig erfreut, dass sie ein Teil meines Lebens sind.

Carla fragt mich, wann wir aufstehen müssen.

»Morgen fangen die Seminare wieder an!«, erinnert sie mich.

Das hatte ich vergessen. Genau. Morgen geht es wieder los. Der Grund, aus dem ich eigentlich überhaupt hergekommen bin. Ob ihr es glaubt oder nicht, ich freue mich doch tatsächlich auf meine Seminare in diesem Semester. Warum auch nicht? Ich darf Neurologie studieren (anstrengend), skandinavische Filmkunst und Literatur (deprimierend), abnormale Psychologie (autobiografisch) und Schauspielern für Anfänger, wo meine unzähligen anstrengenden/deprimierenden/abnormalen Verhaltensweisen endlich einem guten Zweck dienen werden: Menschen unterhalten und zum Lachen bringen. Ich habe das starke Gefühl, meine wahre Berufung gefunden zu haben.

Die Mädels und ich ziehen uns in unsere Zimmer zurück. Mein Bett ist herrlich warm, dank des weichen Lakens und der Heizung direkt hinter mir. Ich rolle mich wie ein Embryo zusammen und lasse die Bilder der letzten drei Monate in meinem Kopf Revue passieren: Tamirs Lächeln, Iordanas Tränen, gammeliges Ceviche, Talias Möpse, herabstürzende Kokosnüsse, menstruationsblutgetränkte Unterwäsche, Tamirs Schlong in meinem Mund, Loco und ich auf dem schmalen Bergpfad … von meinem warmen, gemütlichen Bett aus betrachtet, sehen all diese Bilder sehr viel heller und feierlicher aus, ihnen fehlen die dunklen Schatten, und sie bleiben mir gerade noch lange genug im Kopf, dass ich mit einem Lächeln auf den Lippen einschlafe.